JN240779

志向性の基礎

『論理学研究』におけるフッサールのメタ意味論

葛谷 潤 著

晃洋書房

目　　次

凡　例

- フッサール全集版からの引用に関しては，引用部分の末尾にローマ数字で巻数を，アラビア数字でページ数を記している．
- 引用部分における原文の斜字体等による強調は基本的にすべて省略されている．傍点による強調を付した場合には末尾に原著者によるものか引用者によるものかを記す．
- 引用部分における原文での斜字体のうち，強調ではなくその表現自体に言及するためのものは引用符に変更した．
- 引用文中の［　］で囲んだ箇所は引用者による補足を示す．また，中途省略した場合は［…］と表記する．

導　入

その原理がある人にどれほど真であると思われたとしても，その理論的な擁護を欠いているならば，その人はその原理が何を意味しているかを本当に知ってはいなかろう．

Gareth Evans, *The Varieties of Reference*

本書は，現象学の創始者として知られるエトムント・フッサールの初期の主著『論理学研究』を，「志向性」と言われる現象がいかに成立しているか（という意味での「志向性の基礎・成り立ち」）に関する研究を体系的に展開した書として解釈するものである．このような紹介は，ある種の驚きをもって迎えられるかもしれない．それはもちろん，そのような解釈が新奇なものだからではなく，それが一見あまりにもありふれたものに見えるからである．『論理学研究』の目的が，志向性がいかに成立しているかを明らかにしようとするものであるということ，誰がこれらのことを疑うだろうか．そのような解釈に，いかなる学術的価値がありうるというのか．

確かに，「『論理学研究』は，志向性がいかに成立しているかに関する研究が体系的に展開された書である」という文言自体は，誰もが同意するものかもしれない．しかし，一般的に言って，「志向性がいかに成立しているかに関する研究」（その意味での「志向性の基礎・成り立ちに関する研究」）とはいったい何だろうか．それは，単に「志向性の研究」と言われるものとどう異なるのか．志向性の基礎に関する研究の中で，フッサールのそれはその他のもの，たとえば分析哲学の伝統に属するものとどこで一致しており，どこで異なっているのか．先の文言に皆が同意するということは，これらの問いに誰もが同じ答えを返すということを意味しないし，それどころかそもそもなんらか十分明確な見解をもっているということすら意味しない．そして後に見るように，著名なフレーゲ研究者である分析哲学者マイケル・ダメットによる『論理学研究』のフッサールに対するある重要な批判が応答されないままであること，それどころかその意義が十分に理解すらされていないこと，このことが，これらの問いに関する十分に明確な見解がいまだ誰にも提示されていないということを示している．というのも，上の問いに十分明確な答えが与えられているということは，その批判の意義を十分に理解した上で，適切な応答が与えられていることを意味するからである．本書が従事するのは，ダメットの批判の意義を明確化し，それに適切に応答するような仕方で，『論理学研究』を志向性の基礎に関する体系的な研究が展開された書として解釈することである．本書の意義は，まずこの点に見出される．

また，本書の論述スタイルは，いくつかの点で標準的なフッサール研究書とは異なっている．特に目立つのは，次の三点だろう．

1．議論には，基本的に分析哲学の伝統に属する語彙を用いる．
2．分析哲学の伝統に属する語彙を，フッサール研究者にもその意義が納得・理解できるように解説し導入する．
3．『論理学研究』におけるフッサールの「現象学」の解釈を，最終章にて行う．

1の方針を採用する理由は，上記で述べた本書の目的を踏まえれば明らかだろう．本書はまずもってダメットの批判に応答し，いわばその「誤解」を解くことを目指している以上，分析哲学者に理解できる形で議論を展開する必要がある．そのためには，1の方針を採用することが近道である．しかし同時に，当然だが，それはフッサール研究者にとっても理解可能なものでなければならない．そうでなければ本書はフッサール研究へのまともな貢献とはなりえないし，その解釈に関する十分な批判的検討の対象にすらならないことになってしまう．よって，1の方針を採用したならば，2は不可避だと言える．

また，本書は単に分析哲学側からの批判に応答するということを目指しているだけでなく，ダメットが望んだ分析哲学派と現象学派の間の建設的な対話のための共通基盤となることも意図している．後に見るように，ダメットのフッサール批判は，両者の間の建設的な対話を開始することを狙ったものだった．しかし，実際にはこれは適切に機能しなかった．それは一方ではダメットの（そして分析哲学側の）フッサールへの「誤解」に原因がある．しかし他方で，フッサール現象学がダメットや分析哲学者（もっと言えばフッサール研究の外側）からみてどう見えているのかに関する，フッサール研究側の理解の欠如にも原因があると思われる．この状況を打破するには，単に分析哲学者の「誤解」を解くだけでなく，それがどのような「誤解」であり，それを解消するには何を論じる必要があるのかということが，フッサール研究の側でも共有される必要がある．そしてこれは，ダメットの望んだ両者の建設的な対話にとって，本書が必要だと考え，そして提供しようとするものでもある．これが，上記の1と2の方針が採用されている理由である．

これらに比して，3の方針を採用する理由はより多くの説明が必要だろう．確かに，フッサール現象学とは何かということを解釈したうえで，その具体的な論述に入っていくことの方が，標準的な論述の順序ではある．しかし，第6章で確認するように『論理学研究』におけるフッサールの議論ないし「現象学」は，実際には多層的である．より具体的に言えば，『論理学研究』の「現象学」には，その前提が比較的論争的ではないプロジェクトとして解釈できる部分と，非常に論争的なプロジェクトとして解釈できる部分が存在する．本書の『論理学研究』の解釈の特徴の一つは，この二つの部分を分離して提示するという点にある．そして，この分離のためには，「志向性の基礎の体系的研究とは一般にどのようなものであるか」ということを，ダメットの議論に応答するに足るような形で明らかにする必要がある．結果として，『論理学研究』における「現象学」の解釈は，本書の最後にて行われることになった．

以上が，本書の大きな目的の説明，そしてその（少々変わった）論述形式に関する説明である．導入の残りの部分では，より具体的な本論への導入を述べる．まずフッサールの問題意識を「学問論」という形で簡単に提示する．続いて，広い意味で同じ問題意識を共有する二つの潮流として現象学と分析哲学を対置し，その上でダメットが『論理学研究』におけるフッサールに下した厳しい診断を取り上げ，本書の目的を明確にする．最後に，本書の構成を各章ごとに述べる．

思考の原理の探求としての「学問論」

私たちはしばしば，ある出来事が生じたということを知るに満足せず，その原理を知ろうと欲する．鳥の中には，空を飛ぶものがいる．しかし，それはどのようにしてだろうか．私たちは生身では鳥たちと同様には飛ぶことはできない．では，どうやって鳥たちは空を飛ぶのか．また，鳥たちが飛ぶ仕方はどれも同じなのか．たとえば，スズメが飛ぶ仕方と，タカが飛ぶ仕方は同じなのか．違うなら，ではそれらはそれぞれどのような原理で飛んでいるのか．それらは私たちがなんらか真似できるようなことなのか．できないのであれば，ほかの仕方で空を飛ぶことはできないのか．

原理に関する問いを発し，解決するというこのような営みの重要さは明らかに思える．おそらくこのような問いを発することがなければ，私たちは現在のように（飛行機などを用いて）空を飛ぶことはなかっただろうし，ましてや宇宙に行くこともなかっただろう．

原理に関する問いは，すでに私たちがさしあたり実行可能なことがらに関しても重要である．たとえば，プロペラを用いて推力を得ることがすでに可能であったとしても，その原理を知らなければ，宇宙空間での補助推力としてプロペラを採用してしまうかもしれない．プロペラとロケットでは，推力をもたらす仕組みが異なる．言い換えれば，それらがその機能を果たすために必要となる事実が異なる．つまり，推力をもたらすものとしてそれらが通用・妥当する状況が異なる．宇宙空間ではプロペラは使えない．プロペラが推力をもたらす際に基づく種類の条件が，宇宙空間では成り立っていないからだ．

もちろん，何かができるということは，その遂行を支える原理についての問いを立てられることとも，その問いに満足できる仕方で答えを与えるための概念的道具立てを持ち合わせていることとも異なる．スズメの中には，翼を上手に使って空を飛ぶことができるものがいる．しかしその中に，その原理についての問いを立てることはできるものはいないだろう．これに対して，幼い子供は飛んでいるスズメを見て「どうやって飛んでいるの？」とか「スズメはどこまでも飛んでいけるの？」，「なぜ飛んでいくことができないの？」と問いを発することはできる．しかしその問いに対する答えを理解するための理論的・概念的な道具をもっているとは限らない．そのような道具は，現代日本であれば，学校教育において与えられる．

さて同様のことは，いわゆる「技能」と言われるようなものに関しても当てはまる．たとえば，あるバッターがホームランを量産することができるからといって，そのバッターがいかなる仕方でホームランを打つのかに関する原理を明らかにするための概念的道具立てを持ち合わせているとは限らない．そのような道具立ては，もしかしたらそのバッターよりホームランの打てない人，たとえば指導者やトレーナー，スポーツ科学者には備わっているかもしれない．そのバッターが彼自身の技能の原理を明らかにし，たとえば後進に伝えようとするのであれば，彼は単に良いバッターであるだけでなく，良いスポーツ理論家になる必要がある．

フッサールは『論理学研究』第１巻第１章を，まさにこの点を指摘することから始めている．

> 芸術家がその素材を取り扱う際の卓越性，また彼の芸術分野の作品を評価する際の断固とした，しかもしばしば確実な判断が，実践的活動の過程に

方向と順序を指示し，しかもそれと同時に完成した作品が完璧であるかどうかを判定する評価基準をも規定するような，諸法則の理論的認識に依拠している場合は極めて例外的であるということ，このことは日常的に経験されることだろう．通常，実践する芸術家は自分の芸術の諸原理を正しく報告することはできない．(XVIII: 25)

たとえば熟練の陶芸家は，より良い作品を生み出すために目の前の素材をどう変形すべきかを，その都度自分の「勘」が告げるところに基づいて判定することができる．また，この陶芸家は出来上がった作品のそれぞれの優劣を，自らの「眼」が告げるところに従って判定することができる．さて，ここでこの陶芸家が，いろいろな理由から，自分の「勘」や自分の「眼」がさしあたりそのように通用・妥当しているということに満足しなかったとしてみよう．たとえば，自分と同様の「勘」や「眼」を他の人，たとえば自分の弟子たちにも身につけてほしいと思うかもしれない．他にも，自分の「勘」や「眼」はどんな陶芸作品にも通用するのかどうか，さらには他の種類の芸術作品，たとえば彫刻や絵画にも通用するのかどうか，また他の共同体に行っても通用するのかどうか，こういったことをこの陶芸家が気にかけるかもしれない．このような場合，この陶芸家は単に自分がさしあたり適切に判定を下せるということに満足することはできない．この陶芸家は，さらに自分の「勘」や「眼」の役割や原理を明らかにする必要がある．しかし，彼女はそれを明らかにするための概念的道具立てをもっているとは限らない．この陶芸家は，芸術的価値とはどのように決まるのか，また自分の判断を支える機構がどう分析可能なのかといったことについて語ることができるとは限らない．それは，単に良い芸術家であることとは異なることをこの陶芸家に要求する．この陶芸家は，良い理論家である必要がある．

そして，フッサールが指摘するように，同様のことは「思考」や「認識」，「学問」と呼ばれるような活動に関しても言える．『論理学研究』の続く箇所で，彼はこう述べている.

> しかもこのような事情は，人がまずもって思いつきうる美的芸術の場合に限らず，この語を最も広義に解した技芸一般の場合にも当てはまるのである．したがって，このことは学問的創造活動にも，またその成果の理論的評価，つまり諸事実，諸法則，諸理論の学問的根拠づけの理論的評価にも当てはまる．数学者，物理学者，天文学者でさえも最も重要な学問的達成のために自らの行いの究極的根拠を洞察している必要はなく，また得られた成果が自らや他の人々に対して理性的説得力をもっているとしても，しかしまだ彼には，彼の推論の究極的諸前提をあらゆる点で証明し，彼の諸方法の適切性が依拠する諸原理を究明したと主張することはできない.
> (XVIII: 25-26)

私たちは日常的に，世界がいかにあるかについて思考し，推論し，真理を認識し，その成果たる知識を言語的に記録し，他者に伝達している．このような活動をまとめて広い意味での「思考」と呼ぶことにしよう．個別科学はそのような思考という「技芸」の洗練された形態だと言えるだろう．しかし私たちは単に，思考し，推論し，認識し，知識を伝達するということに成功しているということに満足しないかもしれない．私たちのそのような実践は，どのような仕方で成功を収めているのか．新たな概念的道具立てを構築するためにはどうすれば良いのか．そのような技術はどのように他の人に伝えれば良いのか．単に適切に思考していることに満足せず，このような点に関心をもつ場合，私たちは自らが用いている「諸方法の適切性が依拠する諸原理」を知りたいと欲する．しかし，優秀な「数学者，物理学者，天文学者」であっても，自分の用いている思考手段の役割や原理を明らかにするための概念的道具立てをもっているとは限らない．自身の思考，推論，認識，主張の目標は何か，またそれら心的出来事やそこで用いられる手段（言語）はその目的に関わる限りでどのように要素に分解されるのか，そういったことを記述するための概念的道具立てを所有することは，単に個別科学に従事することとは異なることを要求する．それは学問に関する学に従事すること，いわば「学問論（Wissenschaftslehre）」（XVIII: 26）に従事することを要求する．

現象学と分析哲学：思考に関する二つの研究潮流

19世紀末から現在に至るまで，学問論，ないし（広く解された意味での）思考に関する研究は飛躍的に進展したと言って良い．その理由は，学問的思考がいかなる原理で機能しているかを記述するための数理論理学的な道具立てが整備されたことによる．そしてその立役者の一人は，「分析哲学」と呼ばれる哲学的伝統の基礎を築いたゴットロープ・フレーゲだろう．本書でも後に確認するように，フレーゲは，私たちの言語行為や思考がそれぞれどのような役割をもつのかを体系的に記述するための精緻な道具立てを構築した．分析哲学の伝統は，このフレーゲの理論を背景に，またそれをさらに洗練させながら，それ以前は単に主観的で私秘的な営みと見なされがちであった私たちの思考を，学問的探究の対象として適切に主題化していった．彼が基礎を築いた理論的枠組みが，言語とは何か，言語を用いる活動とは何か，そして思考とは一般に何かを考える上で大きな役割を果たしていることに，疑いの余地はない．

分析哲学を一つの学問的潮流として捉えた場合，同様に思考という主題に取り組んだ伝統であり，また現在まで続くもう一つの大きな潮流として「現象学」を挙げることは，20世紀以降の哲学史を描く上での一つの常套句だ．もちろん実際には，現象学にせよ分析哲学にせよ，現在それぞれを取りまとめる共通の主題や方法論が存在するのかは全く明らかではない．しかしフレーゲとフッサールという異なる人物をその「起源」とし，そして同様の主題に取り組みつつも現在まで決して混ざり合うことの無い二つの哲学的潮流が存在することは確かであろう[1]．つまり，20世紀を貫いて現在に至るまで，フッサールとフレーゲをその（少なくとも部分的な）端緒とする，思考に関する二つの異なる潮流が相対しているのである．では，現象学の祖とされるフッサールの哲学は，分析哲学の祖とされるフレーゲのそれと，いかなる点で異なるのか．二人の哲学は，その後の「分断」が示唆するように，全く異なるものだったのだろうか．それとも，袂が分かたれたのは，実は両者の後の事なのだろうか．それとも，彼らの思索の中盤であったのか．このようなことが，少なくとも20世紀の哲学史を考える上で一つの関心事であったということは間違いないだろう[2]．

さて，ダメットによる『分析哲学の起源』（以下『起源』）と題された1993年の著作は，フレーゲ研究の大家として知られる分析哲学者によってなされた，現象学の伝統――とりわけフッサール現象学――への大きな歩み寄りであった．同書においてダメットは，両潮流の起源と彼が見なす二人の哲学者，つまりフレーゲとフッサールが，非常に近しい問題意識を共有していたということ，またそれにもかかわらず両者に見出される違いとは何かということを，具体的な解釈を通じて示そうとした．これが歩み寄りであると言えるのは，その目的が，両者を起源とする二つの潮流の間の「馬鹿げた亀裂を閉じる」（Dummett 1993: xi）こと，つまり両者の有意義な意思疎通を実現することにあるからである．

しかし，彼のこの試みは同時に苛烈な挑戦でもあった．ダメットは，フッサールとフレーゲがともに，「私たちが世界について考え語るということがいかにして成立しているのか」という問題に取り組んでいた，と考えている．しかしもちろん，フレーゲとフッサールが，そして分析哲学と現象学が，全く同じアプローチを共有しているということはありそうにないし，またそれはダメット

1）　たとえばZahavi 2007とThomasson 2007のやり取りは象徴的である．

2）　少なくともフッサール研究においてはそうであった．たとえばFøllesdal 1958を一つの発端とする影響関係に関する問題や，Føllesdal 1969を一つの発端とするいわゆる「ノエマ論争」を20世紀のフッサール研究史から無視することはできないだろう．前者に関しては Mohanty 1982や榊原 2009が詳しい．また，Føllesdal 1969を一つの発端とするいわゆる「ノエマ論争」が問題とするノエマの概念は，『論理学研究』より後に彫琢される概念であるため本書では扱わないが，簡潔なサーヴェイとしては Drummond 1969があ る．また，ノエマ論争に関しては近年，国内でも梶尾 2014が主題的に論じており，それに続いて富山 2015，葛谷 2015，梶尾 2015といった応答がなされている．

の主張でもない．むしろダメットが述べたいのは，両者は単純に「棲み分け」をしてお茶を濁すような関係にはない，ということである．二つの立場が問題意識を共有しているということは，両者の間に有意義な比較が成立するということでもある．たとえば，もし両者が同じ問題意識を共有しており，しかもその結果として最終的に異なるアプローチを採用するに至ったのであれば，どちらの決断が元々の問題意識に対して適切なものであったのかということが評価可能になる．そして同書の前半部分において彼は次のような診断を下す．

> 私たちは，フレーゲの理論にまともに対抗出来るような理論を，彼［＝フッサール］の著作から引き出すことは出来ない．（Dummett 1993: 52）

> もし私たちが言語的意味と言語的指示についての明瞭な理論を求めるならば，私たちが参照すべきはフレーゲであって，フッサールではない．（Dummett 1993: 56）

これはもちろん，世界についての私たちの思考や語りがいかにして成立しているのかという問題に取り組むにあたり，フレーゲではなくフッサールをことさらに選んで研究することの意義に対する挑戦に他ならない．そして始祖におけるその違いが分析哲学と現象学の間のアプローチの違いを形成しているのであれば，同じ事が二つの学派全体にも当てはまることになろう．

もちろんダメットが望んだのは「対話」であり，したがって現象学側からの応答である．彼は同書の序論末尾で次のように述べていた．

> 分析哲学派と現象学派との対立に関して中立的でありうるのは，両者が同様に誤っているとみなすことによってのみだろう．したがって，本書のような本が中立的な立場から書かれることはほとんどありえない．本書は分析哲学を実践する者によって書かれた．今世紀初めにおいて両学派の創始者達の考えがいかに互いに近しいものだったかを示そうと努めてきたが，両派が枝分かれする地点においては分析哲学の側に立って論じることしか

できなかった．現象学の立場から同じ問題について書かれた本は，非常に興味深い釣り合いを取るものとなるだろう．だれかがそれを書くことを望む．（Dummett 1993: xi）

しかし残念ながら，ダメットからの挑戦は未だ十全に応答されてはいないし，（ごく僅かな例外を除き）その意義すら十分に理解されてもいない[3)]．しかし，本書が明らかにしていくようにダメットの批判は示唆に富むものであり，またそれに応えることが『論理学研究』がいかなる意味で志向性の基礎に関する体系的な研究なのかを明らかにすることにつながるような，そういった批判である．それゆえ，ダメットが望んだ建設的な対話が（ごく一部の例外を除いて）実際には実現しているとは言い難いこの状況は，非常に不幸な状況だと言える．

本書は，ダメットの挑戦に応えることを通じて，この建設的な対話を本格的に再開するための共通基盤を提供することを狙いとしている．そのためには，単にこの挑戦への応答を分析哲学者に広く理解できる形で述べるだけでなく，当のダメットの挑戦とその意義を現象学者に広く理解できる形で述べ直すということも必要になる．このような作業を通じて『論理学研究』への「誤解」を訂正し，その意義を再評価すること．これこそが本書の第一の目的である[4)]．

3）『起源』以降でフレーゲ的な指示概念とフッサールの志向性理論との関係に関して踏み込んだ考察を行った論考としてはたとえばブノワの一連の論考（Benoist 2006, 2008a, 2008b, 2008c）があり，それぞれ志向性に関してフッサールが用いている概念の整理として優れたものである．とりわけ Benoist 2008a はフッサールの志向性概念を理解するために不可欠な概念的道具立てとしてダメットによる「指示（reference）」と「指示対象（referent）」の区別に言及している（Benoist 2008a: 11）．しかしながら，真理値計算に対する表現の寄与という仕方で特徴づけられた意味論的値の概念は登場せず，ダメットの議論に応える形には全くなっていない．この点を踏まえた応答としては，富山と葛谷の一連の論考（富山 2008, 2010, 2023; 葛谷 2013a, 2013c）があるが，残念ながら例外的と言わざるを得ない．

4）ただし，『起源』における議論は，明示的にフッサールへ向けられた批判に限っても多岐にわたっており，本書でそれらをすべて吟味することはできない．したがって，本書で扱う『起源』におけるフッサール批判はあくまで限定的なものにとどまる．

本書がダメットのフッサール批判に応えることをその中心的課題とするのは，それが単に未だ十全に応答されていないものだというだけでない．むしろ，決定的な理由は，すでに述べたように，彼の批判に適切に応答することが，『論理学研究』における志向性についての研究が一体どのようなプロジェクトなのかということを現代的観点から明確化するということを要求するものだからである．『論理学研究』をダメットの批判に応答できるような仕方で志向性の基礎に関する研究を体系的に展開した書として解釈することは，『論理学研究』とはどのように位置づけられるべき試みなのかということを，分析哲学者と共有できる視点から適切に位置づけることを要求する．ダメットのフッサール批判はこの点において重要なのであり，それゆえに本書の中心に位置づけられるのである．

本書の構成

それでは，本書のもう少し具体的な方針とその構成を述べておきたい．

ダメットがフレーゲと比較してフッサールに対して否定的な診断を下した最も主要な根拠は何か．それは，フレーゲの「指示」(Bedeutung, reference) の概念は言語の働きを記述する上で決定的に重要な見解に裏打ちされており，そのことは彼の理論に明確にも現れているのに対して，それに当たるものはフッサールには見当たらない，というものである．したがって，まずはフレーゲの指示概念の背景にダメットが見て取っていた見解とはいかなるものであるか，そしてそれが実際にいかなる重要性をもつのかを明らかにする必要がある．

さて，問題の見解とその重要性を所与とした上で，ダメットのフッサールに対する否定的診断のどこが誤りだと論じるかには，幾つかの選択肢があるように思われる．最もシンプルで，いわばダメットと真正面から「向き合う」選択肢は，フッサールにフレーゲと同様の見解を，同様（以上）の明確さで見出せると論じるものだろう．この場合，言語の機能の説明にとって一体何が重要なのかということに関してダメットに同意し，さらにフッサールが取り組んでいた課題がフレーゲと同じだという点に関しても同意した上で，ダメットによるフッサール解釈が誤りだと論じることになるだろう．

これに対して，完全に「そっぽを向く」方針も考えられる．つまり，そもそもフッサールとフレーゲ（ないしダメット）は問題意識を全く共有していないのだ，と論じる方針がそれである．この方針によれば，フッサールが『論理学研究』において目指したものにとってフレーゲの「洞察」はいかなる意味でも重要ではない．したがって，ダメットの主張がたとえ全面的に正しかったとしても，それはフッサールへの批判とはならない．両者が同じ言葉の「意味」や思考の「内容」というものについてともに語っているように見えても，それは見かけ上のものであり，二人が見据えていたものは実際には全く異なるのだ，と．この場合，ダメットはフッサールが主題とし，何を目指した研究をしているかに関して完全なる誤解をしていたと論ずることになるだろう．もちろんこの場合，ダメットが現象学に対して試みた対話を的外れなものとして拒絶することになる．

しかし，本書が正しいと考える方針は，いわばこの両極の間に位置する．ダメットの言う通り，フッサールとフレーゲは共通の問題に取り組んでおり，かつダメットがフレーゲの指示概念に見出していた洗練された見解の水準にまでフッサールの対象概念が到達していなかった，ということを本書は基本的には認める．しかし，言語的志向性の成立を問題にする際には，私たちは表現がいかなる指示をもつのかに関する理論，いわゆる意味論にだけでなく，同時に表現はその指示をいかなる仕方でもったのかに関する理論，（スタルネイカーの言い方を借りれば）「基礎意味論」にも取り組まなければならない[5]．そして，後者の「基礎意味論」に関して言えば，フレーゲの意義に相当する概念に関しても，またそれに基づいた理論展開に関しても，フッサールはフレーゲに対して大きく差

5）　Stalnaker 1997，特に 535-536 頁を参照．

をつけていた．こう言っても良い．「もし私たちが言語的意味と言語的指示についての明瞭な理論を求めるならば，私たちが参照すべきはフレーゲであって，フッサールではない」というダメットの診断に対して，本書は次のように応答する．「確かに，もし私たちが言語的指示についての明瞭な理論（つまり意味論）を求めるならば，私たちが参照すべきはフレーゲであって，フッサールではないかもしれない．しかし，もし私たちが言語的意味についての明瞭な理論（つまり基礎意味論）を求めるならば，私たちが参照すべきはフッサールであって，フレーゲではない」，と[6]．

さて，上記の方針には，果たして問題の理論をフッサールの具体的な解釈において取り出せるのかという問題はもちろん，次のような二つの疑念があろう．一つは，意味論においてフレーゲの水準に達していない哲学者は，そもそもなんらかまともに基礎意味論を展開しうるのかという問題である．基礎意味論の課題が指示をもつ仕方を明らかにすることである限り，指示概念に関して不明瞭な哲学者が果たして基礎意味論を適切に展開しうるのかということは問題になりえよう．実際，本書第２章の第３節でも確認するように，ダメットはこの点に関して否定的である．それゆえ本書は，意味論と基礎意味論の間の関係を適切に押さえた上で，フッサールには意義の理論を（少なくとも部分的には）適切に開始できる程度の指示概念（に相当する概念）をもっていたと論じる必要があろう．もう一つの問題は，そもそもフッサールと同等ないしそれ以上の基礎意味論的考察をフレーゲに見出すことはできないのかというものである．もしそのようなことが可能であるなら，「もし私たちが言語的意味についての明瞭な理論を求める場合であっても，私たちが参照すべきはやはりフレーゲであっ

6）ただし，ある論点に関してフレーゲに比べて参照する意義があるということは，その観点に関して現代においても参照する意義があるということを意味しない．フッサールにおいてフレーゲにはない先駆的な業績があったのだとしても，それが現代においても目新しいものだということは意味しない．とはいえ，この点に関しては，本書の目的はあくまで歴史的評価の訂正であることをご理解いただきたい．

て，フッサールではない」ということになろう．したがって，本書の議論が成功したものであるためには，この点に関しても一定の正当化を与える必要がある．

これを受けて，本書の構成は次のようなものになる．第１章では，フレーゲの指示概念の背景にダメットが見て取っていた理論的枠組み，つまり「意味論」の目的とその重要性を明らかにする．より具体的には，ダメットが「意味論的値」と呼ぶ理論的概念の眼目とその重要性を一定の仕方で明確化した上で，それがフレーゲに見出されるとダメットが考えた根拠を確認することがこの章の課題となる．第２章では，フレーゲの指示概念に相当する概念をフッサールが欠いていたというダメットの主張に関して，フッサール研究の側からこの点に応答しようとした先行研究を参照しつつ，その達成点を明確化する．この作業の結果として，ダメットの批判に対してフッサールを擁護するために示さなければならないことが何であるかがより具体的な形で提示される．第３章では，基礎意味論とはいかなるものであるかを，近年「メタ意味論」と呼ばれる理論的営みのうちに位置づけた上で，識別能力と指示をもつ仕方の間の関係に関するある見解を擁護する．そして第４章において『論理学研究』のフッサールが具体的な基礎意味論的考察を展開していたということを論じる．第５章では，同様の理論がフレーゲには見出せないのか，またそうだとしたらなぜフッサールはそれに着手できたのか，という当然生じる疑問に対して，ダメットのフレーゲ批判を参照軸としながら，フッサールの意味に関する見解を解釈することで答える．この作業を通じて，「意味のスペチエス説」と呼ばれるフッサールの意味概念が，基礎意味論的考察に適切に開かれたものだという点で，フレーゲの意義概念に比べて大きな長所をもつものであることが確認される．最後の第６章では，それまでの議論を踏まえた上で，『論理学研究』においてフッサールが採用している方法論，いわゆる「現象学」と呼ばれる方法論とは何かに関する解釈を行う．これにより，『論理学研究』における現象学が多層的なものであること，そして通常「現象学」と言われている見解を分析哲学派との対話の中で適切に擁護するために今後いかなる論点を検討すべきなのかが明確となる．

最後に一点，本書がフレーゲ解釈に関してどのような態度を取るかを述べておく．基本的に本書では，ダメットのフレーゲ解釈を批判することはしない．たとえば，ダメットのフレーゲ評価が過大評価であると指摘することで，フレーゲ哲学の意義をダメットが述べるところより切り詰め，哲学史上のフッサールの位置を相対的に向上させるという方法は取らない[7)]．以上から，本書はダメットのフレーゲ解釈に関して，それがフレーゲ解釈として正しいものだと想定して議論を進める．

7）もちろんダメットがフレーゲを過大評価ではなく客観的に見て過小評価している（つまりそのポテンシャルを十分引き出せていない）という可能性はある．しかしこの点に関する検討は，本書の課題を大きく超える作業を要求するため，本書では扱わない．

第１章
ダメットのフレーゲ解釈とフッサール評価

ダメットによれば，「もし私たちが言語的意味と言語的指示についての明瞭な理論を求めるならば，私たちが参照すべきはフレーゲであって，フッサールではない」(Dummett 1993: 56)．では，このダメットの評価は，一体何を根拠とするのだろうか．ダメットが「意味論的値」と呼ぶ概念を前提すれば，その根拠となる議論の大筋は，次の（１）から（３）を前提とするものとして提示できる．

（１）フレーゲの指示概念は意味論的値として解釈できる．

（２）フッサールのいかなる概念も，意味論的値としては解釈できない．

（３）意味論的値として解釈できる概念を含まない理論は，（それを含む理論と比して）言語的意味と言語的指示に関して見るべきところがない．

確かに，以上がすべて成り立つならば，

（４）フッサールの理論は，（フレーゲの理論と比して）言語的意味と言語的指示に関して見るべきところがない

という否定的結論が導き出される．

本書第１章から第３章の主な目的は，この議論をブロックし，第４章・第５章でダメットの否定的診断を覆すための準備を行うことである．結論から言えば，本書は（３）が誤りであると論じることでこの議論をブロックする．しかし本書では，直ちに（３）を吟味するのではなく，まずは（１）および（２）を吟味し，その後に（３）に取り掛かる．具体的には，まず第１章において，（１）に関して，意味論的値とはいかなる概念であり，またそれがなぜフレーゲに見

出されるとされるのかを明らかにする．これは同時に，（2）においてダメットがフッサールに見当たらないとする概念が何であるか，そしてフッサールにその概念が見出されるともし主張するならば何を示す必要がある（とダメットが考えている）のかを確認することにもなろう．続いて第2章において，（2），つまりフッサールにその概念が本当に欠けているのかを，関連する先行研究を踏まえつつ吟味する．そしてその後，第3章において（3）が誤りであると論じる．

このような手順を踏む理由は二つある．第一に，第2章で見るように，ダメットの議論を適切に理解した上で，（2）を拒否することで応答しようと試みる先行研究が存在する．もしその議論が十分なものであれば，ダメットの否定的診断に対して真正面から誤りだと断言できることになろう．しかしその議論は私が理解する限り，ダメットに対する応答としては不十分である．このことを確認することは，本書の解釈上の位置づけを明確にすることになるだろう．

第二の理由は，本書が第4章以降で展開する解釈を提示するための前提事項が，（1）と（2）を確認する中で明らかにされるから，というものだ．本書は第4章で，通常「意味論」と呼ばれるものに対して（スタルネイカーが）「基礎意味論」と呼んだものに属する考察をフッサールに帰属する．すると，まずこの解釈を提示するためには，基礎意味論とは何かを提示することが必要となろう（第3章）．しかし基礎意味論が何かを押さえるためには，意味論とは何かを押さえる必要がある．というのも，基礎意味論とは，大まかに言えば，意味論が述べることの根拠を与える理論として特徴づけられるからである．そして意味論とは何かを押さえるためには，意味論的値の概念を押さえる必要がある．これはほぼ，上で第1章の課題として設定されたものに相当する．また，フッサールが基礎意味論を展開していたと主張するには，ある程度はフッサールも意味論的値の概念に近い概念を所有していたことを示す必要がある．このことは第2章において，（2）を検討する際に先行研究に即して確認される．

では，本章の具体的な作業を素描しよう．本章の目的は，上の議論の（1）

と（2）に相当するダメットのフッサール批判をその重要性とともに明確化した上で，もしそれに正面から応答しようとするならば要求される作業とは何かを正確に押さえ，第2章の議論を準備することにある．第1節では，ダメットの問題提起が，フレーゲとフッサールの間の影響関係にではなく，「意味論的値」と呼ばれる理論的概念を所有していたとみなせるかどうかに関わることを確認する．続く第2節から第4節では，一旦ダメットから離れ，意味論的値という概念をその内実と重要性ができるだけ直観的に理解可能な形で導入することを目指す．意味論的値の導入自体は第4節で行われ，第2節と第3節はそのために必要な関連諸概念の導入に当てられる[1]．第5節では，本書が導入した意味論的値の概念がダメットが重要視している意味論的値の概念の具体化に相当することを，彼が真理概念について述べていることを解釈しつつ確認する．第6節では以上を踏まえ，『起源』の解釈を通じてダメットのフッサール批判を明確化する．

第1節　ダメットのフッサール批判の基本構造

本節では，ダメットのフッサール批判に関する本書の解釈を素描する．フッサールとフレーゲの間の影響関係は以前より議論されてきたが，ダメットは『起源』においてそれを注意深く自らの論点と区別している．ダメットのフッサール批判は，純粋に理論的な関心に基づくものである．すなわち，フレーゲの指示概念は意味論的値として解釈できるが，フッサールにはそのように解釈できる概念が存在しない．そしてこの違いが，言語的意味と言語的指示について参照する価値があるかどうかの違いを生み出している．ダメットが示したいことはひとまずこのようにまとめられる．

1）これは本書が「メタ意味論」の「概念的部門」と呼ぶものに当たる．本書第3章第1節（2）参照．

さて，フレーゲの指示概念に当たるものがフッサールには欠けている，というこの主張は，フッサールとフレーゲの考えにある程度慣れ親しんでいる人にとっても（むしろそのような人にとっては）驚くべきものに聞こえるかもしれない．というのも，フレーゲが「指示（Bedeutung）」という言葉で表現していることと並行的な事象は，フッサールにおいて「対象（Gegenstand）」ないし「対象性（Gegenständlichkeit）」という言葉のもとで語られているように見えるからである[2]．

周知のように，フレーゲは彼が「固有名（Eigenname）」と呼んだもの，たとえば「宵の明星（Abendstern）」や「明けの明星（Morgenstern）」の指示として，通常その「指示対象」と呼ばれるもの（たとえば「明けの明星」や「宵の明星」の場合であれば金星そのもの）を選択し，その「意義（Sinn）」から区別した[3]．他方，フッサールもまた同様に「イエナの勝者」や「ワーテルローの敗者」などの確定記述を単称名辞の一種と見なし，その対象として通常その「指示対象」と呼ばれるもの（たとえば「イエナの勝者」や「ワーテルローの敗者」の場合であればナポレオンそのもの）を挙げ，これをその「意味（Sinn, Bedeutung）」から区別した[4]．少なくともここから両者の間に違いを見出すのは困難である．しかも，この平行性は単称名辞の場合に限られない．というのも，フレーゲが，単称名辞に限らず，すべての有意義な表現にそれぞれ指示があると考え，それをそれらの意義から区別したように，フッサールもまたすべての有意味な表現がその対象（ないし

2） 本書では，フレーゲの「Bedeutung」を，ダメットがこれを「reference」と訳していることに合わせ，一貫して「指示」と訳す．なお，本書では「指示対象」を直観的に理解できる前理論的概念として用いる．これに対して，「指示」はフレーゲの理論的概念であり，ダメットの解釈が正しければ意味論的値として理解されるべきものである．それゆえ，ある語の指示対象がその語の指示であるかどうかは全くトリビアルな問題ではない．

3） Frege 1892 参照．

4） XIX/1: 53 参照．本書では『論理学研究』におけるフッサールの術語としての「Sinn」と「Bedeutung」を同様に「意味」と訳すが，これは『論理学研究』においてフッサール自身がこの両者を同義であるとしたことに基づく．XIX/1: 58 参照．

対象性）をもつと考え，それをその意味から区別したからである．これらの平行性を踏まえるならば，フレーゲの指示概念はフッサールの対象（性）概念に一致する，と考えることは自然だろう．

もちろん，この平行性をダメットが単純に見落としていたわけではない．『起源』においてダメットは「二十世紀初頭の時点においてこの二人の間に注目すべき一致点が認められる」（Dummett 1993: 42）とし，両者に平行する諸主張を帰属しているが，その中には両者がすべての有意味な表現に対して「指示」「対象」を並行的に認めていたということも含まれる．さらに加えてダメットは，フレーゲが「力（Kraft, force）」と呼んだものと，フッサールが「作用性質（Aktqualität）」と呼んだものの対応関係についても指摘している[5]．したがって，上記の平行性をダメットは重々承知している．しかしだとすると，ダメットはなぜフッサールに比べてフレーゲを高く評価するのだろうか．

ここで，フレーゲとフッサールの間の影響関係に関する解釈上の争点に関する知識のある人は，ダメットがフッサールに比べてフレーゲを高く評価している理由を次のように推測するかもしれない．主にフェレスダールが主題化して以来，フッサールによる対象と意味の間の区別がフレーゲとの思想的交流に起因するものなのか，またなんらかの影響があるとすればそれはどれほどのものかということは，解釈上の問題であった[6]．ダメットはもっぱらフレーゲからの影響によってフッサールは当の区別をつけることができたと考えているのではないか．そしてそれゆえに，表現に関して意味と対象を適切に区別したという栄誉は，フッサールには帰され得ないと考えているのではないか，と．

もちろん，もしこのような「オリジナリティ」の所在が問題となっているのだとすると，ダメットは自らの評価を正当化するために，適切な歴史的研究を行う必要があろう．そして，フッサール研究において，問題の区別に関してフ

5）　作用性質に関しては第4章第1節（3）参照．

6）　Føllesdal 1958 参照．

レーゲからフッサールの影響はあったとしても決定的なものではないと論じる研究が存在する[7]．ではダメットは，何か新たな歴史的証拠をひっさげて，この（フッサール研究者には）お馴染みの論点をここで蒸し返そうとしているのだろうか．しかしダメットは，このような影響関係を資料的に確定することに深入りするつもりはない，と明言する．

> 私は歴史的な因果関係に配慮することにはほぼ関わらないだろう．正真正銘の歴史研究は，ある特定の哲学者から別の特定の哲学者へ影響が伝播したということの証拠を提出しなければならない．これを確立するには，出版の日付が詳しく調べられなければならず，日記や私信が研究されなければならず，さらに特定の個人が何を読んだ（かもしれない）かを発見するために，蔵書目録さえ精査されなければならない．私はこのいずれにも関わらない．そしてそれゆえ私の研究は正真正銘の歴史研究ではないし，少なくとも通常の種類のそれではない．(Dummett 1993: 2)

加えて，ダメットは上の論争に関して，明確にフッサール（研究者）の側に立つ．

> フッサールがこの［対象と意味の］区別を成したということをフレーゲの影響のおかげだとする人もいたが，そうすることは全く余計なことである．［フッサールのように］意味ないし意義を単称名辞に帰するつもりがあるなら，名辞の意味ないし意義とその指示との間の区別はすでに手の内にある．(Dummett 1993: 40)

しかしだとするなら，問題の（表面上）類似した二つの主張に対して，ダメットはいかなる違いを見出しているのだろうか．

この点を理解するには，ダメットがフレーゲの指示概念の何を評価している

7）ロッツェからの影響関係が重要であったと論じる Mohanty 1982 が有名だろう．『起源』以降ではあるが，榊原 2009 の第 3 章第 3 節は，加えてライプニッツからの影響も指摘しながら，この点に関して非常に詳細に論じている．

かを確認するのが近道だ．それは次の二点に存する．第一に，フレーゲは自らの用いる「指示」の概念をある明確な原理のもとで運用しているということ．第二に，その原理のもとで運用される概念は，言語の役割を考える上で非常に重要だということ．まずはこの二つの論点に関してダメット自身が述べるところを見てみよう．

『起源』において，ダメットは表現が指示するものについての二人の捉え方に関して，次のように述べている．

> 指示についてのフッサールの捉え方は，悲惨なまでに曖昧なままだった．フレーゲの指示（彼に固有の，少々エキセントリックな意味における「Bedeutung」）の観念は，揺るぎない仕方で，真理値の確定へと向けられていた．ある表現に指示を割り当てることは，その表現が出現する任意の文がそれによって真としてないし偽として決定されるところのメカニズムにおけるその表現の役割を宣言することである．それゆえフレーゲは，任意の論理的カテゴリーの表現の指示は何であると解されるべきかを決定するための明瞭な原理をもっていた．フッサールはこのような原理を欠いていた．そしてそれを欠いていたので，単称名辞以外の表現が何を指示するものだと解されるべきかについて，不明確であった．（Dummett 1993: 39）

つまりダメットは次のように述べている．ある表現の「指示」とフレーゲが呼んだものは，その表現が登場する任意の文の真偽の確定のためにそれがもつ役割のことである．したがって，フレーゲには，何かがある表現の指示なのかどうかを決定するための明確な原理・基準があった．これに対して，フッサールにはそのような明確な原理・基準がなかった，と．

ここで言われている「原理」の内実を押さえるには後の議論を待つ必要がある．とはいえここでダメットが提示している対比自体は，ある複合的なシステムの役割を記述するような理論に関して一般的に言えることなので，論点が分かりやすい事例との類比に頼れば現時点でもある程度その言わんとすることを素描することができる.

言語の代わりに，車の役割について分析しようとしている次の二人の理論家を考えよう．一方の理論家は次のように述べる.「車のステアリングは，使用者の進みたい方向へ車を進めることをそのシジとしてもつ．車の各部品はどれもシジをもっている」．このとき，私たちはたとえばアクセルやブレーキなどは彼の言うシジをもつのかどうかを判断できるだろうか．車の各部品はどれももつというのだから，アクセルやブレーキももつのではないか，と思われるかもしれない．ではカーオーディオはどうだろうか．タイヤのホイールへの装飾はどうだろうか．それらは自動車の使用者にとって非常に大事な「部品」かもしれない．それらは運転中に使用者に常に意識されているかもしれず，まさにそれらを使うためにドライブに出かけるのかもしれない.ではアクセル,ブレーキ，カーオーディオ，タイヤホイールの装飾はそれぞれ上の理論家の言う「シジ」をもつのだろうか．またそれぞれについて，もしそれがシジをもつとした場合，それは何なのだろうか．確かに私たちは，これらに関して推測することはできるかもしれない．しかしそれは少なくとも，彼が述べたことの一部ではない．なぜなら，一般に何が車の「部品」とみなされるべきか，そしてそれに「シジ」を割り当てるということが一般にいかなることであるのかを判断するための基準を，彼は何一つ提供していないからである．彼が述べているのは，彼の言う「シジ」とは車のステアリングの場合にはなんであるかということだけである．これでは，（もし彼の心の中に何かアイデアがあったのだとしても）少なくとも彼は自分自身の述べる「シジ」とは何かを明確に提示できていない，と言わざるをえない.

これに対して，他方の理論家は次のように述べる.「車に対する各操作に対して，その車がなすべきと想定された挙動というものがある．車の各部分の役割は，その都度の使用者の操作が与えられた場合に，車全体がなすべき挙動に対するその部分の寄与として表せる．これをそのシジと呼ぶ．ある部分が特定のシジをもつ場合，それをその車の部品と呼ぶ．ある操作が与えられたとき車がなすべき挙動は，車の各部品のシジと，それらがどう組み上げられているかによって決定される」．このような基準が与えられれば，カーオーディオやタイヤのホイールに施された装飾はシジをもたないと判断できよう．また，アクセルやブレーキ，ステアリングについては，それがシジをもつと判断できるだけでなく，そのシジがなんであるかということを考えるための手がかりも与えられている．車がなすべき挙動の決定という観点から見れば，カーオーディオの音量調節つまみを回したり選曲つまみを回したりすることと，ハンドルを回したりアクセルペダルを踏み込んだりすることは全く異なる．カーオーディオでどんな音量で何を流そうが，それをどう切り替えようが，それによって車がなすべき挙動は影響を受けない．これに対して，ハンドルを回したり，アクセルペダルを踏んだりすることは，車がなすべき挙動に一定の影響を与える．車の各部分に関して，そのような影響を特定していくことこそ，各々のシジを特定することである．確かに彼は特定の部分の具体的なシジに関して一切何も述べていない．しかし，一般的にシジとはどのように決定されるか，その原理を明確に述べている．

さて，車の機能を分析する際に参照すべきなのは，この二人の理論家のどちらだろうか．明らかに，後者だろう．後者の理論家は，自らの理論の中心概念，すなわちシジ概念をどのように用いるべきかを提示しており，それゆえ彼の理論がどのようなものかも明らかになっている．これに対して，前者の「理論家」は中心概念の使用法を提示しておらず，その結果として彼の理論は（仮に彼の頭の中にそのようなものがあるとしても）全く提示されておらず，ただ推測されるのみである．理論家としての力量の差は明らかに見える．

先の引用でダメットが言いたかったこと（の半分）は，これと同じような対比が，まさにフッサールとフレーゲの間にも成り立つということである．確かにフッサールは単称名辞だけでなく，すべての構文論的カテゴリーの表現がその対象をもつと述べた．そして単称名辞に関しては，幾つかの具体例に関してそれがどのようなものかを述べている．しかしダメットによれば，フッサールは「単称名辞以外の表現が何を指示するものだと解されるべきかについて，不明確であった」(Dummett 1993: 39)．それは単に各カテゴリーの表現に関して，その対象がどのような種類のものかを彼が明言していないということではない．というのも，たとえそうであっても，彼が一定の一般的基準を，つまり「任意の論理的カテゴリーの表現の指示は何であると考えられるべきかを決定するための」基準を提供しているなら，私たちはそれに基づいて彼の主張の帰結を調べることができるからだ．そして確かに，彼が自らの対象概念を自覚的に明確化し駆使することができていたならば，彼の論述からそのような基準を読み取りうるべきだと思われる．ダメットが言いたいのは，フッサールの論述からそのような基準を見出すことはできないということだ．平たく言えば，フッサールの対象概念は適用基準がはっきりしない，不明瞭な概念だというわけだ．これに対して，フレーゲの論述からはそのような明確な基準を見出せる，とダメットは考えている．ある表現の指示とは，「その表現が出現する任意の文がそれによって真としてないし偽として決定されるところのメカニズムにおけるその役割」(Dummett 1993: 39) だ，というのがそれである．フレーゲとフッサールの間にダメットが見出している違いとは，ひとまずこのようにまとめることができる．

もちろん，ダメットはフレーゲをその概念的明瞭性においてのみ評価しているわけではない．ダメットが言いたいことのもう半分は，そのように明瞭に規定された指示概念が，まさに言語の機能を考える上で非常に重要なものだということである．つまり，「その表現が出現する任意の文がそれによって真としてないし偽として決定されるところのメカニズムにおけるその役割」を各表現に関して考えるということが，言語の役割を考える上で決定的に重要だということもまた，ダメットがフレーゲを評価する根拠となっている．

このもう半分の論点を理解することは，結局のところ，ある言語に対して意味論を与えるという作業が何を行っているのか，またそこで用いられる「意味論的値」という概念がいったいいかなるものなのかを，その重要性とともに適切に把握することに帰着する．そしてこの点をなるべく平明に述べることが，続く第２節から第４節の作業に当たる．

本書はこの目的のために，問題にする言明の範囲を経験的言明に限った上で，情報伝達における役割という観点から意味論的値という概念の眼目を導入するという方針をとる．このような方針をとる理由は二つである．

第一の理由は，その分かりやすさにある．ダメットのフッサール批判の重要性がこれまで十分理解されてこなかった大きな理由の一つは，ダメットのフレーゲ解釈の中心概念である「意味論的値」という概念が，フッサール研究者にとって把握しがたいものだったということにあると考えられる．管見では，この理由の一部は，ダメットがこの概念を特徴づける際に持ち出す（文の）真理および（主張の）適切性の概念が，それ自体抽象的なレベルで特徴づけられているという点にある．確かにこの抽象性はダメット自身の哲学的主張を考える上で非常に大きな役割を果たすにせよ，ダメットのフッサール批判を理解する限りでは，この抽象性は必要ではない．そして，私が見通せる限り，意味論的値という概念のポイントを直観的に押さえるには，問題にする言明の範囲を経験的言明に限った上で，情報伝達における役割という観点からそれを導入するのが最も良い[8)]．これは必ずしもダメットがその最も抽象的なレベルで語っていることから直ちに帰結することではなく，また彼自身の他の哲学的立場からの帰結とは緊張関係にすらあるかもしれない．しかしこのことは（ダメット自身の哲学的立場ではなく）彼のフレーゲ解釈のポイントをフッサール批判の文脈で押さえるというここでの目的にとっては問題にならず，むしろ彼の議論の眼目の多くをその具体的なレベルで押さえることができるという利点をもつ．

第二の理由は，のちの議論との関係にある．本書は第３章において意味論に対して「メタ意味論」と呼ばれる理論を対置する．そして本書の第６章で『論

8）　この導入は，主張を中心に据えた説明になるという点でダメット自身の説明にかなり近いが，その役割を情報の伝達に置く点で，スタルネイカーや目的論的機能主義の論者（とりわけドレツキ）の考えを背景としたものだと言える．

理学研究』における「現象学」と呼ばれる方法論を解釈する際にも，意味論とメタ意味論の区別が用いられる．このとき，メタ意味論にはどのような課題があり，それは意味論とどのような関係にあるかということを理解する上で，経験的言明に限って論じられるある具体的な意味論的諸概念の導入が役に立つ．

以上の理由から，以下第2節から第4節では，扱う言明の範囲を経験的言明に限った上で関連する諸概念を導入する．

第2節　文中心テーゼ

何かを述べるという実践においては「文」というカテゴリーに属する表現が「使用の単位」としてある特権的な地位をもっており，その部分となる表現の役割はどれも，それが出現する文に対していかなる寄与を果たすかという観点から語られる．本書はこれを「文中心テーゼ」と呼ぶ．これは現在，言語を考察する上で広く共有されている前提だと言って良いだろう．ここではまず「使用の単位」という概念を道具一般に関して議論に十分な程度明確化した上で，文中心テーゼをその言語に対する適用として述べなおす．

構造をもつ道具の一例として，自動車を考えよう．自動車のステアリングの，しかもステアリングとしての，役割とはなんだろうか．もちろん，*自動車を用いて移動する際*，ドライバーが目指す方へと自動車の進行方向を変えられるようにすることだ．この自明な受け答えの中で注目すべきなのは，自動車のステアリングという機構の役割は，それが含まれるある全体（つまり自動車）の役割への寄与として初めて記述できる，ということである．もちろん，ある特定のステアリングの機構それ自体は自動車から取り外してもそれ自体存在しうるし，たとえば何かの重しとして使うといったように，他の目的のために使用することもできる．しかしその場合，それは*ステアリングとしては*使われていない．ステアリングのステアリングとしての役割とは，それが自動車に組み込まれ，自動車の果たすべき役割の遂行に寄与すること，つまり自動車を運転して移動する際にその操舵を可能にするという形で寄与することでのみ果たされる[9]．使用という観点から述べ直せば，ステアリングは，自動車の使用においてその操舵に寄与するという仕方でのみ，ステアリングとして使用可能である．ステアリングをそれとして使用したが自動車を使用していない，ということはないわけだ．同じことが，自動車のアクセルやブレーキについても言うことができよう．これに対して，自動車に関してはそのような全体は存在しない[10]．その意味で自動車は使用の一つの「単位」を成している．

他の例でも同じことが言える．たとえばヴァイオリンの弦を考えよう．ヴァイオリンの弦の役割は，ヴァイオリンに張られ擦られることで一定の音を出すことにある．弦の役割は，ヴァイオリンという擦弦楽器を演奏するという全体において初めて用いられる．問題の弦をそれとして用いているが擦弦楽器は演奏していない，ということはないわけだ．

このことは次のように一般化できる．道具には，使用者がそれをそれとして使用するために，それを部分とする全体を使用することを必ずしも要請しないような，いわば「使用の単位」となる種類の道具と，それが含まれる全体の役割へ一定の寄与をなす場合においてのみそれをそれとして使用しうるような種類の道具がある．

同じタイプの考察が，言語表現の役割を考える上でも重要となる．本書が「文中心テーゼ」と呼ぶものに従えば，文の部分表現（たとえば名辞や述語など）と文，そして（主張など中心的な）言語行為の関係は，ステアリング（ないしアクセル，ブレーキ）と車，そして車の運転の間の関係に類比的である．文は使用の単位をなし，言語行為は文を用いてなされる．そして名辞や述語などは，言語行為に

9）ここでの論点は，想定されている役割（機能）の概念が，いわゆる「因果役割機能」であれ「目的論的機能」であれ理解できるものとして提示されている．ただし次節で確認するように，本書が「役割」という語で主に想定するのは後者である．両者の違いについては戸田山 2014: 第2章が詳しい．

10）これは，自動車を一部とするような道具が不可能だと言っているわけではない．自動車がそれ単独で自動車として使用しうるということがここでは重要である．

おいて使用される文の部分としてのみ，それとして使用可能である．名辞や述語をそれとして使ったが文を用いた言語行為を遂行していない，ということはないわけだ．確かに私たちはときにある名前，たとえば「葛谷潤」を単独で発する．たとえばそれによって音声認証キーを作動させたりする．しかしそれらは名前として使用されているわけではない．名前は文を言語行為において使用する中でのみ，名前として使用可能である．

道具一般に関する考察から導入するかは別として，文中心テーゼそれ自体はもっともらしく，現在意味論と呼びうるであろうほぼすべての立場が（暗黙的にであれ）前提しているものであると言えよう．これをフレーゲに帰してよいことはほぼ確実だとしても，それがいわゆる「文脈原理」という名で彼に帰属されるものと同じであるかは，フレーゲ解釈の問題になる．たとえば飯田が「イミに関する文脈原理」としてフレーゲに帰属しているものは，本書の言う文中心テーゼと一致する[11]．これに対して，たとえば（ある時期の）ダメットがフレーゲの文脈原理として考えているのは文中心テーゼに加えて，言語の説明に関するより踏み込んだ見解（ダメットが「内在主義」と呼ぶような見解）を付け加えたものである[12]．そしてその意味での文脈原理は，ダメット自身が認めるように，全く自明ではない主張となる．とはいえ，この点に関して本書がフレーゲ解釈に踏み入る必要はない．確実に言えるのは，フレーゲに関して「文脈原理」として帰されるものが何であれ，文中心テーゼは自然言語の表現を用いた語りにおける言語表現の働きを考える上で考察の大前提となるような分析の観点を用意するということである．

11）飯田 1987: 2.2 節，とりわけ 108 頁参照．

12）ダメットは文脈原理に関して様々な箇所で言及しているが，ここで念頭に置いているのは Dummett 1995 に示されている彼の解釈である．

第３節　情報・表象・主張

主張は最も中心的な言語行為であり，その核となる役割は情報の伝達である[13]．たとえば私がコートを着ていくかどうかを決めるため，外気温を気にかけていたとする．ここで，外から私の友人が帰ってくる．その友人は外にいた際に直接外気に触れることを通じて，外がかなり寒いという情報を得ていたとしよう．友人は私が外にコートを着て行こうか迷っていることに気がつき，私に「It's cold outside」と述べる．私はこの発話から，外が寒いという情報を手に入れる．ここで，友人の「It's cold outside」という文の発話が，まさに外が寒いという情報を伝達する役割をもっており，かつこの場合には実際にその役割を果たしているということは明らかに思われる．

さて，主張は文を用いる言語行為でもある．では主張，つまり言語的な情報伝達における文の役割とは何なのか．以下ではこれを経験的言明に限って特徴づけることを通じて，そこにおいて意味論的値という概念がいかにして要請されるのかを確認したい．

情報

情報伝達の理論において関連する「情報」の概念を定式化する方法には様々なものが提案されてきた[14]．ここでは，フレッド・ドレツキに由来する標準的な見解を単純化した次の定式化で考えたい．

> （Cという背景的条件のもとで）AということがBという情報を運ぶとは，CかつA時には必ずBということが成り立ち，さらに実際にCかつAとい

13）言語の役割に関する進化論的な説明においては，情報伝達以外の役割ももちろん考慮する必要がある．Aitchison 1996: Ch. 1 を参照．

14）情報概念の多義性（ないしは多元性）については榎本 2022 参照．

うことである.[15]

たとえば，一定の気候で生育した樹木の年輪の数は，その樹木の樹齢に必ず一致する．この意味で，年輪は樹齢の情報を運んでいる．他の例を挙げれば，たとえばあるバスの運転手がベルを二回鳴らすときには必ずバスが満員なのだとすると，そのバスの運転手がベルを二回鳴らしたということはそのバスが満員だという情報を運ぶ．また，ある事態が他の事態についての情報を運んでいるとき，後者は前者が運ぶ情報の内容であると言われる．上の事例では，バスの運転手がベルを二回鳴らすことが運ぶ情報の内容は，そのバスが満員だということである.[16]

表象と適切性条件

一般に，「〜するという役割をもつ」とか「〜すると想定されている」ないし「〜するためのものである」ということは，「実際に〜する」とか「実際に

15) ここでは「必ず」という概念を直観的に理解できるものとして用いるが，これらの概念をどのように特徴づけるかに関しても様々な方針がありうる．有名なのは，Dretske 1981a: 65 の条件付き確率を用いる定式化だろう．他方でドレツキの知識概念に関する議論（Dretske 1971; Dretske 1981b）が示唆するように，情報に相当する概念は一定の条件のもとでの厳密含意を用いても特徴づけられる．「状況」の概念を基底に採用する状況意味論を含む，いわゆる「質的情報理論」の展開に関しては，下嶋 1998，またより包括的なものとしては van Benthem and Martinez 2008 を参照．ただし後者の状況意味論に関する部分に関しては代わりに Israel and Perry 1990 を参照．また，このような情報内容を特徴づける一つの方法に，可能世界の枠組みも位置づけられうる．Stalnaker 1997: § 2 や Stalnaker 2014: § 1.1 参照．また，Millikan 1984 のように，「必ず」より弱い条件，たとえば統計的相関などのみを要求することもできる．ミリカンによるドレツキ的な情報概念への批判は Millikan 2006 の第Ⅱ部を参照.

16) ここでの情報概念に関して一つだけ注意をしておこう．情報運搬関係が二つの事態の間に成立しているということは，それを用いて誰かが何かを知ることが（実際に）できるかどうかには依存しない．私たちが何かを知ることは情報運搬関係の成立に依存するかもしれないが，逆は成り立たない.

〜できる」ということとは異なる（と言えるような，「役割」という語の用法がある）．一方で，あることをする（ないしできる）が，しかしそれをすることはその役割ではないものがある．つららはものを貫くことができるが，しかしものを貫くという役割をもっているわけではない．同様に，年輪は樹齢の情報を運ぶが，樹齢の情報を運ぶという役割をもっているわけではない．つららがものを貫かなくとも，ものを貫き損ねたわけではないし，気候変動などにより年輪が樹齢の情報を運んでいなかったとしても，樹齢は年輪の情報を運び損ねたわけではない．他方で，一定の役割をもつがそれを遂行しない・できないものがある．血液を押し出し循環させることを役割とする臓器（心臓）の中にも，実際には血液を押し出せないもの（たとえば奇形の心臓や病気の心臓）がある．火災報知機がある時点でベルを鳴らすことは，その時点でそのセンサーの置かれた場所で火事があるという情報を運ぶことをその役割とするが，しかし火災報知機は火災でないときにも（誤って）ベルを鳴らすことがある．その場合，それらは血液を押し出し循環させ損ねているとか，火災であるという情報を運び損ねた，と言われる．

以下ではドレツキに倣って，一般に，その関連する各状態・振る舞いないしその産物が一定の情報を運ぶことをその役割とするシステムを「表象システム」と呼び，その関連する各状態・振る舞いを「表象」と呼ぼう[17]．そして，各表象が運ぶことをその役割とする情報の内容を，「表象内容」と呼ぼう．

17)　この「表象」の概念は，しばしば用いられる「表象」の概念よりもかなり限定されたものにのみ当てはまる．たとえば，絵はしばしば「表象」と呼ばれるが，似顔絵や記録のためのスケッチなど一部のものを除き，多くの絵は現実に何が起こっているかについての情報を運ぶために生み出されるわけではない．また，私たちは一定の事態の成立を想像することがあり，その際私の想像（作用）は一定の事柄を「表象」する，一種の心的な「表象」だと言われる．しかしもちろん，想像された当の事態が実際に成り立っていなかったからといって，私たちはその想像がその役割を果たし損ねたなどとは考えない．この点を踏まえるならば，上の表象概念はとりわけ世界に何かが成り立っているといわば「主張」するような表象概念であり，フッサール的な言い方をすれば「措定的」と形容することができるような，非常にベーシックな種類の表象だと言えよう．

この用語法を具体例に適用するとどうなるかを確認してみよう．たとえばあるタイプの金属探知機を考えてみる．このタイプの金属探知機の役割は，周囲の金属の有無を「ピー」と音を鳴らすかどうかを通じて知らせることである．つまり，このタイプの機械がその役割を果たしているのならば，それが「ピー」という音を鳴らすときには決まってその周囲に金属があり，鳴らさないときには決まってその周囲に金属がない．それゆえたとえば，周りに金属が存在しないにもかかわらず，ある時点でそれが「ピー」という音を鳴らしたなら，それはその時点のその機械の周囲に金属が存在するという情報を（単に運んでいないだけでなく）運び損ねたと言える．このとき，先の用語法に従えば，この種の探知機の各々は表象システムの一種である．そのタイプの機械がある時点で「ピー」という音を鳴らしていること（およびそのような音を鳴らしていないこと）は表象であり，それぞれの表象内容は，その時点でその機械の周囲に金属が存在するということ（およびそうではないこと）である．

言語話者によってなされる，経験的言明の主張という種類の言語行為に関しても，基本的には同様に考えることができる[18]．外気温を気にかけている人に対して，ある英語話者が「It's cold outside」と発話したとしよう．このとき，この文の主張の役割は，外が寒いということを聞き手に知らせることである．それゆえ，その話者によるこの文の主張がもし情報伝達という役割を果たしているならば，（なんらかの適切に限定された条件下で）その話者がそれをなすときには決まって外が寒いのでなければならない．逆に，外が寒くないときにその発話をしたならば，その発話は（単に情報を伝達していないだけでなく）その役割を果たし損ねた，と言える．このとき，先の用語法に従えば，英語話者は表象システムの一種である．そのタイプの主体がある時点で「It's cold outside」と発話することは表象であり，その表象内容は，その時点でその発話者がいる場所の

18）厳密には情報の運搬を役割とすることと聞き手への情報の伝達を役割とすることは異なるが，無用な複雑化を避けるためここでは区別せず議論する．

外が寒いということである.

このような観点からの分析の興味深い特徴は, 知覚システムや信念システムも全く同様に表象システムとして扱えるということである. 私たちの行動は知覚システムや信念システムがいかなる状態にあるかに基づいて決定される. その際, 知覚システムや信念システムが各状態に遷移・安定していることの役割は, 世界がいかにあるかに関する情報を運ぶことだ, と考えられる. その時点でその発話者がいる場所の外が寒いという情報を運ぶことを役割とする発話があるように, その情報を運ぶことを役割とする信念（信念システムが特定の状態にあること）がある. その時点でその発話者の目の前が火事だという情報を運ぶことを役割とする発話があるように, その情報を運ぶことを役割とする知覚（知覚システムが特定の状態にあること）がある. 信念や知覚は表象であり, それらを担うシステムは表象システムである[19].

では, ある特定の表象システムに関して, その役割を十全に記述したと言えるためには, 何を記述する必要があるだろうか. 結論から言えば, それは（1）その表象システムの可能な表象のパターンに何があるかと, （2）その可能な表象のパターンのそれぞれの適切性条件である.

ここで「適切性条件」という語で何が言われているかを限定するために, まずは表象システムのその都度の表象に関して, 二つの意味での「成功」が問題にできるという点を考察したい. ある表象は, 一つにはそれを運ぶことがその役割であるところの情報を実際に運んでいる場合に「成功した」と言われるが, もう一つにはそれが運ぶべき情報の内容に当たる事態が実際に成立している場合にも「成功した」と言われうる. ここで, 前者の条件は後者の条件よりも厳しい. というのも, いわば「まぐれ当たり」の事例が前者の意味では失敗だが後者の意味では成功になるからだ. たとえば上の機械の場合, それがある時点

---

19)　表象システムに関する明瞭な提示については, Dretske 1995 の第1章第1節を見よ. 知覚システムに関する概観は, 葛谷 2018b も参照.

で「ピー」という音を鳴らした場合に，それが後者の意味で成功しているためには，ただその時点のその近くに金属が実際に存在すれば良い．たとえば，その機械の音を鳴らすタイミングが容易に誤作動を起こし，それゆえその機械が音を鳴らすことはその近くに金属が存在するという情報を運ばないとしよう．その場合でも，その機械が音を鳴らしたときに偶然近くに金属が実際に存在するということはありうる（まぐれ当たり）．このとき，その振る舞いは後者の意味では成功しているが，前者の意味では成功していない．それが前者の意味で成功しているためには，それが「ピー」という音を鳴らすときには決まって，その近くに金属が存在しなければならない．つまり，一定の条件下ではその近くに金属が実際に存在する場合に限ってその音を鳴らすような仕組みに支えられた結果として，その音が生み出されている必要がある．

ある表象が前者の意味で成功している場合，それを「保証されている（warranted）」と形容し，失敗している場合，それを「保証されていない（unwarranted）」と形容しよう．これに対して，ある表象が後者の意味で成功している場合，それを「適切である（correct）」と形容し，失敗している場合，それを「不適切である（incorrect）」と形容しよう[20]．この用語法に従えば，まぐれ当たりの事例は，保証されてはいないがしかし適切ではある表象ということになる．

ある表象が運ぶべき情報の内容（表象内容）に当たる事態は，それが成立することがその表象が（上の意味で）適切だと言える条件だという意味で，その表象の「適切性条件（correctness condition）」と呼ばれうる．よって，ある表象の内容がなんであるかを記述するとは，その表象がいつ適切であるのか，つまりその表象の適切性条件を記述するということである．つまり，ある表象システムの役割を完全に記述するには，それが表象システムであるということに加え

20）通常これは「真（true）」および「偽（false）」と表現されることが多いと思われるが，これらは後に議論の的となる用語であり，また本書では文に対する術語として用いるため，ここでは用いることを控えている．

て,（1）その（現実のないし可能的な）諸表象にどのようなものがあるかと,（2）それらの適切性条件を記述すれば良い. たとえば先ほどの機械に関して言えば, その機械が表象システムであるということに加えて記述する必要があるのは,（1）その関連する諸状態が「ピー」という音を出すか出さないかの二つの状態であるということと,（2）任意の時点で「ピー」という音を鳴らすことが適切であるのは, その時点でその近くに金属があるちょうどそのときであり, 無音であることが適切であるのはその時点でその近くに金属がないちょうどそのときであるということだけである. 逆に, たとえばそれが表象システムだと分かっており, かつその仕組みにいくら詳しかったとしても, その表象のパターンに何があり, またそれぞれの適切性条件が何であるかを知らないのであれば, その役割を把握していないと言えるだろう[21].

上のことを背景にすることで私たちは, ダメットによる「主張の内容を把握するため人が知る必要があるのは［…］それがいかなる条件のもとで適切であるかだけである」(Dummett 1991: 47) という主張が述べる事柄の一つの具体化を得ることになる. ある主張の（表象）内容が何かを把握するとは, その主張の適切性条件に相当する事態を把握するということである[22]. たとえばある時点での「It's raining」の発話を考えると, この内容を把握するとは, その時点で外で雨が降っているちょうどそのときにこの発話が適切だということを把握するということである. 表象システムとしての言語話者の役割を記述するために

21）本書では特に断らない限り, 表象 r と何か o に関して言われる「r は o についてのものである」という前理論的な言い回しは, r の適切さが o になんらかの形で依存することを表していると解する. たとえば私の友人による「It's cold outside」という文の発話が, 彼の今朝の食事や現在のダウ平均株価ではなく, 他ならぬ現在の外気温についてのものであると言えるのは, まさに彼の主張が適切であるかどうかが, 他ならぬ現在の外気温に依存するからである. またその発話が寒さについてのものであると言えるのは, 彼の主張の適切性が,（外が）寒いかどうかにかかっているからである.

22）ただし本書で「事態」と呼んでいるものは, ダメットが「その主張の適切性にとって十全な事態の特定」と表現しているものに相当する.

は，(1) 適格な話者が生み出す（現実のないし可能的な）諸主張のパターンと，(2) それらの適切性条件がすべて分かっていれば良い，ということになろう．

以下では，ある表象システムについて，その（現実のないし可能的な）諸表象にどのようなものがあるかの全体を確定する理論を「構成理論」と呼ぼう．さらに，構成理論を背景にそれらの適切性条件を特定する理論を「適切性理論」と呼ぼう．以上で確認したように，ある表象システムについて，その構成理論と適切性理論を記述すれば，その表象システムの（表象システムとしての）役割を完全に記述できたことになる．これらの理論がどのような形態をとるかは，その表象システムの形態に依存する．とりわけ，私たちのような自然言語の話者の場合，表象の適切性条件はそこで用いられる文に依存する[23]．発話の適切性条件への文の寄与は，その部分の役割をその構造に即して合成する形で決定される．そしてこれこそが，自然言語の役割を記述するために「意味論的値」と呼ばれる理論的概念が必要不可欠になる理由である．以下ではこの点を確認しよう．

第4節　意味論と意味論的値

ダメットがフレーゲの指示概念の解釈に用いる意味論的値の概念を理解するためには，各表象の適切性条件はその表象が利用するアイテムの部分の役割から合成的に決定されるというアイデアを理解する必要がある．このことを一般的に理解するために，まずは単純な機械の例で考察した上で，単純な言語断片に議論を進めたい[24]．

---

23) 文にのみ依存するわけではない．発話がどのような状況でなされたか（いわゆる「発話の文脈」）にも依存する．

24) 以下，構文論と意味論の基本的な構造についてはモデル論的意味論の標準的な教科書である Enderton 2001 や，自然言語のフレーゲ的な意味論についての標準的な教科書である Heim and Kratzer 1998 を参照．

あるビルの監視室に設置された次のような機械を考える．それはランプ１とランプ２の二つのランプを備え，ブザー１とブザー２の二種類のブザーを鳴らすことができる．この機械はそのビルのある場所の状況を知らせる役割をもち，その役割は具体的には次の「マニュアル」によって与えられる．

> この機械は，ランプの点灯と同時にブザーを鳴らすことで一定の場所の状況をお知らせする機械です．ランプとブザーにはそれぞれ二種類あります．そして，ランプは場所を，ブザーはその場所の状態を表します．具体的には，ランプ１はこの建物の一階を表し，ランプ２は二階を表します．また，ブザー１はその場所が火災であることを，ブザー２はスプリンクラーが作動していることを表します．

さて，この記述から私たちはこの機械の振る舞い（表象）にはどのようなタイプがあるのか，そしてその各振る舞いがどのような役割をもつのかを理解できる．たとえば，この機械がランプ２を点灯させながらブザー１を鳴らしたら，それは問題の建物の２階で火災が発生しているということを知らせる役割をもつと分かる．もちろん，この機械がなんらかの故障により誤作動することはあるかもしれない．たとえば，問題の建物の２階で火災が発生していないのに，ランプ２を点灯させながらブザー１を鳴らしてしまうということはあるかもしれない．しかし，これが「誤作動」だと言われるのは，この機械がどう作動するのが正常なのか，正しいのかという基準を与えるような何かが存在するからである．上の「マニュアル」は，この機械が実際にどう作動するかではなく，どう作動するのが正しいのか（その期待された挙動，それぞれの作動の役割，いわば「仕様」通りの振る舞い）を記述するようなものだと考えられる．

このことを第３節の用語法で述べ直すと次のようになる．上のマニュアルがこの機械の表象システムとしての役割を十全に記述できていると言えるのは，（１）その表象システムの可能な表象のパターンに何があるかと，（２）その可能な表象のパターンのそれぞれの適切性条件とを記述しているからである．実際，「この機械は，ランプの点灯と同時にブザーを鳴らすことで一定の場所の状況をお知らせする機械です．ランプとブザーにはそれぞれ二種類あります」という部分から，私たちは可能な表象のパターンとして「ランプ１＆ブザー１」「ランプ１＆ブザー２」「ランプ２＆ブザー１」「ランプ２＆ブザー２」の四種類があることが分かるし，「この機械は，ランプの点灯と同時にブザーを鳴らすことで一定の場所の状況をお知らせする機械です．[…] ランプは場所を，ブザーはその場所の状態をお知らせします．具体的には，ランプ１はこの建物の一階を表し，ランプ２は二階を表します．また，ブザー１はその場所が火災であることを，ブザー２はスプリンクラーが作動していることを表します」の部分から，それら各表象がどのような情報を運ぶことをその役割としているかが分かる．つまり，上のマニュアルは，この機械の構成理論と適切性理論を与えていることになる．

構成理論と適切性理論というこの構造が明確になる形で，上のマニュアルを書き換えてみよう．

この機械の構成理論

1．この機械の表象は，ランプの点灯と同時にブザーを鳴らすことから成る．
2．ランプには１と２の二種類がある．
3．ブザーにも１と２の二種類がある．

この機械の適切性理論

1．この機械のある時点での特定の表象が適切なのは，その時点においてそのランプが表す場所がそのブザーが表す状態にあるちょうどそのときである．
2．ランプ：
   a. ランプ１はこの建物の一階を表す．

b. ランプ２はこの建物の二階を表す.

３. ブザー：

a. ブザー１は火災を表す.

b. ブザー２はスプリンクラーの作動を表す.

実際，以上が与えられると，この機械の表象にどのようなものがあり，かつそれぞれどのような情報を運ぶと期待されているかが特定できる．たとえば，この機械がランプ２を点灯させながらブザー１を鳴らしたとしよう．これは構成理論より，この機械の表象である．そして適切性理論の１，２b，３aの条項より，この表象が適切なのは，（その時点で）この建物の二階で火災が生じている場合だ，ということになる．それゆえ，この機械のこの表象が適切であれば，この建物の一階で火災が生じているということをこの表象に基づいて知ることができる．

ここで，上の構成理論と適切性理論に関して，それぞれ注目すべき特徴を指摘しておきたい．第一の特徴は，その可能な表象のパターンを一つ一つ列挙する形で直接記述するのではなく，表象の構成要素を述べる公理である条項２と条項３と，その組み合わせ方を述べる公理である条項１から理論的に導くという形で記述しているということである．第二の特徴は，各表象の適切性条件も（構成理論を踏まえる形で）表象の構成要素に対して場所や状態を割り当てる公理である条項２と条項３と，そこから適切性条件をどう決定するかを述べる公理である条項１から理論的に導くという形で記述しているということである．

この二点は，日常言語の働きを記述しようとする際に示唆的である．というのも，日常言語の話者がその（発話の文脈に相対的な）適切性条件を潜在的に知っていると言える主張のパターンは，無限通りあるからである．このような場合，少なくとも私たちはどれが主張であるか，またその適切性条件は何かということを一つ一つ覚えたはずはない．しかし，もし私たちがその構成理論および適切性理論をこのような公理的理論の形で「知っている」のであれば[25]，私たちが無限パターンある主張のそれぞれの適切性条件を（理論的に導けるという意味で）潜在的に知っているということは問題なく理解できる．

さて，もちろん自然言語による情報伝達はこれとは桁違いに複雑ではあるものの，表象システムとして解釈された話者の発話を理解するための「マニュアル」は同様の仕方で記述できると考えられる．単純化のため基本語彙として幾つかの名辞と述語のみを含む英語断片（便宜的に$\mathcal{L}$と呼ぶ）を考え，$\mathcal{L}$-話者の構成理論と適切性理論を与えてみる（ただし主張は文を使用する言語行為であるが，文という道具自体は主張以外にも命令や疑問にも利用できるものであるため，結果として構成理論と適切性理論はどちらも，「構文論」および「意味論」と呼ばれる文の役割に関する体系的な理論が内側に埋め込まれる形になる）．以下，まずは構成理論を与える．

$\mathcal{L}$-話者の構成理論

（表象条件）$\mathcal{L}$-話者の表象は，$\mathcal{L}$の文を主張の形で発話することである．ただし，何が$\mathcal{L}$の文であるかは，以下の$\mathcal{L}$の構文論によって定められる．

$\mathcal{L}$の構文論

A）次の規則で文とされるもの，かつそれのみが$\mathcal{L}$の文である．

1．Vがタイプ1動詞でありNが名辞なら，⌜N V⌝は文である[26]．

2．Vがタイプ2動詞でありNとMが名辞なら，⌜N V M⌝は文である．

3．Sが文でOがタイプ1結合子なら，⌜O S⌝は文である．

25）ここで「知っている」と引用符を付けたのは，ここでの「知っている」が命題的態度としての知識状態だと考える必要は必ずしもないからである．より具体的に言えば，構成理論が定理として導き出すような主張の可能なパターンに関する知識，および適切性理論が定理として導き出すような各主張の適切性条件に関する知識をもつには，それらの公理を命題的知識の形で知っている必要はない．必要となるのは，一定の言語的および文脈的情報の入力に対して関連する信念を生じさせるような一定のメカニズムであり，このメカニズムは公理に関する知識からの推論という形ではなく，単なる傾向性の組み合わせとして実現されていても良い．この点についてはEvans 1981を参照．また，飯田2002の第2章も参照．

4．ＳとＴが文でＯがタイプ２結合子なら，⌜ＳＯＴ⌝は文である．

B）次の規則で（タイプ１ないしタイプ２）動詞とされるもの，かつそれのみが $\mathcal{L}$ の動詞である．

1．Ｖが「works」であるなら，Ｖはタイプ１動詞である．

2．Ｖが「smokes」であるなら，Ｖはタイプ１動詞である．

3．Ｖが「loves」であるなら，Ｖはタイプ２動詞である．

C）次の規則で名辞とされるもの，かつそれのみが $\mathcal{L}$ の名辞である．

1．Ｎが「Alex」であるなら，Ｎは名辞である．

2．Ｎが「Beth」であるなら，Ｎは名辞である．

D）次の規則で（タイプ１ないしタイプ２）結合子とされるもの，かつそれのみが $\mathcal{L}$ の結合子である[27]．

1．Ｏが「It is not that」であるなら，Ｏはタイプ１結合子である．

2．Ｏが「and」であるなら，Ｏはタイプ２結合子である．

この構成理論の主要部分は，発話に使用される言語的アイテムである文のバリエーションを記述する「構文論」と呼ばれる理論からなる．というのも，ここでの表象のバリエーションは，使用の単位である文のバリエーションによって尽くされているからである．

次に適切性理論を，後の議論のために「真理値」と呼ばれる二つの値，すな

26）ここで用いられている⌜ ⌝という引用符はいわゆるクワインの「準引用符（quasi-quotation）」と言われるものである．これは，囲まれている表現が変項でない限りは通常の引用符と同じように各表現をつなぎ合わせたものを指示するが，囲まれている箇所に変項が出現する場合には，その変項については，変項自身ではなくそれが指示する表現をつなぎ合わせる．たとえば変項 x が「ん」を指示する場合でも「り x ご」は「り x ご」という文字列を指示するが，⌜り x ご⌝は「りんご」という文字列を指示する．よって，たとえば⌜ＮＶ⌝は，たとえば（メタ）変項であるＮが「Alex」を指し，（メタ）変項であるＶが「smokes」を指す場合，「Alex smokes」を指す．

27）ここで「結合子」とは，一つないし複数の文に適用され新たに文を形成する表現のことを指す．

わち真と偽を導入して次のように与える（この真理値が一体どのようなものなのかに関しては，次節でもう一度立ち返る）．

$\mathcal{L}$-話者の適切性理論

（適切性条件）$\mathcal{L}$-話者の表象が適切なのは発話された文が真を表すちょうどそのときである（なお，$\mathcal{L}$のすべての文は真か偽を表す）．$\mathcal{L}$の文がどのような場合に真を表すかは，以下の$\mathcal{L}$の意味論によって定められる．

$\mathcal{L}$の意味論

A）文が表すもの

1．Ｖがタイプ１動詞でありＮが名辞の場合，⌜ＮＶ⌝がある時点で真を表すのは，Ｎが表すものがＶが表す状態にあるちょうどそのときである．

2．Ｖがタイプ２動詞でありＮとＭが名辞の場合，⌜ＮＶＭ⌝が真を表すのは，Ｎが表すものがＭが表すものに対してＶが表す関係に立つちょうどそのときである．

3．Ｓが文でＯがタイプ１結合子の場合，⌜ＯＳ⌝が真を表すのは，Ｓが表すものをＯが表すものに入力した結果が真であるちょうどそのときである．

4．ＳとＴが文でＯがタイプ２結合子の場合，⌜ＳＯＴ⌝が真を表すのは，Ｓが表すものとＴが表すものの組をＯが表すものに入力した結果が真であるちょうどそのときである．

B）動詞が表すもの

1．任意の対象xについて，xが「works」が表す状態にあるのは，xが働いているちょうどそのときである．

2．任意の対象xについて，xが「smokes」が表す状態にあるのは，xが喫煙しているちょうどそのときである．

3．任意の対象xとyについて，xがyに対して「loves」が表す関係に立つのは，x が y を愛しているちょうどそのときである．

C）名辞が表すもの

1．「Alex」が表すのはアレックスである．

2．「Beth」が表すのはベスである．

D）結合子が表すもの

1．「It is not that」が表すのは真（という真理値）に対しては偽を，偽に対しては真を返すような（一項）関数である．

2．「and」が表すのは〈真, 真〉（という真理値の組）に対しては真を,〈真, 偽〉〈偽, 真〉〈偽, 偽〉に対しては偽を返すような（二項）関数である．

この適切性理論の主要部分も，発話に使用される言語的アイテムが表すものを記述する「意味論」と呼ばれる理論からなる．というのも，ここでの表象の適切性は，そこで使用される文が真を表すかどうかによって完全に決定されているからである．[28)]

さて，先ほどの機械の場合と同様，以上の理論を「知っている」なら，$\mathcal{L}$-話者のどの発話についても, その適切性条件を導くことができる．[29)] たとえば「Alex loves Beth and Beth smokes」の発話が適切なのは,「適切性条件」の条項より，「Alex loves Beth and Beth smokes」が真を表すちょうどそのときである．それはＡ４とＤ２より「Alex loves Beth」が真を表し，かつ「Beth smokes」も真を表すちょうどそのときである．このうち前者が成り立つ（「Alex loves Beth」が真を表す）のは，Ａ２より「Alex」が表すものが「Beth」が表すものに対して「loves」が表す関係に立つちょうどそのときであり，それはＣ１とＣ２，

28)　発話の適切性は，発話の文脈にも依存するが，単純化のために発話の文脈に関連する要素は省いている．

29)　厳密に言えば，実際の発話から適切性条件を実際に読み取るには，音声列を適切に認識する能力（いわゆる「リスニング能力」）なども必要になる．

B３よりアレックスがベスを愛しているちょうどそのときである．また後者が成り立つ（「Beth smokes」が真を表す）のは，A１より「Beth」が表すものが「smokes」が表す状態にあるちょうどそのときであり，それはC２とB２より，ベスが喫煙しているちょうどそのときである．よって，ある時点における「Alex loves Beth and Beth smokes」の発話が適切なのは，アレックスがベスを愛しており，かつベスが喫煙しているちょうどそのときだ，ということになる．

ここで注目したいのは，適切性理論の「適切性条件」の条項は，文の発話の適切性条件を，その文が真となる条件（これがいわゆる「真理条件（truth condition）」である）として記述している点である．つまり，文の発話がどんな情報を伝えたいのかを知るとは，その文の真理条件が分かるということに他ならない．ある文の発話がどんな情報を伝えたいのかが分かるということを「その文の意味が分かる」と表現するのであれば，文の真理条件はその文の「意味」と呼ぶに相応しいものだと言えるだろう[30]．

以上を踏まえることで，ようやく「意味論的値（semantic value）」という概念を導入することができる．上の意味論のB，C，Dの各条項は，各基礎的表現に対して（「表す」という語を用いて）一定の存在者（人物や状態，関係，関数等々）を割り当てている．このような割り当ては，意味論のAの条項と合わさって文の真理条件を決定するという意味で，文の真理条件に対するその構成要素の寄与を表している．ところで，ダメットは「意味論的値」の概念を次のように特徴づけている．

> ある表現の意味論的値とは，それが出現する任意の文の真理を決定するようなその表現のもっている特性である．（Dummett 1991: 24）

差し当たり，ここでダメットが「真理」と呼ぶものが上で「真」と呼ばれた真

30） 文の意味をこの意味での真理条件として理解する見解は，一般に「真理条件的意味論（truth-conditional semantics）」と呼ばれる．真理条件的意味論に関する標準的な記述としては，Heim and Kratzer 1998 を参照．

理値と一致すると仮定しよう（この点は次節で確認する）．すると，ダメットがある言語のある表現の「意味論的値」と呼ぶものは，その言語に上のような意味論を構築した際にその表現に「表す」という語で割り当てられているものに他ならない．したがって，たとえば「Alex」の意味論的値はアレックスであり，「It is not that」の意味論的値は真偽を反転させるような関数である[31)]．意味論的値は，日常的に「指す」とか「表す」とか「意味する」といった語で表現に割り当てられているものを理論的に表現したものである．ある文の意味（真理条件）を知るために文の構成要素に関して知るべきことをその構成要素の「意味」というのであれば，意味論的値は文の構成要素の「意味」と呼ぶに相応しいものだと言えるだろう．なお，文の真理条件をその構成要素となる表現の意味論的値から理論的に導く形で記述する意味論は，「合成的意味論（compositional semantics）」と言われる．

ここで，この意味論的値という概念の理解においても，またフレーゲ解釈との関係においても押さえておきたいことがある．それは，上の意味論においては各表現にその意味論的値を割り当てる際に「表す」という語を用いているが，その他の語ではなくこの語を選択することに理論的な重要性は一切ない，ということである．ここで「表す」という語が果たしている仕事は，意味論的値の割り当てに尽きている．これは言い換えれば，意味論の各条項は，表現に対してその意味論的値を割り当てさえしていれば，その割り当て関係をどのような表現を用いて記述しても何も変わらないということである．実際，上の適切性理論において「AがBを表す」という形式の表記をすべて「AがBを指示する」とか「AがBを意味する」と言っても，さらには（それ自体は無意味な「ホゲホゲ」

31）　なお，文もまた他の文の構成要素となりうるため，意味論的値を割り当てられる必要がある．この理論においては，条項Aが文に対して真理値をその意味論的値として割り当てている．具体的な意味論を理論的に構築する場合に各表現の意味論的値がどのようなものだと考えるべきかは，理論的な争点となりうるが，この点について本書はフレーゲ解釈やフッサール解釈に関係する限りでのみ取り扱う．

という言葉を使って）「AはBをホゲホゲする」とか「AのホゲホゲはBである」に書き換えたりしても，より直接的に「Aの意味論的値はBである」としても，何も変わらない．「意味論的値」とは，意味論において各表現の寄与を特定するために必要とされるこのような割り当て関係を一般的に表すための，理論的な概念である．したがって，主張の適切性条件の記述に用いられるような文の意味論同様の理論を構築して同様の割り当てを行なっているのであれば，具体的な理論構築においてその割り当てを表すために「Aの指示」と言おうが「Aの対象」と言おうが「Aのホゲホゲ」と言おうが，それらはすべて「意味論的値」の概念を表すと解釈できる．ある概念が「意味論的値」として解釈できるかどうかは，まさに上のような（構文論に支えられた）意味論の中で，文の真理条件を導くために各表現に対して一定の存在者の割り当てを行っているのかどうかという点に，そしてこの点のみに依存するのである．

さて，もちろんその複雑さは上の$\mathcal{L}$の比ではないにせよ，日本語や英語といった日常言語に関しても，同様の理論を与えられると期待できる[32]．そのように構築された日本語や英語の構文論および意味論は，ちょうどこの節の最初で確認した機械の「マニュアル」がその機械の信号の構成要素（ランプやブザー）が果たすべき役割を完全に記述しているのと同様，日本語や英語の文を用いた情報伝達の実践（主張実践）において，その言語の各表現が果たすべき核となる役割を完全に記述する理論になる．そして，「主張の適切性条件の決定において言語がどのように機能するのか」を（構文論を背景とした）意味論という形で理論的に記述できるというアイデアを理論家として所有するということこそ，意味論的値という概念を所有するということに他ならない．この意味で，

32）たとえばHeim and Kratzer 1998, Portner 2005など参照．なお実際には，自然言語の文の発話の適切性条件の決定には，意味論の知識（およびそれが参照する文脈的情報）だけでなく，多様な語用論的プロセスが必要かもしれない（藤川 2014: Ch. 4参照）．しかしその場合でも意味論の知識は文の発話の適切性条件の決定の不可欠な核ではあるだろう．

意味論的値の概念を所有しているかどうかは，言語がいかに機能するのかに関するある体系的な理論的理解をもっているかどうかに一致することになる．

ここまでくると，意味論的値として解釈できる概念をフレーゲおよびフッサールが所有しているかをダメットが重要視する理由がはっきりするだろう．今まさに述べたように，ある哲学者が意味論的値の概念を所有しているとみなせるということは，この第４節の内容，つまり「主張の適切性条件の決定において言語がどのように機能するのか」を（構文論を背景とした）意味論という形で理論的に記述できるというアイデアを理論家として所有するということに他ならない[33)]．ダメットに言わせれば，フレーゲはこのような理解を（おそらく初めて）明瞭に所有した哲学者なのであり，そのことは彼が提示した構文論と意味論の枠組みに実際に表れている．これに対して，フッサールが同等の概念を所有しているとは決してみなせない．それは，フッサールが上のような理論的理解をもっているとはみなせないということである．そしてこの差こそが両者の間の決定的な違いである．これがダメットの言い分だと考えられる．

以下ではダメットの批判が実際にそのような仕方で解釈できることを見る（第６節）が，その前に先ほど先送りにしておいた，フレーゲの真理概念に関するダメットの見解を確認しておこう（第５節）．

第５節　真理と主張に関するダメットの見解

本節では，先ほど導入した真という値の意味合いをダメットの議論を参照しつつ確認し直すとともに，これとダメットが真理として想定しているものの間の関係を確認する．結論としては，ダメットが真理として想定しているのは，適切性理論において主張の適切性と結びつく形で用いられる真理値である．こ

33）対して，第３節の内容に関してどのようなことを考えているかは意味論的値の概念の所有とはひとまず独立である．これは意味論的値の本性とは何かという問題に関わり，メタ意味論において議論される論点である．本書第３章第１節（２）参照．

れによって，本書が導入した「意味論的値」の概念の理解がダメットのそれと一致することが確かめられると同時に，適切性理論と意味論の間の関係に関する適切な理解を得ることが可能になる.

ダメットは論文「真理」において，文の真偽は主張が目指すものとして導入される必要があることを様々な仕方で論じているが，ここでの本書の議論にとっては，彼がゲームの勝ち負けに真偽をなぞらえることで説明しようとした論点を確認すれば十分である．この議論のポイントは，ゲームの勝利という概念にとって，私たちがプレイする中で目指しているものであるということが本質的だ，ということである．たとえば，チェスを知らない人にチェスのルールを教えるという場面で，その人にそれを次のような仕方で教えたと想像してみてほしい．その人にまずチェスの進行規則と，可能な任意の終局図を三通りに分類する仕方を教えたとする．ここで，さらにそれぞれが「カチ」「マケ」「ヒキワケ」と呼ばれることを教えたとしよう．その場合,その人は依然として「なるほど，どう分類すれば良いかは分かった．ところで，このゲームでは何を目指せばよいのか？」と問う可能性が残っている．この場合，その人はまだチェスを始めることができる位置にいない．そして，私たちはその人がチェスにおける勝利とは何かを知っているとは言いたくはないだろう．逆に，それらがどう呼ばれているかの代わりに，どれを目指してプレイすれば良いかを教えたとしよう．この場合,その人はチェスにおいて何を目指せば良いかを知っている．そして，私たちはその人がチェスにおける勝利とは何かを知っていると言うことになんらためらいをもたないだろう．つまり，勝利を敗北や引き分けから分けるものは，単にそれがどう呼ばれるかではなく，それがそのゲームのプレイヤーが目指すべきものだという点にある．その観点が導入されない限り，それらは同等な三つの値にとどまる，というわけだ.

そしてダメットが言いたいのは，これとまさに同様に，真である文を発話するということが主張実践の目標だということが，真（となる条件）を偽（となる条件）から分かつ決定的に重要な要素だということである．あなたが英語を知らないある人に対して，可能な事態を外が寒い状況とそうでない状況に分けた上で，一方を「It's cold outside」が「シン」となる状況であり，それ以外を「ギ」となる状況だと教えたとしよう．その場合，その人は依然として「なるほど，どう分類すれば良いかは分かった．ところで，どっちの場合にそれを発話すれば良いのか？」と問う余地がある．そしてもしそう問うたなら，そのときその人はまだその文を発話するということがどういうことかが分かっていないし，その文が真理であるとはどういうことかも分かっていないと言える．その人にとって「シン」と「ギ」は依然としてまったく対称的であるわけだ．逆に，それらがどう呼ばれているかの代わりに，どちらの場合にその文を発話して良いかを教えたとしよう．この場合，その人はどの状況でその文を発話することが適切であるかを分かっていることになる．そしてこのことは，私たちが真理ということで理解していることの不可欠な部分を構成しているはずだ，というわけだ．つまり，ある文の真をその偽から非対称的な仕方で区別するものは，単にそれがどう呼ばれるかではなく，むしろどちらが主張において目指されているかという点に本質的に依存する，というのがダメットのポイントだ．つまり，文の真偽（として私たちが理解しているもの）の記述は，主張の適切さに言及する必要があるということである[34)]．

前節の言語 $\mathcal{L}$ に対する具体的な適切性理論および対応する意味論は，このダメットの見解を反映する形で構築されている．実際，このダメットの主張は本書の枠組みを用いて次のように敷衍できる．言語 $\mathcal{L}$ の意味論の中をいくら探しても，私たちが（日常的に）「真」というときに意味するものが真理値のうち真なのか，それとももう一つの真理値である偽なのかを述べるものはない．意味論だけを見ている限り，「真」および「偽」と呼ばれる値は上のストーリーにおける「シン」および「ギ」と何も変わらない．私たちが通常「真」と呼ぶものが意味論で言及される真という値に他ならないということを述べているのは，適切性理論において意味論の真という値を主張の適切性と結びつける，「適切性条件」の条項（$\mathcal{L}$-話者の表象が適切なのは発話された文が真を表す場合であり，適切でないのは発話された文が偽を表す場合である）に他ならない．違う言い方をすれば，もし適切性理論の「適切性条件」の条項が「$\mathcal{L}$-話者の表象が適切なのは発話された文が偽であるちょうどそのときである」であったならば，意味論におけるもう一つの真理値である偽という値の方こそ，私たちが通常「真理」と呼ぶところのものだということになる．これはダメットの上の論点の正確なパラフレーズになっている．それゆえ，前節で意味論における真理値の一つである真という値は，適切性理論に組み込まれた際に「適切性条件」の条項において主張が適切であることに結び付けられているということを含めて考えた場合に，まさにダメットが真理概念として想定しているものに一致すると分かる．これは同時に，前節の意味論的値の概念がダメットのそれと一致する，ということでもある．

34）　Dummett 1959: 2 参照．ダメットは同様の論点を『形而上学の論理学的基礎』においても繰り返している．Dummett 1991: 52 参照．なお興味深いことに，ダメットは，フレーゲがこの点を明確に意識していたかどうかに関して否定的な評価を下している．このことは，文の真偽に関してこの点をフレーゲが明示的にしなかったことに関してダメットが次のような不満を表明していることから窺える．「私たちが真なる言明をなすことを目指すということが，真理概念の部分をなす．フレーゲの，文の指示としての真偽という説は，真理概念のこの側面を全く説明の外に放置しているのである．フレーゲは確かにそれを後から，彼の主張の理論において，持ち込もうとした――しかし，遅すぎた」(Dummett 1959: 2-3)．つまり，フレーゲの真ないし偽という真理値の概念は，主張の適切さの観点から導入されるべきであったが，しかし彼が指示の理論を構築している時点ではそれは明示的ではなく，後にいわゆる「力の理論」と呼ばれる言語行為の種類に関する理論を展開する際に初めて主張と結びつけられている，というのが彼の不満である．とはいえこれは，ダメットがフレーゲの指示の理論を高く評価していることと両立することに注意しよう．ダメットのポイントはあくまで，フレーゲの「真理」は実際には主張の適切性から明示的に特徴づけられるべきであったのに，フレーゲはそれに暗黙のうちに訴えているだけだ，ということだからだ．

第6節　フレーゲの指示概念と意味論的値

第3節末尾で確認したように，本書はダメットのフッサールに対する否定的診断を次のように理解する．ダメットによれば，フレーゲは意味論的値の概念を所有しており，そのことは彼の展開した構文論および意味論における指示概念の使用にまさに表れている．これに対して，フッサールにはその形跡がない．このことは，言語の働きに関する重要な洞察がフレーゲにはあったがフッサールにはなかったということを意味する，というわけである．本節では，このようにダメットの否定的診断を解釈できることを確認したい．

本章冒頭で紹介したダメットからの引用を，ここでもう一度引いておこう．

> 指示についてのフッサールの捉え方は，悲惨なまでに曖昧なままだった．フレーゲの指示（彼に固有の，少々エキセントリックな意味における「Bedeutung」）の観念は，揺るぎない仕方で，真理値の確定へと向けられていた．ある表現に指示を割り当てることは，その表現が出現する任意の文がそれによって真としてないし偽として決定されるところのメカニズムにおけるその役割を宣言することである．それゆえフレーゲは，任意の論理的カテゴリーの表現の指示は何であると解されるべきかを決定するための明瞭な原理をもっていた．フッサールはこのような原理を欠いていた．そしてそれを欠いていたので，単称名辞以外の表現が何を指示するものだと解されるべきかについて，不明確であった．（Dummett 1993: 39）

フレーゲにおいて「ある表現に指示を割り当てることは，その表現が出現する任意の文がそれによって真としてないし偽として決定されるところのメカニズムにおけるその役割を宣言すること」であったと述べることでダメットが言いたいのは，要はフレーゲの指示の概念はまさに意味論的値として運用されているということである．

このようなフレーゲ解釈を受け入れるなら，フレーゲの指示概念は単に明確な基準のもとで用いられているだけでなく，言語の働きに関する明確な洞察に支えられたものだということになる．では，そのような解釈を支持する証拠はどのようなものなのだろうか．そして，フッサールに意味論的値の概念が見出されないとする解釈上の証拠は，どのようなものなのだろうか．

ダメットは，単称名辞に指示を帰属することは自然だが，それに意味を帰属するべきかに関しては意見が分かれるという点を指摘した後，次のように述べる．

> 完全な文，および単称名辞以外の文の部分となる諸表現に関しては，事情は全く異なる．ここでは問題は逆転する．つまり，それらが意味をもつことについては異論が生じないのに対して，それらに指示を帰属することについては，私たちはほとんど本能的に強い抵抗を覚えるのである．フレーゲを読んだ際に全員が最初にもつ反応は，彼の指示の概念を単称名辞から文，述語，そして他のすべての有意義な諸表現にまで拡張することは不当であるというものだろう．それゆえ，この事例において議論が必要なのは，意義ないし意味だけでなく指示もまた，これらの表現に適切に認められうるものだということである．[35]（Dummett 1993: 41-42）

ダメットが述べるように，私たちは単称名辞に対してそれがなんらかの指示をもつと考えることを自然に受け入れることができる．たとえば「Donald Trump」がある人物を指示していると述べることに私たちは全く抵抗を覚えない．これに対して，述語や接続詞，そして文に対しても単称名辞と同様に「指示」をもつと言われた場合，私たちは強い抵抗感を覚える．たとえば英語の「and」が指示をもつと言われた場合，私たちは直ちには何を言われているの

35） ここで「意義ないし意味」と訳出した原文は「a sense of meaning」であり，直訳すれば「意味の意義」となるところであるが，「of」は「or」の誤植と判断した．この点に関しては邦訳（54頁）も同様の処理をしており，それに従っている．

か理解できなかろう．この直観的には明らかではないテーゼは，なんらかの仕方で適切に正当化される必要があるというわけだ．

確かに「指示」ということで言われているものが何であるかを，単称名辞の指示対象を典型例として考え，それと同種のものとして理解するなら，上の主張は理解し難いものになろう．なぜなら「and」に対応する個体など存在しないからである．これに対して，「指示」ということで言われているのが意味論的値だと考えるなら，このような疑問は直ちに氷解する．なぜなら，英語の「and」が，それが現れる文の真偽が決定されるメカニズムにおいてなんらかの役割をもつということは明らかだからである．英語の「and」がそのような役割をもつなら，(「意味論的値」の定義からして) それは意味論的値をもつ．フレーゲが「指示 (Bedeutung)」という彼の術語で名指したかったものがこのような特性のことなのだとすれば，述語や接続詞，そして文に対しても単称名辞と同様に「指示」をもつと述べることは，全く正当であるはずだ．何か問題があるとすれば，それはせいぜい用語選択の巧拙 (たとえば「エキセントリック」かどうか) の問題になるだろう．

ダメットによれば，フレーゲの論述は明確にそのような解釈を示唆する．たとえばフレーゲは文の指示を真理値と考えたことで知られているが，文の指示が何であるかを考察する際に，まさに文が他の文の部分となるような文脈 (副文，Nebensatz) の分析に取り掛かる (Frege 1892: 38)．ダメットに言わせれば，フレーゲの指示概念がまさに意味論的値に相当するものであるからこそ，「文がより複合的な文の構成要素となりうるという事実を考慮すれば，文そのものも指示をもつものと見なされなければならない」(Dummett 1993: 53) ことになり，「これこそが，「意義と指示について」においてフレーゲが従属節に多大な注意を払っている理由だ」(Dummett 1993: 53) というわけだ．また，彼は (n 項) 述語を，(n 個の) 単称名辞を補えば文になる表現と考えたが，そこから直ちに述語の指示は一般に (n 個の) 単称名辞の指示から文の指示への関数となると考えた[36]．これはフレーゲが「異なったタイプの表現が，どのような指示のタイプを所持しているのか，そしてどのようにその指示のタイプが組み合わさるのかということに関する」精密な理論，つまり構文論に基づく意味論というアイデアをもっていたことを示している．このことからも，フレーゲの指示概念は意味論的値に相当することが強く支持される，ということになる．

これに対して，フッサールをそう解釈することはできない，とダメットは言う．確かにフッサールもフレーゲと同様，すべての表現に対してその対象（性）を考えるべきだと述べる．したがって，フッサールが表現の対象と認めるものの中には，個体以外のものが多く含まれているはずだ．そしてダメットは，まさにその点にこそフッサールが「対象性（Gegenständlichkeit）」という語を用いた眼目があると好意的に解釈している[37]．しかしダメットが言いたいのは，フッサールの記述を見ても，私たちはなぜそう考えなければならないのかも，またそれらの表現の対象性とは具体的にいかなるものであるのかも全く分からないということである．ダメットは次のように述べる．

> 何がある表現の指示だと見なされるべきかを決定する際，フレーゲは問うべき正確な問いをもっていた．その表現が出現する任意の文の真理値を決定することに対してその表現がなす寄与であり，しかもその表現との置き換えが真理値に影響を与える事例が存在しないようなどんな表現ともその表現が共通にもつ寄与とは何か，というのがそれである．対照的に，フッサールはただ「世界において表現に対応するものとして解されうるものは何か」という，かなり曖昧な問いを心に抱いていただけのように思われる．彼はいかなる有意味な表現に対してもそのような対象的相関者が一般に存在するということを誰かに納得させようと労を払うことはなかった．心的作用の志向性は，個々の事例においてそれを論証する必要性を感じないほどに，彼にとって自明のものであった．それゆえフッサールは，異なった

36） Evans 1982: §1.2 や飯田 1987: §1.5 が詳しい．

37） Dummett 1993: 42 参照．

> タイプの表現によって所有される指示のタイプについてのいかなる精緻な理論も，またその指示のタイプがどのように組み合わさるのかに関するいかなる精緻な理論も，持ち合わせてはいない．(Dummett 1993: 55)

ある表現の指示を決定する際に何を考察すべきなのかに関する議論がフッサールに見出せない以上，フッサールの対象（的関係）の概念を意味論的値の概念に引きつけて解釈することはできない．そうであれば，フレーゲの指示概念に見出されるような理論的に重要な発見は，フッサールには決して見出されえない，ということになる．これは，フッサールの対象概念がフレーゲの指示概念と異なるものだと解釈されるからではないことに注意しよう．ダメットによれば，そもそもフッサールの「対象」概念は「如何ともしがたく曖昧」なのであり，明確な内容をもたない．そもそもフッサールはなんらかのオルタナティブを出すことすらできていない，というわけである．これが，ダメットのフッサールに対する否定的診断の内実である．

本章のまとめと次章以降の課題

本章で確認したことをもう一度簡単にまとめれば，それは次のようになる．ダメットはフレーゲとフッサール双方の主張に並行的な点が認められると述べながらも，フレーゲに大きな優位を認めていた．その根拠とされたのは，フレーゲの指示の概念がある明確な基準のもとで運用されており，かつそれが意味論的値として解釈しうるものであるゆえに，フレーゲには現代意味論の基本的見解を帰属できるのに対して，フッサールはそう解釈できないという点に存していた．そして確かに，意味論的値という概念の重要性を踏まえれば，もしフッサールに意味論的値の概念をフレーゲの精度で見出すことが全く期待できないのであれば，言語的意味や言語的指示について，フレーゲではなくフッサールを参照すべき論点が存在するという立場を擁護する一つの筋道が断たれる．

もちろんここで確認されたと言えるのは，あくまでフッサールに対するダメットの否定的診断の道筋がどのようなものかであり，その成否ではない．少なくとも次の二つの論点がある．第一に，本当にフッサールの対象（的関係）の概念は「意味論的値」として解釈しうるようなものではないのか，ということ．第二に，もしフッサールに現代意味論の基本的洞察をフレーゲの精度で見出すことができないのだとしても，そこから直ちに言語の機能に関してフッサールの理論に（フレーゲに比して）見るべきところがないということが帰結するのか，ということ．このうち第一の論点に関しては第２章で，第二の論点に関しては第３章で検討する．前もって結論を予告しておけば，第一の論点に関してはダメットの解釈に一定の正当性を認めざるをえないが，しかしそこからはフッサールの議論に（フレーゲに比して）見るべきところがないということは帰結しない，と本書は論じることになる．

第2章
フッサールの対象概念と意味論的値

本書は次の（1）から（3）を前提とするダメットの議論を扱っているのであった．

（1）フレーゲの指示概念は意味論的値として解釈できる．
（2）フッサールのいかなる概念も，意味論的値としては解釈できない．
（3）意味論的値として解釈できる概念を含まない理論は，（それを含む理論と比して）言語的意味と言語的指示に関して見るべきところがない．

本書は最終的には（3）の前提を却下することでこの議論をブロックするが，第1章冒頭で述べた理由から，まずは前提（1）および（2）の吟味を行うことになっていた．第1章ではこのうち（1）の前提を確認した．この第2章では続く（2）の前提を検討したうえで，ダメットがなぜ（3）のように考えたのかも確認する．これにより，次章以降で（3）を却下するために何が論じられる必要があるかが明確になる．

本章のより具体的な流れは以下のようになる．まず第1節で（2）の論点に関する先行研究を確認する．ダメットによる批判を十分に理解した上で，それにできる限り応えようとした（おそらく唯一の）先行研究として富山 2008があるのでこれを検討し，それがダメットの批判に対して部分的に応答することに成功していることを確認する[1)]．続く第2節では，富山の議論だけでは応答ができないダメットの批判として，単称名辞と文以外の対象についてのフッサールの選択に対する批判を取り上げる．結果として確認されるのは，この批判は克服不可能ではないかもしれないが，確かに（2）を否定するという方針を取る場合には容易ならざる問題であるということである．第3節では，以上の議論を踏まえた上でのフッサール研究者の自然な応答と思われるもの（これは本書が取る方針でもある）を取り上げる．それは，そもそも『論理学研究』の主題は対象の理論を構築することではなく意味の分析であったのだから，百歩譲って（２）が正しいとしても，フッサールの主要な探究にとって問題はないのではないか，というものである．しかし実は，『起源』におけるダメットは「私たちは，正しい指示の理論をもたない限り，意義の理論が取るべき形式について何の考えももたない」(Dummett 1993: 54) とも主張していた．そしてこの主張が正しいのであれば，意味論的値の概念をもたない哲学者は，当然正しい指示の理論ももたないのだから，言語的意味に関する理論（意義の理論）がとるべき形式について何の考えももたないことになる．これはほぼ（３）に帰着する．それゆえ（２）を認めた上でフッサールの重要性を彼の意味に関する探究に見出そうとするのであれば，まずはこの主張を却下する必要があるということになる．これが次章の課題になる．

第１節　フッサールの対象概念

富山は論文「初期フッサールにおける事態論」の冒頭において，「フッサールはただ単に，フレーゲとは対照的に，世界のうちで表現に対応すると看做しうるものは何なのかという，かなり曖昧な問いを心に抱いていただけのように思われる」(Dummett 1993: 55) という，本書でもすでに引用したダメットの主

1） 富山 2023 もこの論点について（より平易な語り口で）論じているが，内容は富山 2008 を簡略化したものであるので，富山 2008 を参照する．富山が主に取り上げるフッサールの「事態」の概念に関しては，Benoist 2008a がダメットによる「指示 (reference)」と「指示対象 (referent)」の区別に言及しつつ踏み込んだ整理を展開している (cf. Benoist 2008a: 11)．しかしながら，真理値計算に対する表現の寄与という仕方で特徴づけられた意味論的値の概念は考慮されておらず，フッサールの諸概念の整理に終始している．結果として，（富山が展開したような）フレーゲ的な指示概念との対照のもとでフッサールの事態概念を批判的に検討するという形にはなっていない．

張を覆すことを目標として掲げる．そして，「フッサールの志向性理論は，ダメットの理解するフレーゲ的な意味の理論とその基本戦略を共有するし，それは，両者の最大の懸隔を示す事例としてしばしば指摘される文の対象的相関者を巡る議論においてさえそうなのである」（富山 2008: 252）と述べられていることからも窺えるように，富山は基本的にフッサールの対象概念を，ダメットが解釈するところのフレーゲの指示概念（つまり意味論的値として解釈された指示概念）と基本的なアイデアを共有するものとして解釈できると考えている．つまり富山は，フッサールの対象概念は意味論的値とその基本的なアイデアを共有するものとして解釈でき，それによってダメットの批判に応答できると考えている．

この方針での応答するための第一歩として，富山は「『論理学研究』において，フッサールの対象概念がもっとも明示的に現れているのは以下の箇所である」（富山 2008: 256）と述べた上で，次の引用を挙げる．

> 存在ということで「レアールな」存在だけを，対象ということでレアールな対象だけを理解することに慣れた人にとっては，普遍的対象とかその存在というような言い方は，根本的にまちがっているように思われるであろう．それに反して，そのような言い方をまずはある判断の，すなわち数や命題や幾何学的形象などについて下された判断の妥当性に対する指標として単純に受け取り，そしてその上で，他の場合と同様この場合にも，それについて判断が下されるものに対しては，判断の妥当性の相関者として，「真に存在する対象」という名称が明証的な仕方で与えられなければならないのではないかと自問する人にとっては，ここには何の障害も見出されないであろう．（XIX/1: 106, 第2版）[2)]

富山はこの箇所に基づいて，「フッサールにおいて対象とは，判断が成り立つところのそれ，述定の担い手，という形で判断の真理と相関的に考えられてい

2）　富山 2008: 256 に即して引用した．

る」と主張する[3]．まずは上の引用を術語の解説も交えつつ具体化し，そのうえで富山のこの解釈のポイントを確認しよう．

まずはフッサールの「レアール」という用語を確認する．これは「イデアール」と対で用いられる用語であり，レアールなものとイデアールなものは外延的には時間的規定をもつかどうかで区別できるとされる[4]．つまり，ある存在者が時間的規定を持ち生成消滅が問題になるならばそれはレアールな存在者であり，そうでないならばイデアールな存在者である．さて，フッサールは数をイデアールな存在者だと考えているので，これを踏まえて上の引用でのフッサールの議論を具体化すれば次のようなものになるだろう．たとえば「4は偶数である」のような判断をしたとする．明らかに，この判断は真である．だとすれば，「〜は偶数である」という述定が何かに妥当している・当てはまっているはずだ．その意味で，その「何か」はこの文が真である限り，存在しなければならない．確かに，数は時空間位置をもたず，それゆえ見たり触れたりできるような存在者（レアールなもの）ではないだろうが，とにかくそれについての判断が真である限り，その述定が当てはまっているところの「何か」がある．もしそのような「何か」のことを「真に存在する対象」と呼ぶのであれば，数4

3） 富山はダメットの議論に応答する際，基本的にフッサールが判断に関して述べていることを，同じ適切性条件をもつ主張に関しても当てはまるものとして取り扱っている．この想定は，フッサール解釈上適切である．フッサールは判断の志向性を常に表現分析を手引きとして分析しており（本書第4章第1節参照），しかも主張（Behauptung）と判断（Urteil）をほとんど区別せず用いている．このことはたとえば「「2かける2は4である」と「イプセンは演劇における近代リアリズムの代表的な創始者である」という両主張は主張として一つの種類であり，どちらも判断として性質化されている．これらに共通するものを「判断性質」と名付ける」（XIX/1: 426）といった箇所からも明らかである（ちなみに「どちらも判断として」の箇所は，第2版では「どちらも主張として」となっているが，「判断性質」という言い回しはそのままになっている）．

4）「レアリテートの特徴的な徴表としては，私たちにとっては時間性で十分である．レアールな存在と時間的存在はなるほど同一の概念ではないが，等しい範囲の概念である．[…] ここで重要なことは，ただ［レアールなものの存在を］イデアールなものの非時間的「存在」と対照させることだからである」（XIX/1: 129）．

は間違いなく真に存在する対象と言い得るのだ，と．

ここで富山が注目するのは，フッサールが「対象」という語を，真なる判断の真理性がそれに依拠するものを指すために用いている，ということである[5)]．ところで，すでに見たように，ある表現の意味論的値とは，その表現が現れうる任意の文の真理性（それゆえその文の主張の適切性）の決定のためにその表現が担う役割のことであった．だとすると，ここでのフッサールの「対象」という語の使用法は，彼の対象概念が意味論的値に近しいものである（そしてそれゆえ，フレーゲと基本戦略を共有する）ということを示しているように見える．

さらに富山は，次の箇所を引用し，フッサールが文の対象として事態を選び出す際に用いている基準に注意を促す．

> 判断について判断することは事態について判断することとはもちろん別のことである．それに応じて，判断を主語として表象したり名指したりすることと，ある事態についてそうすることとは別である．たとえば私が，「Sがpであることは喜ばしいことだ」というならば，その判断が喜ばしいことだということを意味しているのではない．ここでは，判断ということで単独の作用を意味しているのか，命題，スペチエス的な意味での判断のことを意味しているのかということは無関係である．むしろ喜ばしいのは，そういう状況になっていること，その客観的事態，その事実である．（XIX/1: 478-479）[6)]

富山はこの箇所を「ここでは，「xは喜ばしい」という形式の判断の脈絡における振る舞いの違いにはっきりと定位することによって，判断と事態の違いが

5）　判断は表象の一種と考えられるので，ここの「真理性」は本書の用語法では「適切性」に相当するものである．この用語法の差異は以下の論点を理解することにおいて特に大きな問題とはならないので，以下は判断に関して「適切」「不適切」と「真」「偽」は交換可能な語として用いる．

6）　富山 2008: 258-259 に即して引用した．

分析されている」（富山 2008: 259）と解釈する．そしてそこから，「フッサールが文に対応する対象を真理値ではなく事態と看做した理由は，フレーゲのような明確な基準による理論的一貫性をフッサールが欠いていたからではない．そうではなくフッサールが，フレーゲの意味論が対象としていたような真理関数的結合子のみをもつ言語ではなく，文の名辞化による副文構成を可能にするような資源を含む言語に対して意味論的分析を行おうとしたからである」（富山 2008: 259）と結論する．つまり，確かにフッサールは文の対象的相関者として真理値ではなく事態を選択したが，しかしそのための理論的根拠はフレーゲのそれと変わるところがなかったのであり，ただ違いはフッサールが取り組んでいた言語がフレーゲのものより豊かな言語資源を含んでいたという点に存するのだ，というわけである．

ここでの議論は，「真理関数的結合子のみをもつ言語ではなく，文の名辞化による副文構成を可能にするような資源を含む言語に対して意味論的分析を行おうとした」場合には，文の意味論的値として真理値ではなく事態を選択することが十分な正当性をもつ，ということを背景にしてなされている．よって，まずはこの点について確認しておこう．

まず真理関数的結合子とは何かから確認しよう．第 1 章第 4 節でも登場していたが，結合子とは，一つないし複数の文に適用され新たに文を形成する表現のことである．そして真理関数的結合子とは，結合子のうち，その適用の結果の真偽が，適用前の文の真偽から一意に決定されるもののことである[7]．たとえば日本語の「のではない」や「かつ」はしばしば真理関数的結合子として分析される．実際,「雨が降っている」に「のではない」を後置すると新たな文「雨が降っているのではない」が形成されるが，その真偽は「雨が降っている」が真であれば偽，偽であれば真となる．また,「雨が降っている」と「風が吹いている」を「かつ」で接続すると新たな文「雨が降っているかつ風が吹いてい

7） 単純化のため，文脈相対性は度外視して考える．

る」が形成されるが，その真偽は元の二つの文が両方真なら真，そうでなければ偽になる．

さて，ある言語の語彙の中に，文（および他のカテゴリーの表現）に適用され他の文を構成する表現だが，真理関数的結合子ではない表現があるとしよう．つまり，その適用の結果得られる文の真偽が，適用前の文の真偽から一意には決まらない表現があるとしよう．これが意味するのは，その表現を用いて構成される文の真偽を決定するためには，元の文の真理値だけでは不十分だということである．よってその場合，その言語に合成的な意味論を与えることができるとすれば，その言語の文の意味論的値は真理値ではない．

このことを具体的に見るための例として，第１章第４節で取り扱った英語断片 $\mathcal{L}$ に「hopes that」という語彙を追加した $\mathcal{L}^*$ を考えよう．その構文論はたとえば次のようになるだろう（Ｂ４とＤ３が追加の条項になる）．

$\mathcal{L}^*$ の構文論

Ａ）次の規則で文とされるもの，かつそれのみが $\mathcal{L}^*$ の文である．

１．Ｖがタイプ１動詞でありＮが名辞なら，⌜ＮＶ⌝は文である．

２．Ｖがタイプ２動詞でありＮとＭが名辞なら，⌜ＮＶＭ⌝は文である．

３．Ｓが文でＯがタイプ１結合子なら，⌜ＯＳ⌝は文である．

４．ＳとＴが文でＯがタイプ２結合子なら，⌜ＳＯＴ⌝は文である．

Ｂ）次の規則で動詞とされるもの，かつそれのみが $\mathcal{L}^*$ の動詞である．

１．Ｖが「works」であるなら，Ｖはタイプ１動詞である．

２．Ｖが「smokes」であるなら，Ｖはタイプ１動詞である．

３．Ｖが「loves」であるなら，Ｖはタイプ２動詞である．

４．Ｖが「hopes that」であるなら，Ｖはタイプ３動詞である．

Ｃ）次の規則で名辞とされるもの，かつそれのみが $\mathcal{L}^*$ の名辞である．

１．Ｎが「Alex」であるなら，Ｎは名辞である．

２．Ｎが「Beth」であるなら，Ｎは名辞である．

D）次の規則で結合子とされるもの，かつそれのみが$\mathcal{L}^*$の結合子である．

1．Oが「It is not that」であるなら，Oはタイプ1結合子である．

2．Oが「and」であるなら，Oはタイプ2結合子である．

3．Nが名辞でVがタイプ3動詞なら，⌜N V⌝はタイプ1結合子である．

たとえばB4とC1とD3より「Alex hopes that」はタイプ1結合子となり，B2とC2より「Beth smokes」は文となるので，これらとA3より「Alex hopes that Beth smokes」はこの言語の文である．他にも，たとえば「Beth hopes that Alex loves Beth」がこの言語の文であることも同様に導ける（なお，「hopes that」の「that」を，文に適用されることで動詞「hopes」の目的語として取れるように名辞化するような表現だ，と分析すればより富山の記述に沿うものになるが，ここでは単純化のため「hopes」とセットで考えている）．

さて，この言語に対して合成的な意味論が構築可能だとしよう．すると，その意味論において次の二つの文

① Alex hopes that Beth loves Alex.

② Alex hopes that Beth smokes.

の意味論的値および真理値は次の形をした三つの条項（いずれも複合的な表現に関するものなので，各条項は公理ではなく，他の条項から定理として導かれる）から決定されるはずである．

1.「Beth loves Alex」の意味論的値は________である．[8]

2.「Beth smokes」の意味論的値は________である．

3.「Alex hopes that」の意味論的値は________である．

8） 割り当てを意味論的値として明示的に宣言する形で書いている．もちろん，以前の$\mathcal{L}$の意味論の場合のように「「Beth loves Alex」は________を表す」のように書いても同じことである．以下同様．

さて，上の①と②はどちらも「Alex hopes that」をその部分としてもつ．よって，残りの部分，つまり「Beth loves Alex」と「Beth smokes」の意味論的値も同じであれば，この二つの文の意味論的値および真理値は必ず一致することになる[9]．

ここでさらに，文の意味論的値が真理値であると仮定しよう（背理法の仮定）．すると，直前で確認したように，もし「Beth loves Alex」と「Beth smokes」の真理値が一致するなら，「Alex hopes that Beth loves Alex」と「Alex hopes that Beth smokes」の真理値も必ず一致するはずである．しかし，一致するとは限らない．たとえば，ベスはアレックスを愛している喫煙者で，アレックスは自分がベスに愛されたいと望んでいるが，ベスに喫煙してほしいとは望んでいないとしよう．このような状況は十分可能である．しかしこのとき，意図された解釈のもとでは，「Beth loves Alex」と「Beth smokes」はどちらも真であるが，「Alex hopes that Beth loves Alex」は真であり，「Alex hopes that Beth smokes」は偽である．つまり，「Beth loves Alex」と「Beth smokes」の真理値が一致しているにもかかわらず，「Alex hopes that Beth loves Alex」と「Alex hopes that Beth smokes」の真理値は一致しない．したがって，（この言語の合成的な意味論が構築可能だとすれば）この言語の文の意味論的値は真理値ではない．

したがって，「hopes that」のような表現を含む言語に対して合成的な意味論を与えようとするのであれば，文の意味論的値をその真偽より肌理の細かいものだと考える必要がある．事態はそのような候補の一つである．「花子が太郎を愛しているという事態と，花子が喫煙しているという事態は異なる事態だ」という言い方はさしあたり理解可能だろう．ここで「事態」と呼ばれているものを文の意味論的値として取ろう．具体的には，「Beth loves Alex」の意味論

9）　もちろん，文の意味論的値が文脈相対性を組み込んでいる場合（例えばデイヴィッド・ルイスが「内的戦略」（Lewis 1986: 42）と呼ぶ戦略で意味論を与える場合），意味論的値が同じ文が同じ評価の環境で異なる真理値を得ることはある．

的値を花子が太郎を愛しているという事態，「Beth smokes」の意味論的値を花子が喫煙しているという事態だと考える．すると，「Alex hopes that Beth loves Alex」と「Alex hopes that Beth smokes」の真理値が異なりうるということは，これらの事態の違いを持ちだすことによって説明できる[10]．意味論的値として機能する「事態」を形式的に特徴づけるためにはなんらか追加の概念的道具立てが必要だが，いずれにせよ，「事態」に訴えることで合成的な意味論の余地が生まれるという点は明らかだろう．

以上が，真理関数的結合子のみをもつ言語ではなく，文の名辞化による副文構成を可能にするような資源を含む言語に対して意味論的分析を行おうとした場合には，文の意味論的値として真理値ではなく事態を選択することが十分な正当性をもつという，富山の主張の説明である．

さて，先ほど引用したフッサールのテキストにおいて対比されていたのは，実際には真理値と事態ではなく，心的出来事としての判断作用（ないしそのスペチエスとしての命題）と事態である[11]．しかし，フッサールは同様に議論を進めているはずだ，というのが富山の主張だと考えられる．つまり富山は，フッサールが次のように考えたと解釈しているわけである．「Beth loves Alex」や「Beth smokes」の対象を，（その真理値と考えた場合だけでなく）一定の判断作用（ないし

10）ただしこの場合，ある文の意味論的値はそれだけではその文を発話することが適切かどうかを決定しないことになる．より具体的に言えば，文の意味論定値である事態が実際に成り立っているちょうどそのときに，その文を発話することが適切である（という意味でその文が真である），という形で事態の実際の成立といった要素（いわば「実在の寄与」）を適切性理論に明示的に組み込む必要がある．このような要素の組み込みを適切性理論の中のどこで行うのかについては，適切性条件の条項において行うという選択肢と，意味論の中で（主張の適切性に即応する真理条件の条項を追加するという形で）行うという選択肢がある．この違いは，コミュニケーションにおいて意味論が果たす役割をどのように理解するかにおける違いを反映する．たとえばStalnaker 2014: §1.4におけるスタルネイカーの見解とルイスの見解の対比を参照．

11）「作用（Akt）」とは，志向性をもつ心的出来事を表すフッサールの術語である．また，判断作用のスペチエスとして命題を理解することについては，本書第4章第1.3節および第5章を参照．

命題）だと考えた場合でも，それらに「Alex hopes that」を前置した文の真偽の決定を（事態の場合ほど）適切に説明できなくなる．したがって，文の対象は事態である，と．

以上の富山の議論に対しては，次のような疑念が呈されるかもしれない．フッサールは（判断作用のスペチエスとしての）命題を事態と少なくとも同じ肌理の細かさをもつものとして考えていた[12]．それゆえ，文の意味論的値としてみた場合，命題を事態に比べて不適格であると即断する理由はない．実際，フレーゲはまさに文が副文として現れる場合を考察し，そのような文脈における文の「指示」として真理値以外のものを割り当てる必要性を明確に自覚し，まさにそのような意味論的考察の結果としてそのような文脈における文の指示はその文の真理値ではなく命題的なもの（フレーゲの用語法では「思想（Gedanke）」）だと考えたわけである．つまり，もし文の意味論的値として適切なものを探すという観点で一貫して考えているならば，文の対象として命題も考慮されてしかるべきであろう．このような点を考慮していないのは，フッサールにおける意味論的値の概念の不在を示唆してはいないだろうか，と．

このような疑念は正当なものではあるが，次の方向での議論で十分弱めることができるものである．詳しくは第5章で確認することだが，フッサールは命題を判断作用の種・スペチエスとしてみなしていた．よって，ある命題が真であることを望むことは，心的作用のスペチエスについての願望であって，これは対応する事態の成立を望むこととは明確に区別されていた．もしこの区別を一旦前提するなら，「望ましい」のような表現が述定される文が表しているものをまずは事態だと考えるというフッサールの選択は，少なくとも自然であると言える．

さて，以上の議論は，フッサールには何を表現の対象とみなすかに関して明確な原理がなく，「彼は単称名辞以外の諸表現が指示するものは何であると解

12）　XVIIIの第11章第62節参照．

されるべきかについて，まったく不明瞭なままであった」というダメットの診断を覆すのには十分に思われる．また上の解釈の成果はその後のフッサールの歩みを解釈する際の参照軸として非常に有用である（その格好の実例としては富山 2010 を挙げることができる）．

しかし，フッサールがいくつかの構文論的カテゴリーに関してある程度フレーゲと共通する基準で対象概念を運用していたということは，フッサールの対象概念が意味論的値として解釈できるということを直ちに意味するわけではない．第1章で確認したように，意味論的値という概念は，それを明確に自覚化し運用していることが，構文論を背景とした合成的な意味論という理論的枠組みの所有とほぼ一致するような，ある洗練された理論的概念であった．フッサールの対象概念を意味論的値として解釈するためには，フッサールが自らの対象概念を合成的意味論という理論的枠組みの中で運用しているということを示す必要がある．しかし残念ながら，この点に関する見通しはそれほど明るいものではない．このことは，（2）の正当化のためにダメットが『起源』で指摘している他の論点を確認することからはっきりする．次節ではこれを確認しよう．

第2節　名辞および文以外の「対象」は何か

フッサールの対象概念の適用基準として富山が指摘していたものは，大まかに言えば，述語の適用基準を前提として，その真なる述定の主語の対象的相関者のカテゴリーを限定する，といったものであった．初めの引用でフッサールが述べているのは，たとえば「t は偶数である」という図式の事例となる言明が真なのだから，そのとき「t」に置き換わる表現の対象は「偶数である」という述定があてはまるようなものとして存在するということであった．また，続く二つの引用では「S ということは喜ばしい」という図式の事例となる言明が真であり，「喜ばしい」と言えるのは判断や命題ではなく事態なのだから，そのとき「S（ということ）」に置き換わる表現の対象は事態だ，と論じられていた．

さて，繰り返せば，意味論的値という概念は，それを明確に自覚化し運用していることが，構文論を背景とした合成的意味論という理論的枠組みの所有と一致するような，ある洗練された理論的概念であった．具体的にいえば，意味論的値とは，それがそのような概念として考えられている限りで，(a) 単称名辞以外の構文論的カテゴリーに属する表現にも，それが文の真偽に寄与するとみなされうる限りで等しく帰されるものであり，(b) 構文論的な構成に即して一般にその合成が可能であり，それゆえ同じ構文論的カテゴリーに属する表現には（例外的規定を設けない限り）同じタイプのものが割り当てられ，また (c) 同じ表現（タイプ）とみなされる限りで常に同じものが割り振られる，そういった形で運用されているはずのものである．そしてダメットは，フレーゲが「指示」の概念をこのような仕方で運用していたことはそのテキストから明らかだが，対してフッサールはそうではない，と述べていたのであった．

この点を踏まえて上で指摘されている基準を眺めてみると，少なくとも一つ，不安な要素が浮かび上がる．富山の議論によって文の対象的相関者の選択に関して（フッサールには何らの理論的基準もないという）ダメットの診断が覆されたのだとしても，他の構文論的カテゴリーに属する表現に関してはどうだろうか．たとえば「is red」といった述語や，「the father of」といったいわゆる関数的表現，「and」や「or」といった結合子に関してはどうだろうか．フッサールの対象概念が意味論的値として解釈できるものであれば，これらに関しても一貫した基準でその対象を割り当てているはずである．少なくともフレーゲは確かにそうしていた．しかし，先ほど富山が指摘していた基準は，少なくともそのままではこれらの表現には適用できないように見える．フッサールはそれらの表現に関してどのような選択を行っているのだろうか．

そして『起源』においてダメットは，文だけでなく述語の対象に関してもフッサールの選択を批判している．彼がその際参照するのは『論理学研究』第2巻第1研究の次の箇所である（なお，引用文中の「ブケファルス」と「この馬車馬」はそれぞれ数的に異なるものを指す．ブケファルスとは，アレクサンドロス大王の愛馬として知られる軍馬のこと）．

> また逆に，二つの表現が同じ意味を有しながら，異なる対象的関係を有する場合もありうる．一頭の馬という表現は，それがどのような文脈で語られようと，同じ意味を有している．しかし私たちは一方で「ブケファルスは一頭の馬である［Bucephalus ist ein Pferd］」，他方で「この馬車馬は一頭の馬である［dieser Karrengaul ist ein Pferd］」と言うとすれば，一方の言表から他方の言表への移行に際して，意味を付与する表象には明らかに一つの変化が生じている．その「内容」，つまり一頭の馬という表現の意味は，確かに不変のままではあるが，対象的関係は変化しているのである．一頭の馬という表現が，同じ意味を媒介にして，一方ではブケファルスを，他方では馬車馬を表象している．（XIX/1: 53）

この箇所が解釈者泣かせな理由の一つは，ダメットが指摘するように，「意味は対象的関係を決定する」という後の論述と明確に不整合だという点である[13]．しかしここではその論点は横においておこう．ここで考えたいのは，ダメットがこの箇所に関して述べている「フレーゲのものよりはるかに素朴［primitive］な指示についての考え」（Dummett 1993: 52）という指摘の内実である．

一般にある表現がそれを含む文の真偽の決定になんらかの寄与をもっていると考えられる限り，それらはなんらかの意味論的値をもつ．「（ist）ein Pferd」が一定の寄与をもつことは明らかなので，これは意味論的値をもつ．さて，その意味論的値を考えるということは，それが出現する任意の文の真偽の決定に

13） フッサールは表現の意味（とりわけそのうちで対象的関係を決定する要素）を第5研究において「質料（Materie）」という概念のもとに包摂した上で，「同じ質料は異なる対象的関係を決して与えることはない」（XIX/1: 430）と述べる．詳しくは第4章第1節を参照．

対してそれが果たす役割は何かを考えるということである．つまり，「Bucephalus ist ein Pferd」や「dieser Karrengaul ist ein Pferd」のような真な文であれ，「Jun Kuzuya ist ein Pferd」（葛谷潤は一頭の馬である）という偽な文であれ，そこにおいて「(ist) ein Pferd」が果たすべき共通の役割は何かが問題になっている．述語に名辞を補うことで文が構成されるのだとすると，述語の意味論的値は，名辞の意味論的値が与えられたなら文の意味論的値を与えるようなものだということになる．たとえば名辞の意味論的値を個体と考え，文の意味論的値を真理値だと考えるなら，述語の意味論的値は任意の個体から真理値への関数として表されることになるだろう．たとえば「(ist) ein Pferd」の意味論的値は，馬であるような個体（たとえばブケファルスや問題の馬車馬）を真へ，そうでない個体（たとえば葛谷潤）を偽へ割り当てる関数になる．したがって，名辞の指示を個体，文の指示を真理値だと考えたフレーゲが，そこから述語の指示を個体から真理値への関数として特徴づけたことは，まさに彼の指示概念が意味論的値として運用されていることを強く示唆することになる．

しかし，上の引用でフッサールは「Bucephalus ist ein Pferd」における「ein Pferd」はブケファルスと対象的関係に立つ一方，「Dieser Karrengaul ist ein Pferd」におけるそれは目の前の馬車馬と対象的関係に立つと述べている．この主張を，フッサールの「対象的関係」が意味論的値（の割り当て）にあたるものだという解釈と両立させることは，至難の業だろう．

確かに，一方の文の真理が関わりをもつ個体はただブケファルスのみであり，他方の文のそれはただ目の前の馬車馬のみである．ひょっとしたら，フッサールはここでの「ist」を同一性として理解し，前者ではブケファルスと同一のもの（もちろんブケファルス），後者では目の前の馬車馬と同一のもの（もちろんその馬車馬）をその対象として挙げているのかもしれない[14]．しかしいずれにせよ，フッサールがこのような基準によって「対象（的関係）」が定まると考えているのだとすれば，それは決して意味論的値ではありえない．「ein Pferd」の意味論的値とは，（それが同じ役割を果たす同じ表現としてみなされる限りで）それが現れる任意の文においてそれが果たしている役割だからである[15]．実際，意味論的値とみなせるかどうかを度外視しても，ここで述語に関して述べられている「対象的関係」が述語の意味論的分析にとっていかなる役割を果たしうるのか，全く明らかではない．

ただし，たとえば第2研究で頻繁に言及されることを考えても，フッサールの概念的道具立てに「内包」や「外延」といったものが含まれていたことは疑い得ない．それゆえ，上で考察していた文の真偽の説明をもしフッサールに求めたなら，そのような概念を用いて答えた，と想定することはおかしなことではない．またここでの問題は述語一般の問題ではなく，フッサールが「ein」という語に関して少し奇妙な見解をもっていたことによるのだ，と問題を限定することができるかもしれない．さらには，彼の意味と対象的関係に関する後の記述と明白に矛盾するということに訴えて，この箇所の「対象的関係」はそれ以外で用いられている「対象的関係」と別物として扱うべきだとも論じることができるかもしれない．少なくとも，上の短い章句だけから決定的な帰結を

14）その場合，「Jun Kuzuya ist ein Pferd」における「ein Pferd」はどんなものと対象的関係に立つことになるだろうか．もし葛谷潤だとしたら真になってしまうので，それ以外の何かということになるだろう．いかなるものとも対象的関係に立たない，ということになるのかもしれない．

15）引用箇所では文脈への言及があるので，次のように解釈することはできないだろうか．フッサールは「一頭の馬」を，たとえば「私」という語のように，文脈毎に指示するものを変える表現だと考えている，と．おそらくそうであろう．しかしこのことは，彼の「対象」概念を意味論的値の概念として解釈することに特別追い風となるわけではない．というのも，そう解釈するためには，彼の「対象」概念は（各文脈での指示対象ではなく）文脈相対的な基準それ自体を主題化するために用いられている必要がある（なぜなら，その基準こそが今問題にしている意味での「意味論的値」に相当するものだからである）．しかし実際には，フッサールの「対象」概念は個々の文脈における指示対象を表すために用いられてしまっている．さらに言うなら，そもそも問題の文脈相対的基準がどのようなものだとフッサールが考えていたかも一切不明であり，頓着すらしていないように見える．これは合成的意味論のアイデアがフッサールにあったという解釈を完全に排除はしないとしても，不利に働くことは間違いないだろう．

引き出すことは不可能である．この点に関する解釈の余地は十分にあると思われる．

とはいえ，確かに問題は決して小さくない．というのも，ダメットがフレーゲを評価していたのは，その合成を問題にすることが言語の役割の体系的記述に帰着するような意味論的性質，すなわち意味論的値を「指示」の名のもとにすべての構文論的カテゴリーの表現に対して要請していた，ということにあったからだ．フッサールもまたこのような観点をもっていたと論じるためには，単にもしフッサールが意味論的値の概念をそれとして把握した場合に彼が述語（さらには関数的表現や結合子，等々）の意味論的値として選択するであろうものが彼の概念枠組みの中にすでにあった，と論じるだけでは全く十分ではない．問題はフッサールが意味論的値の概念をそれとして把握していたかどうかにあるからだ．そして確かにそのような解釈を確立するには，たとえばフッサールがすべての構文論的カテゴリーに対してその意味論的値にあたるものを一貫して探し，それらの合成を問題にしていたということの証拠が必要になる．そしてそのためには，意味論的値を表すものとして一貫して運用されているような，つまりフレーゲの「指示」という術語のような，なんらかの術語の存在を指摘する必要があるだろう．ダメットはそのような候補として「対象」「対象性」ないし「対象的関係」を挙げ（確かにこれら以外に何があろうか），これらをそう解釈できないと論じているのである．

そして管見では，この水準で（本章の冒頭でも触れた）ダメットの議論の（2）の前提を覆すことは，限りなく不可能に近い所業であるように思われる．確かに，富山が示したように，フッサールの対象概念は決して何らの基準もなしに運用されているわけではない．それだけでなく，名辞と文に関しては，確かに意味論的に重要な性質を選び出すのに有用な基準のもとでそれは運用されていたと言える．しかし，それがダメットが要求する水準を満たしていると主張するところまで到達するには，依然として距離がある．したがって本書では，議論のためにも，この意味で理解された（2）は確かに正しい，と認めることにしたい．

もちろんこれを認めるなら，ダメットの議論の（3）の前提をブロックしない限りダメットの議論は確立されてしまう．次節では，この（3）に関わる論点を整理することにしたい．

第3節　指示の理論なしの意義の理論？

さて，ここまで議論を重ねてきた場合に，フッサール研究者から吹き出るように思われる自然な反応は次のようなものではないだろうか．確かにダメットの要求する基準をフッサールの対象概念は満たしていないかもしれない．しかし，そこでダメットが要求している水準は，当時の理論家に要求するには異常なまでに高いものであるはずだ．確かにそれを当時満たしたということは，現代数理論理学の祖としてのフレーゲの凄まじさを示すものかもしれない．しかしそれをフッサールが満たしていないということは，決してフッサールに**一般に理論家として**欠陥があるということを認めることではない．そしてフッサールが『論理学研究』で主題としていたのは，対象ではなく意味（Sinn, Bedeutung）であって，それはフレーゲ的に言えば，指示（Bedeutung）ではなく意義（Sinn）である．それゆえ，フッサールの対象概念のみを取り上げてフレーゲと比較・評価することはフェアではない．確かにフレーゲの指示概念とそれに基づく指示の理論は驚くべきものかもしれない．しかしフッサールにおいて見るべきはその対象概念に関わる考察ではなく，意味概念に関する考察であるはずだ，と．

このような応答は，次のようなフッサールの発言に鑑みても，至極自然なものだと言える．

> 現象学的考察にとっては，対象性それ自身は無である．一般的に言って，それは作用にとって超越的なのだから．どのような意味において，またど

> のような権利をもって対象性の「存在」が語られていようと，またその対象性がレアールであろうとイデアールであろうと，また真実であれ，可能であれ，不可能であれ，そういうこととは無関係に，作用は「それに向かって」いるのである．[…] 対象への関係の仕方の相違は，すべて関連する志向的諸体験の記述的相違である（XIX/1: 427）

ここでフッサールは明確に，自らの考察（現象学的考察）の射程から対象性を排除している．現象学的考察が関わるのは，作用（＝志向性をもつ心的出来事）が対象に向かっているという，対象への関係の仕方であり，その相違は対象性抜きで考察可能だと考えられている．そして第4章でも確認するように，作用が対象へ関係する仕方をフッサールは「意味」と呼んだ上で，詳細に分析したのであった．『論理学研究』におけるフッサールの眼差しはまずもって意味に向けられているのであって，対象ではない．

このことは，フッサールの構文論に関する分析を見ても一目瞭然であるように思われる．『論理学研究』第3研究においてフッサールは，全体に対する部分という概念を独立的部分（「断片（Stücke）」と術語化される）と非独立的部分（「契機（Momente）」と術語化される）の二つに区別する[16]．ある部分が独立的部分であるのは，それがそれだけで表象しうる場合であり，ある部分が非独立的部分であるのは，それを適切に補完した全体の部分としてしか表象しえない場合である．たとえば白いティーカップを考えよう．ティーカップはその取っ手を本体から分離したとしても，取っ手と本体はどちらも単独で存在するものとして思考できる．これに対して，ティーカップはフッサールに従えばその延長と色をその部分としてもつ．そしてフッサールの基準に従えば，延長の消去は色の消去を必然的に伴う（色なしの延長も，延長なしの色も思考できない）ので，色は事物の非独立的部分だということになる．

続く第4研究においてフッサールはこの区別を意味に適用し，ここで問題に

16）XIX/1: 272 参照．

なる独立性・非独立性を，彼が「意味志向」と呼ぶものに成り立つものと解する．この意味志向とは，さしあたり表現を理解する作用のことだと考えて良い（この点は本書第4章において詳述する）．このとき，ある表現，たとえば「=」という表現が非独立的意味をもつとは，それを理解する作用が，その表現に適切な名辞を適切に補って作られた文，たとえば「2＋2＝4」を理解する作用の一部としてしか生じ得ないということである．彼はこの基準に従って，名辞と文の意味は独立的だが，述語・関係語や関数的表現，結合子の意味は非独立的だとする．そして原子文の意味は，単称名辞の独立的な意味と述語・関係語の非独立的な意味からなると言われる．

ここで注目されるべきなのは，フッサールが「独立性・非独立性」という概念を用いて表現の組み合わせを語るとき，そこで主導的な概念は表現の対象ではなく，意味だということである．フッサールにとって，表現の結合はまずもってその意味の結合である．その際には対象がどのようなものであるかといったことは一切考慮されていない．もちろん，独立性・非独立性という概念は一般的な概念であり，表現の意味だけでなくその対象に対しても適用されうる．しかしフッサールは，意味の独立性・非独立性は，その対象の独立性・非独立性に対応しないと明言している[17)]．フッサールの基準に従えば，たとえば「ナポレオン」も「赤さ」もどちらも名辞であるのでその意味は独立的だが，その対象は前者の場合には独立的で，後者は非独立的である．つまり構文論的分析においても，フッサールは表現の対象に関する考察に先立って，まずもってその意味を分析していたのである．ダメットの言い方を借りれば，フッサールの主題は「言語的指示」にはなく，「言語的意味」にあったのである．

しかしこのように議論を進めようとすると，『起源』におけるダメットの次のような主張に突き当たることになる．

それゆえ，フレーゲの指示の理論は彼の意義の理論の基礎をなす．表現の

17）XIX/1の第4研究第8節参照．

> 意義とはいかなる場合もその指示が与えられる仕方であるから，与えられた表現の指示を構成するものが何でありまたどのような種類のものであるかを決定することは，その表現の意義を特徴づけるための決定的な最初のステップである．その表現の意義とはその言語の話し手にその指示が与えられうる手段という形式をとることが要求される．このことは意義がいかなるものであるべきかを一意に確定するわけではないが，意義が何に存すると考えるのがもっともらしいのかについて強力な制約を課す．したがって，指示の理論は意義の理論を構成するわけではないにせよ，意義の理論の不可欠な基礎を構成する．それゆえ私たちは，正しい指示の理論をもたない限り，意義の理論が取るべき形式について何の考えももたない．(Dummett 1993: 53-54)

ここでダメットは，正しい指示の理論なしには（まともな）意義の理論についてのアイデアをもちえないと述べている．確かに，意義がその言語の話し手に**その指示が与えられる仕方**であるならば，この主張は少なくとも直観的な説得力をもつ．指示の概念が不明確であれば，指示が与えられる仕方という概念も不明確に違いない，というわけだ．

実際，先ほど指摘した構文論に関するフッサールの思考の道筋は，フレーゲとの比較のもとでダメットがまさに槍玉にあげているところのものである．確かにフレーゲも，表面上はフッサールのものとあまり変わらない用語を用いて構文論的構成に関して語っていた．つまりフレーゲも，「異なったカテゴリーに属する諸々の表現の意味が，どのように適切に組み合わさって文全体の意味を産み出すのかということ［…］の説明を与えるため，「不飽和な」表現とか「不完全な」表現という考え方に頼った」(Dummett 1993: 52)．しかしダメットによれば，ここで重要なのは，フレーゲが意味の完全性・不完全性を特徴づける基準である．フレーゲにおいては，

> 言語表現の不完全性は，それが関数であるということに存するのでも，ま

してやその意義として関数をもつということに存するのでもなく，その指示として関数をもつということに存する．（Dummett 1993: 53）

フレーゲにおいては，まずもって，構文論的カテゴリーの分類はその指示のタイプの分類と即応していた．これは意味論として指示の理論が構築されているのであれば満たされるべき対応関係である．彼は文の指示として真理値を，名辞の指示として個体を選択し，それ以外のカテゴリーに属する表現の指示はすべて一定の関数として特徴づけた．そして，まさにこのような指示の理論を背景に，文と名辞の「意義」はどちらも（それぞれ真理値と個体という）完結した指示を与える仕方だという理由から「完全」と形容され，それ以外の表現の「意義」は関数という充填の余地のある指示を与える仕方だという理由から「不完全」と形容された．それゆえ,「フレーゲの理論では,厳密な意味論的説明に従って,意義の不完全性が,指示されたものの不完全性から導かれている」（Dummett 1993: 55）というわけだ．

このようなフレーゲの議論と比較しながら，ダメットはまさに本書が上で指摘したようなフッサールの構文論的分析を取り上げ，次のように述べる．

［フレーゲと］対照的にフッサールは，その意味が独立的である表現は独立的な対象を指示しなければならないということを否定した．彼の挙げた反例は「赤さ［redness］」のような表現であった．［…］フッサールは,［フレーゲと］同じ仕方で意味の非独立性を導き出すことを自らに禁じている．［…］文の諸部分が互いにどう組み合わさるのかに関する説明として,フッサールは，文の真理値がいかにして確定されるのかに関する理論の一部ではなく，ある全体の非独立的な部分という，極度に一般的な考え方を残してくれているだけである．独立的意味をもつものとして単称名辞を区別することに対する彼の理論的根拠すら述べられないままである．（Dummett 1993: 54-55）

ここで言われているのは次のようなことである．フレーゲが意義に関して「完全」「不完全」という表現を用いるとき，それはすでに構築されている指示の理論においてそれらの意義をもつ表現の役割が何かということに基づいて適用されている．だからこそ，ある表現の意義をそのような仕方で分類することは，その表現が出現する任意の文の真偽の決定に対してその表現がもつ役割の種類を表示することになる．これに対して，フッサールがある表現の意味に対して「独立的」「非独立的」という区別を使う場合，それはその表現が出現する任意の文の真偽の決定に対する寄与と全く関係ない基準（単独でその意味志向が遂行できるかどうか）で分類されているように思われる．しかしある表現の意味をそのような仕方で分類することにいかなる眼目があるのだろうか．これが全く不透明である．ダメットはこう言いたいわけだ．

この節で確認したダメットの議論をまとめれば，次のようになる．表現の意義とは何かを論じるためには，まずもってその指示とは何かに関する正しい理論を手にしていなければならない．なぜなら意義とは指示の与えられ方であるからだ．そしてフッサールには指示の理論に相当するものがないのだから，当然フレーゲの「意義」に相当するところのもの，つまり意味に関してもまともな理論を構築できるはずがない．実際にそうであることは，まさにフッサールが表現の意味の合成を独立性・非独立性という概念を用いて語る根拠が不透明な事にまさに現れているではないか，と．

本書は意味の合成に関しては，第4章第4節で応答する用意がある．とはいえそれ以前に，もしダメットの議論の（1）及び（2）の前提を受け入れた上で，（3）を否定するのであれば，まずは以上のようなダメットの議論を一般的に否定する必要があろう．これが次章の課題ということになる．

第3章
意味論の基礎

本書はこれまで次の（1）から（3）を前提とするダメットの議論を扱っていた．

（1）フレーゲの指示概念は意味論的値として解釈できる．

（2）フッサールのいかなる概念も，意味論的値としては解釈できない．

（3）意味論的値として解釈できる概念を含まない理論は，（それを含む理論と比して）言語的意味と言語的指示に関して見るべきところがない．

第1章ではこのうち前提（1）を確認した．そして第2章では，前提（2）を確認した上で，前提（3）が「正しい指示の理論がなければ，意義の理論に関するいかなる把握ももちえない」というダメットの主張をその背景としてもつことを確認した．本章の主な目的は，この主張および（3）を反駁するとともに，次章以降のフッサール解釈のために必要な諸概念を導入することである．

とはいえ，意義の理論とはなんだろうか．そもそも表現の意義とはなんだろうか．第2章第3節で確認したように，ダメットは「表現の意義」を「その指示が与えられる仕方」（Dummett 1993: 53）と特徴づけていたわけだが，これは正確に言ってどのようなものなのか．このことをある程度明らかにしておかなければ，「正しい指示の理論がなければ，意義の理論に関するいかなる把握も持ちえない」という主張の内実が確定しないことはもちろん，フッサールが意義の理論（に相当するもの）に取り組んでいるという主張の内実も確定しない．

ここで必要となるのは，フッサールが「意味」という概念のもとで取り組んでいた探究を，（3）を反駁するのに十分な程度まで明確化してくれるような，概念や理論的枠組みである．第1章と第2章では，フレーゲの指示概念およびフッサールの対象概念を評価する際に，意味論的値という理論的概念（および意味論という理論的枠組み）が重要な役割を担っていた．今必要なのは，フッサールの意味概念を評価する際に同様の役割を果たすような，そういった理論的視座である．

本書はそのような理論的枠組みを，スタルネイカーが「基礎意味論」と呼んだものを参照することで導入したい．基礎意味論とは，一言で言えば，ある言語の各単純表現に関して，それがその意味論的値をもつ仕方を明らかにする理論である．この基礎意味論のアイデアを踏まえることで，次の二つが可能になる．一つは，フレーゲの意義概念およびフッサールの意味概念に対するある種の解釈を定式化することであり，もう一つは（その種の解釈が正しいという仮定のもとで）ダメットの前提（3）を覆すことである．

本章の構成は以下のようになる．第1節では基礎意味論というアイデアを導入したうえで，それに基づいたフレーゲの意義概念およびフッサールの意味概念の解釈を「基礎意味論的解釈」として定式化する．第2節では，基礎意味論において主体の識別能力の考察が必要不可欠だと論じたうえで，識別能力に焦点を合わせるある具体的な基礎意味論的解釈を「識別能力解釈」として定式化する（これにより，第4章でのフッサール解釈のための土台が用意される）．第3節では，基礎意味論は意味論の完遂を待って着手されるべきものではなく，むしろ意味論の完成にとって基礎意味論に属する考察は必要不可欠であると論じる．これにより，ダメットの前提（3）が覆される．

第1節　基礎意味論とは何か

本節では，スタルネイカーが「基礎意味論」と呼んだものに基づいた意義概念の解釈を提示することを目指す．以下ではまずスタルネイカーが「基礎意味論」と呼んだものをひとまず導入し（1），それを「メタ意味論」と呼ばれるものの中で位置づけ直した上で（2），基礎意味論の考えに基づいた意義の解釈を提示する（3）.

（1）意味論の基礎

まず指摘したいのは，これまで「意味論」と呼ばれていたもの（つまりダメットの解釈における「指示の理論」）は文の役割がどのようにして決定されるのかをある形で説明しているが，しかしそれが全く答えないものがある，ということだ．それは，その言語の基礎的表現がいかにして（how）その意味論的値をもったのか，その仕方である．まずはこの点をアナロジーを用いながら明らかにしたい．

言語の類比物として，再び車を考えよう．車に関して言語の意味論に対応するのは，車全体の挙動に対して，車を操作するための各部分の挙動がどのように寄与するのかを記述する理論である（構文論に対応するのは部品の種類とその組み合わせの仕方を記述する理論である）．たとえばアクセルペダルを踏んで走行しているときに，ハンドルを右に回したという状況を想像してほしい．もし車の各部品がその役割を適切に果たせる状況にあるなら，それによって何がもたらされるだろうか．もちろん，その車の右前方への旋回である．このことは，もし車の正しい「意味論」が与えられたならば，確かに導き出せるものである．結果すべき挙動は，（操舵機構と加速機構のインターフェースとしての）ハンドルとアクセルペダルの役割，そしてそれらがどう組み合わさっているかから決定される．そのような役割とその合成の仕方を語るのが車の「意味論」であり，それゆえあなたは車の「意味論」を知っていれば，もたらされるべき挙動を知ることができる[1)]．

しかし，もし車の正しい「意味論」が完成したとしても，それが沈黙していることがある．それは，問題の車の（単純な）部品がその「意味論」が記述す

1）もちろん実際には車の各部品は故障などなんらかの理由からその役割を果たさないかもしれない．その結果として車は実際には動くべきように動かないかもしれない．しかしその場合でも，その操作が伴うべき帰結は適切に導かれる．

るような役割をもっているということはいかにして成立しているのか，ということである．車のある部品の役割が，その都度の操作に対して一定の方向にタイヤの向きを変えることだとしよう．いったいどのような仕方で，その部品の役割が他でもないそれになっているのだろうか．その部品の役割がまさにそれであるということを成立させていることはなんなのだろうか．これらのことに関して，車の「意味論」は沈黙する．車の各部品がその役割をもつ「仕方」に関して，車の「意味論」は何も述べない．それはただ，その部品の役割を述べるだけである．

言語に対する意味論に関しても同じことが言える．たとえば，私が英語の文「It is raining in Tokyo」をあなたの眼の前であなたに向かって発話したと想像してほしい．この発話の役割はなんだろうか．つまりもし言語が適切に機能するなら，何がもたらされるべきだろうか．英語の意味論が与えられていれば，ここでもたらされるべきなのは，その発話の時点で東京で雨が降っているという情報があなたに伝達されることだ，と分かる．この文の各部分表現が想定された役割を果たすなら，私の言語行為がもたらすべきことは，各表現の役割，そしてそれらがどう組み合わさっているのかということから決定される．

しかし，完全な英語の意味論がもし完成したとしても，それが沈黙している事柄がある．それは，各表現がなぜその意味論的値をもっているのか，ということである．たとえばその意味論は，「Tokyo」という語の意味論的値がある都市だということを教えてくれる．しかし，なぜ「Tokyo」はその場所を意味論的値としてもっているのだろうか．このことは一体いかなる事実に存するのか．より一般に，ある名辞が何かを意味論的値としてもつ際，そのことはいかなる事実によって構成されているのか．こういったことについて，意味論は沈黙する．「Tokyo」や名辞一般がその意味論的値をもつ「理由」「仕方」に関して，意味論は何も述べない．それはただ，「Tokyo」の意味論的値がなんであるかを教えてくれるだけである．結果として，意味論は当の語（を含む文）を用いた言語行為がある特定の都市についてのものになるというこの志向性がいかに成立しているのか，その「仕方」に触れないままである．

スタルネイカーは，ある言語に対する問いとして，次の二つの問いを挙げている[2]．一つは，その言語の各表現の意味論的値とは何か，という問いであり，もう一つは，その言語の各表現がその意味論的値をもつとはどのような仕方でか，という問いである．もちろんこのうちの前者に取り組むものは通常「意味論」と呼ばれるものであり，ダメットがフレーゲの「指示の理論」をそれとして解釈しているところのものと一致する．スタルネイカーはこれを「記述意味論（descriptive semantics）」と呼んだが，術語を増やさないために，本書ではこれまでと同様これを「意味論」と呼ぶことにする．これに対して，後者の問いに取り組むものは，上で意味論が触れないままにしていると指摘した事柄をまさに主題とする理論である．スタルネイカーはこの理論を「基礎意味論（foundational semantics）」と呼んだ．つまり基礎意味論とは，意味論が記述する事実がどのように成立しているか，その「仕方」に当たるものを明らかにしようとする理論である．少し紛らわしいが，基礎意味論は（本書が言うところの）意味論の一種ではなく，意味論が述べる事実の根拠を与え，それを基礎づけるような理論だということに注意してほしい．こう言い換えても良い．意味論は，ある表現がもつ「これこれをその意味論的値としてもつ」という性質（意味論的性質）を明らかにしようとするものであるのに対して，基礎意味論は，ある表現がその意味論的性質をもつのはいかにしてかを説明してくれるような，その表現に成り立つ事実（基礎意味論的事実）を明らかにしようとする．スタルネイカーによれば，クリプキが『名指しと必然性』で成した最大の哲学的寄与とは，それまで混同されがちであった上の二つの問いを区別し，それによってこの二つの理論を区別したことにあるという．

さて，スタルネイカーが基礎意味論と呼んでいる分野およびその周辺は，近年「メタ意味論（metasemantics）」の名のもとで整理が進んでいる[3]．このような

2）　Stalnaker 1997，特に 535-536 頁を参照．

状況を受け，意味論と本書が「基礎意味論」として扱うものの間の関係を簡単に整理したい．

（2）メタ意味論の二つの課題

ある言語の意味論の仕事をその言語の表現の意味論的値を述べることに限定するなら，そのような意味論が述べるところの事実をさらに説明しようとする理論としてのメタ意味論が取り組むべき問いには少なくとも次の二つが指摘できる[4]．一つは「意味論的値」や「真理」といった意味論的概念に関して，「それらは一体どのような概念なのか」という問いである．このような問いに取り組むメタ意味論の部門を「概念的部門」と呼ぶことにしよう[5]．これに対して，「ある表現が他でもないある値をその意味論的値としてもつということはどのような仕方で決まるのか」という問いもある．このような問いに取り組むものを，スタルネイカーの用語を借りて「基礎意味論」と呼ぶことにしよう[6]．以下，この二つがどのようなものかを順に確認する．

概念的部門

概念的部門の取り組みを理解するために，本書第1章の第3節の議論を少し

3） Burgess and Sherman 2014: 3 参照．「メタ意味論」という名称は，カプランに由来する．Kaplan 1989: 574 参照．この点に関しては松井隆明氏に有益なコメントを頂いた．

4） Burgess and Sherman 2014 は基本メタ意味論（basic metasemantics），意味についての理論（the theory of meaning），意味論的値の形而上学の三つに分けているが，本書ではそのうち前者二つに相当するものを扱う．

5） これは Burgess and Sherman 2014 が「意味についての理論（the theory of meaning）」と呼ぶものである．この名称は，ダメットが，意味に関する哲学的考察を（個々の言語に対する意味論から区別しつつ，また知識に関する哲学的な考察が「the theory of knowledge」と呼ばれることに倣って）表すために用いた言い回しに由来する．Dummett 1991: 22 参照．

6） これは Burgess and Sherman 2014 が基本メタ意味論（basic metasemantics）と呼ぶものに相当する．

振り返りたい．そこでは言語の働きを考察するにあたり，まず経験的言明に的を絞り，とりわけ主張に注目し，それを情報の伝達を役割とする言語行為として特徴づけた．続いて，情報の伝達を役割とするもの一般を表象として特徴づけ，それに関して適切性の概念を定義し，その観点から主張で用いられるアイテムである文の性質として真理値を定義し，表現が出現する任意の文の（文脈と状況が与えられた場合の）真理値決定への寄与として意味論的値を定義した．これはつまり，「意味論的値とは一体何か」という問いに対して，本書第3節は，経験的言明一般の役割まで遡るような一連の説明を与えているということを意味する（「情報」や「役割」といった概念をどのように理解すべきかという問題はあるにせよ）．

しかし以上の説明の各段階において，他の分岐が可能かもしれない．言語の働きを考える上で，主張ではなくそれ以外の言語行為に注目したり，そもそも言語行為に訴えないような理解が適切だ，と論じる立場がありうる．また，主張に注目するにせよ，それが担う情報の伝達という役割に注目するべきではなく，それ以外のもの，たとえば推論ネットワークにおける役割に見出すべきだと論じる立場がありうる．また，主張の情報伝達という役割に注目するにせよ，そこでの「役割」の意味すべきものは本書で採用したような「ための」といった目的論的含みをもった役割概念ではなく，因果役割によって特徴づけられる役割概念だと論じる立場がありうる．また本書では議論を経験的言明に限定しているが，このような限定は不当である（ほかの種類の言明，たとえば数学的言明も含めて一様に議論すべきである）と論じる立場もありうる．これらの分岐のどれが適切かということは，大いに議論の余地がある論点だといえる．そしてこれらの点について議論するとは，言語の役割は何であるか，またそれを適切に記述する理論（という広い意味での「意味論」）とはどのようなものであるか，そこで用いられる基本的語彙とはどのようなものであるか，またそれらはそれぞれ何を意味するのか（たとえば「真理」や「意味論的値」という語は必要なのか，必要だとしたら何を意味するものとして理解すべきか），ということを議論するということである．本書がメタ意味論における「概念的部門」と呼ぶのは，以上のような問いに取り組む部門のことである．

管見ではこれらの分岐のうち本書の分岐が最も見込みがあるが，いずれにせよ異論があることは十分理解している．しかし，これらの点に関してより深い考察を行うことは本書の課題ではない．以下で主に問題になるのは，このような問いとは区別されたメタ意味論の部門としての基礎意味論である．

基礎意味論

基礎意味論は，ある言語の各表現の意味論的値とは何かを所与ないし暗黙の前提とした上で，その言語の各表現の意味論的値がどのような仕方で決定されるのかを明らかにする[7]．その作業は基本的には，（発見の順序がどうであれ）あるタイプの表現に対して一般的なレベルでの説明が先立って与えられ，個々の表現に関してはその説明の具体的な適用という形をとる．たとえば名前と呼ばれるカテゴリーの表現の意味論的値は一般的にどのような仕方で決まるのかということが（決まり方には複数通りあって良いが）まず説明され，ついで具体的な名前，たとえば「葛谷潤」という名前に関して，それがどのような仕方で私を意味論的値としてもつのかが説明されるという形をとる．

基礎意味論的見解の代表例と言える，クリプキ的な名前の因果説で例示するなら次のようになる．まず，「ある発話において使用された名前eの意味論的値がoであるということは，その発話がoをeと命名する行為であるか，その発話に至るeの指示保存的コミュニケーションの連鎖を遡ることでoをeと命名する行為にたどり着くという事実によって決定される」といった一般的な説明が与えられる[8]．そしてその後「ある人が使用した「葛谷潤」という名前の意

7）合成的意味論が与えられている場合には，複合表現の意味論的値の決定の仕方は基礎的表現の意味論的値からその意味論（を実現した世界内のメカニズム）によって説明されると考えられるので，基礎的表現の意味論的値がどのような仕方で決定されているのかが主な焦点になる．

8）命名行為は直示に基づく場合だけでなく，再認能力や一意に選び出す記述による場合なども含まれる．

味論的値が私であることは，その使用に至る「葛谷潤」の指示保存的コミュニケーションの連鎖を遡ることで私を「葛谷潤」と命名する行為にたどり着くという事実によって決定される」といった形の説明がなされることになる．

明らかに，基礎意味論で与えられる説明は，前提される意味論的値の概念と（つまり，概念的部門で採用されている立場と）調和したものである必要がある．たとえば，意味論的値を情報と役割の観点から定義している場合，基礎意味論の説明は言語的な情報伝達実践における名前の役割が決定される仕方の説明になっている必要がある．ある表現を用いた命名行為と指示保存的コミュニケーションの連鎖が言語的情報伝達実践における名前の役割を決定すると言えるのであれば，クリプキ的な名前の因果説はこの条件を満たすことになる．もしこの点をより厳密に議論しようとするのであれば，一方で役割概念のさらなる分析が，他方で命名行為や指示保存的コミュニケーションの連鎖のさらなる分析が必要になるだろう[9]．とはいえ直観的なレベルでは，命名により名前に役割が与えられ，それが（一定の条件を満たした）コミュニケーションの連鎖において保存される，ということは十分もっともらしく感じられる．いずれにせよ，ここでの目的は概念的部門と基礎意味論がどのようなものかの説明であり，特定の言語に関して正しい理論は何かということではないので，この点にはこれ以上踏み込むことはしない．

（3）基礎意味論的解釈

さて，以上で本書が「基礎意味論」と呼ぶものの内実が以下の議論に十分な程度には明確になったと信じる．次に，フレーゲの意義概念ないしフッサールの意味概念を解釈する際の一つの選択肢として，この基礎意味論の概念に訴える解釈を定式化する[10]．

9）　たとえば役割概念に選択概念を用いた起源論的分析を与え，命名行為や指示保存的コミュニケーションの連鎖を選択概念の観点から分析する，というのは一つの方針でありうる．

本書第1章で紹介したフレーゲの指示概念のダメット流解釈によれば，フレーゲの指示概念とは意味論的値の概念に他ならないのであった．そして，ダメットが指摘していたように，ある表現のフレーゲ的意義とは，その表現がその指示をもつ仕方として特徴づけられるのであった．ここで，ある表現に関して，その表現がその意味論的値をもつのはいかにしてかを説明する事実（つまり基礎意味論が明らかにしようとする事実）を，その表現に関して成り立つ「基礎意味論的事実」と呼ぼう．すると，フレーゲの意義概念を次のように解釈するという選択肢が示唆される．すなわち，ある表現の意義とは，その表現に関して成り立つ基礎意味論的事実の一部（ないし全体）のことだ，というのがそれである．したがって，この意味で理解された意義の理論とは，基礎意味論の部分（ないし全体）のことである．この解釈を，フレーゲの意義概念の「基礎意味論的解釈」と呼ぼう．

さらに，第2章で富山の解釈に即して確認したように，フッサールが単称名辞や文に対して適用していた「対象」という概念が部分的にであれ意味論的値と類比的に解釈できるのであれば，わたしたちは同時に，フッサールの意味概念のある解釈を手にすることにもなる．というのも，ダメットがすでに認めていたように，また第4章で詳述するように，ある表現の意味という概念に対してフッサールが与えた第一義的な特徴づけもまた，その表現がその対象をもつ仕方だ，というものだからである．したがって，ある表現のフッサール的な意味とはその表現に関して成り立つ基礎意味論的事実の内に求められよう．この解釈を，先ほどと並行的に，フッサールの意味概念の「基礎意味論的解釈」と呼ぼう．以下，上のいずれの基礎意味論的解釈にも共通する特徴を指摘する場合や，文脈からどちらの基礎意味論的解釈が問題になっているかが明らかな場合には，単に「基礎意味論的解釈」と言う．

10）ある解釈を定式化することと，その解釈を正当化することは区別されたい．フッサールに関してこの選択肢を採用した解釈を正当化するのは第4章（および第6章前半）の課題である．

一点注意しておけば，基礎意味論的解釈とは，ある表現の意義（ないし意味）とはその表現に関して成り立つ基礎意味論的事実の内に求められるという解釈であり，その基礎意味論的事実全体のことであるとまでは（許容はするものの）主張していない．同じことを意義の理論という観点から言えば，基礎意味論的解釈とは，意義の理論は少なくとも基礎意味論の一部分であるという主張であり，意義の理論は基礎意味論そのものだという主張ではない．

さて，基礎意味論的解釈は，フレーゲの意義概念やフッサールの意味概念に関して一般に主張される他の特徴づけのいくつかとも親和的である．詳しくは次節以降を待つべき点も多いが，予告も兼ねてここでは①表現の指示ないし対象を決定するもの，②表現理解の相関者，③同一性言明の認識価値を説明するもの，という三つの特徴づけに関して見ておこう．

① 表現の指示ないし対象を決定するもの：フレーゲ解釈の文脈において，ある表現の意義とはその指示を決定するものとして理解されてきた[11]．そして本書第4章で見るように，フッサールもまた表現の対象を決定するものとして表現の意味を特徴づけていた．これは基礎意味論的解釈と親和的である．というのも，基礎意味論的解釈によれば，表現の意義・意味とは表現が他でもないある特定のものをその意味論的値としてもつということを説明する事実（の一部）であるが，そのような説明的事実はその表現の意味論的値を決定する事実でもあるからである．

② 表現理解の相関者：フレーゲはある表現の意義を，その表現を理解したときに把握されるものとしても特徴づけていた[12]．そして第4章で確認するように，フレーゲと同様にフッサールも，意味という概念を表現を理解する体験におい

11）　飯田 1987 の 2.3.3 節が詳しい．

12）　Frege 1892: 27 参照．この点に関しても飯田 1987 の 2.3.3 節，特に 119 頁以下が詳しい．

て問題になるものとして導入していた．たとえば「red」という語を理解していない場合と理解している場合の違いを構成するような要素が，「red」という語の意味に当たるというわけだ．この点もまた基礎意味論的解釈の枠内で説明できるが，その際に基礎意味論の具体的な立場を援用することになるので，次節でみることにしたい．

③ 同一性言明の認識価値を説明するもの：フレーゲは表現の意義を，同一性言明の認識価値（Erkenntniswert）の説明と結びつけて導入していた[13)]．たとえば「Phosphorus」と「Hesperus」のように，同じ意味論的値（この場合では金星）をもつ名前の組を考えよう．このとき，意味論の観点から言えば，「Phosphorus is Phosphorus」と「Phosphorus is Hesperus」の間にその意味論的値に関する違いはないということになる．しかし，前者の文が真だと知ることと比べて，後者の文が真だと知ることは，より多くの認識上の価値をもつ．言い換えれば，文にはその意味論的値の観点からは説明できないような認識価値の違いがある[14)]．そしてフレーゲはまさにこのような違いをもとに，表現の指示だけでなく意義を考える必要性を論じたのであった．同様のことは，フッサール自身の意味概念の解釈にも当てはまるだろう．というのも，同じ対象をもつ表現がしかし依然として異なる意味をもつというこの構造は，フッサールが自身の意味概念を導入するときにも論拠としていたものだからだ．次節で見るように，この認識価値の違いは基礎意味論的解釈の枠内で説明できる．つまり，基礎意味論的解釈における「意義の違い」として，この認識価値の違いを説明できる．

もちろん，以上3点以外にも，フレーゲ・フッサールが意義・意味について

13）Frege 1892: 25参照．この点に関しては飯田 1987の2.3.1節，Dummett 1975の130-134頁，Evans 1982の§1.5などが詳しい．

14）一般的に言えば，同じ意味論的値をもつ二つの表現eとe'に関して，eが出現する文と，eの出現を幾つかe'に置き換えた文の間に，その真理を知ることがもたらす認識価値に違いがある場合，意義はその違いを説明するようなものでなければならない．

語っていた特徴づけは存在する．たとえば，フレーゲは意義を第三領域に住まうイデア的な存在者だと考えていたし，フッサールは意味を作用のスペチエスだと考えていた．基礎意味論的解釈とこれらの存在論的主張の間の関係は，本書第5章の主題となる．

第2節　識別能力解釈

本節の目的は，基礎意味論において，主体のある種の識別能力に関する考察が必要不可欠だと論じた上で，ある特定の基礎意味論的解釈を定式化することである．以下では，まず基礎意味論において主体の識別能力に関する考察が必要不可欠だという主張を擁護する．その後，幾つかの術語の整理を行った上で，本書が「識別能力解釈」と呼ぶある特定の基礎意味論的解釈を定式化する．

（1）識別能力と言語の社会性

基礎意味論において，主体の識別能力に関する考察が必要不可欠だという本書の主張を検討するためのたたき台として，まずは次のような主張を考えよう．

識別能力テーゼ　ある表現がその意味論的値をもつということの説明のためには，その表現を使用する主体がどのような識別能力に基づいてその表現を使用しているかを考察する必要があり，かつそれで十分である．

たとえば，私が「red」という語をある文中で使用し，かつ，そこで使用されている「red」が赤色をその意味論的値としてもつとしよう．では，なぜこの「red」は赤色をその意味論的値としてもつのか．識別能力テーゼによれば，その説明は私が「red」という表現を使用する際にどのような識別能力に基づいて使用しているかを見る必要があり，かつそれで十分である．他にも，たとえば私が「Daniel」という語を用いたとして，その語がある人を意味論的値をもつとする．では，なぜこの「Daniel」はその人をその意味論的値としてもつのか．識別能力テーゼによれば，それは私が「Daniel」という表現を使用する際にどのような識別能力に基づいて使用しているかを見る必要があり，かつそれで十分である．平たく言えば，ある（使用された）表現に関して成り立つ基礎意味論的事実とは，それがこれこれの識別能力に基づいて用いられたということに尽きる，ということである．

さて，この主張の内実は，ここで「識別能力」と呼ばれるものが何であるかに依存してくる．ここではさしあたり，個体に対する識別能力を具体的に分類しようとしたものとしてガレス・エヴァンズの分類を確認し，それに基づいて議論を進めよう．

エヴァンズは，ある特定の対象の識別能力をもっていると言える状況として，「対象を今知覚している場合，対象が提示されたときにそれを再認［recognize］できる場合，対象についての識別的な事実を知っている場合」（Evans 1982: 89）の三つを考えた[15]．第一の場合は，対象との情報的結びつき（information-link）を利用して対象を追跡する（keep track of）能力を現に行使している場合である[16]．たとえば私がある人物を先ほどより目の前にしており，それが先ほどから今に至るまでどのようなあり方をしているかに関する情報（先ほど私にぶつかった，私に向かって謝った，帽子を被っている，背が高い等々）を収集・蓄積できており，またその後の彼になんらかの（たとえば移動した，帽子を外した等の）変化が起きた場合にそれに応じた情報の更新を行う用意がある場合，私はその人物を知覚的に識別できていると言える[17]．

これに対して第二・第三の場合は，ある対象となんらかの知覚的接触が現になかったとしても，その時点でその対象を識別する能力をもつと言えるような

15） 彼の用語では「識別知（discriminating knowledge）」であるが，彼が問題にしているところのものは「知識（knowledge）」という語がともすれば示唆するような「命題的な心的状態」という含意をもたないので，以下エヴァンズの議論を整理する際も「識別能力」という用語法を採用する．

16） Evans 1982: 174-175 参照．

場合として想定されている．第二の場合に関しては，まず次のような状況を考えよう．私がある人物を毎朝バス停で見かけるとする．私はその人物の人相をすっかり覚えてしまい，人の顔を見ればその人かどうかを人相に関する記憶に基づいて判定できる（その人物をその人相で再認できる）状況にあるとしよう．この場合，私はその人物との以前の知覚的接触の帰結として，その人物が再び私の前に現れたならば，その人物をそれとして識別できる能力をもっていると言えよう[18]．このような場合に，（その人物がたとえ私に今知覚されていなくても）私がもつと言われるのが，その人物を再認する能力である[19]．これが第二の事例に当たる．

最後に，私が次の日に隣の部屋に引っ越してくる人物が一人いるとアパートの大家さんに知らされたとしよう．このとき，私は問題の人物を現在見たことがなく，またこれまで見たことがなかったとしても，その人物を他の対象からある特定の事実（次の日に隣の部屋に引っ越してくる人物であるという事実）が成り立つかどうかという観点から識別できるようになったと言えよう．これが第三の事例に当たる[20]．

---

17)　エヴァンズは知覚的識別を特徴づけるために瞬間的なモデルを採用することは誤りであり，必ず一定の時間幅を通じて何ができるかという点から特徴づける必要があると論じた．Evans 1982: 175 参照．またこの点は『論理学研究』以降のフッサールの知覚観の変化を理解する上で示唆的だと思われる．関連する論点に関しては Mulligan 1995 が詳しい．

18)　再認能力に関するエヴァンズの議論に関しては Evans 1982 の第8章を参照．以前の接触の帰結として非記述的に知識を得るという特徴づけについては Evans 1982: 271 にある．

19)　知覚の事例と合わせて情報の観点から述べれば，ある人物の再認能力をもっていると言えるのは，以前その人物と知覚的に接触しており，その結果，もし今その人物を知覚したとしたら，以前その人物に関して知覚を介して収集・蓄積した情報に続けて新たな情報を収集・蓄積する用意がある場合だと言えるだろう．

20)　ここで問題になっているような記述的事実に基づく識別は，あくまで単称思考を成立させるものとして考えられていることに注意．したがって，ここで問題となっているものを言語的に表現しようとした場合，確定記述を用いるよりはエヴァンズが「記述名」と呼んだものを考えたほうが適切であろう．この論点に関して詳しくは，葛谷 2019a を参照．

もちろん，表現一般について成立する意味論的事実が同様の能力に尽きると考える場合，他のカテゴリーに関してもその意味論的値の「識別能力」と言えるものを考える必要がある．たとえば述語に関しては，大雑把には一定の性質をもつかどうかという基準で対象を分類する能力になるであろう．その場合も，少なくともいくつかの性質に関しては，上と同様の区別が成り立つと思われる．たとえばある特定の色合いに関して，それを実際に知覚している状況（当の色合いをもつものを見ながら「xはこの色合いをもつ」と考える場合），現在は知覚していないが再認できる状況（記憶に基づいて「xはあの色合いをもつ」と考える場合），記述的に固定できる状況（「xは郵便ポストの色をもつ」と考える場合）という三つの状況を考えることができる.[21)]

ここで二点ほど注意しておこう．一点目は，特定の個体と特定の性質の識別能力を所持していたとしても，その個体がその性質をもっているかどうかを決定できる位置にいるとは限らないということである．たとえばある人Ａが，他のある人Ｂを（たとえば顔立ち等に基づいて）再認する能力と，特定の色合いを再認する能力をもっているとしよう．この場合Ａは確かに，もし一定の対象が現在目の前に提示されたならば，それがＢかどうかを正しく判断できるし，さらにはそれが特定の色合いをした服を着ているかどうかも正しく判断できる．しかしこのことは，Ｂがその色合いの服を着ているかどうかを視覚的に知覚できる位置にいるということを保証しない（Ｂは行方不明かもしれない）．したがって，ＡはＢがその色合いの服を着ているかどうかを知ることはできないかもしれない．

21）色に関して様々な同定の仕方があるというこの論点については，Evans 1982: 270を参考にした．またPeacocke 1992において提示される概念所有の理論は，リンカーンプラザに関する再認的概念のような単称的概念だけでなく，赤概念のような述語概念，連言概念や全称概念のような論理的概念を含む，どの構文論的カテゴリーに属する概念に対しても，その本性を**その意味論的値を識別する能力**の観点から分析する枠組みを提供しているが，これは識別能力の観点から概念能力を分析するエヴァンズ的プロジェクトの一般化だと言える．

二点目は，ここでの「識別能力」の概念は，「ある主体の識別能力はその主体に内在的な事実にだけ依存して決まる」というような内在主義的含意をもたないということである．むしろ自然な考えは，エヴァンズのように，識別能力は主体の内外の様々な事実のおかげで成立していると考えることだろう[22]．たとえば私がある人物（「アリス」と呼ぼう）を知覚しているということは，私の知覚システムが，アリスの情報を収集していると言える程度には適切に作動しているということに支えられている．このことはさらに，私の知覚システム内部に決定的な異常がないということだけでなく，知覚に必要な一定の環境的条件が整っているということ，そしてそのような知覚システムと一定の情報的・因果的関係に立っているのがまさにアリスだということ等々の事実に支えられている．たとえば，その位置にいるのがアリス以外の人物（「メアリー」と呼ぼう）であれば，私はアリスではなくメアリーを知覚的に識別する能力をもつことになる．またたとえば（その知覚が視覚的なものであれば）私の周りが突如真っ暗になったならば，私は当該のアリスの識別能力を失うことになる．同様に，私がアリスを人相で再認できるということは，私の記憶システムに決定的な異常がないなどの内在的事実だけでなく，識別が問題になる範囲にアリスと人相の上でそっくりな人間が存在しないという事実や，アリスの人相が私が知覚した時点から決定的には変化していないという事実にも支えられている．そして私がアリスを次の日に自分の家に引っ越してくる予定の人物として記述的に識別できるということは，問題の記述的識別を一般に支える環境的事実と，次の日に自分の家に引っ越してくる予定の人物がまさにアリス（だけ）であるという事実に支えられている．これらの事実が成立していなかったら，私は関連する識別能力をもたない．

以上を踏まえて，識別能力テーゼの検討に移ろう．識別能力テーゼは，個人

22）この点がもっともはっきり述べられるのは彼の再認能力に関する考察においてだろう．Evans 1982: §8.3参照．

によって独自に導入された語彙に関する限りでは，特に問題がないように見える．たとえば次のような状況を想像してみてほしい．ある女性（わたしたちは「クリス」と呼ぶ）が通勤中，ある男性（仮に「エド」と呼ぼう）をよくバス乗り場で見かけることに気がつく．クリスは彼の人相を記憶することで，次に会ったときに直ちに「いつもの彼だ」と正しく再認できるようになったとする．彼女は毎日日記をつけており，その男性に関することを書き留めるために，彼を「Alex」と（勝手に）名付けたとする．このとき，「Alex」という語の意味論的値がエドであるということは明らかに思われる．たとえば，もしクリスがある日の日記に「I saw Alex in this morning」という文を書き付けた場合，（「Alex」という語の意味論的値がエドであるので）この文の真理条件はクリスがその日の朝エドを見たということだろう．そして，「Alex」という語の意味論的値がエドであるのはなぜかと問われれば，その説明は，エドに関する（人相による再認という）識別能力に基づいてクリスがその名前を導入したからだ，といったものになるだろう．このような説明には問題がないように見える．

加えて，識別能力テーゼは同一性言明の認識価値の問題にも適切な答えを与えるように見える．具体的には，同一性言明が真であることの認識が，二つの名前に結びついた識別能力が異なるものであるにもかかわらず同じ対象の識別能力であるという偶然的な基礎意味論的事実に関する認識をもたらすということに基づいて，同一性言明が真であるということが認識価値をもつことを説明できる．この点を具体例で確認してみよう．

まずは状況設定から始める．たとえば，クリスがよく電話をかける会社でしばしば電話口で出る人物がいるとしよう．クリスはその人物の印象的な声やしゃべり方をすっかり覚えてしまい，電話口でなくても人の声を聞けばその人物の声かどうかを判断できる状況にあるとしよう．たとえば電話口に出た人物が違えばそれを声で判断できるし，街中でその人物の声を聞けば「あの人だ」と判定できるような状況にあるとする．そして彼女は，その男性に関することを日記に書き留めるために，彼を「David」と（勝手に）名付けたとする．さて，実はその男性は彼女が出勤時に毎朝バス停で見かける男性，すなわちエドであるとしよう．このとき，「David」という語の意味論的値がエドであるということは明らかに思われる．たとえば，もしクリスのある日の日記に「David had a cough today」という文を書き付けた場合，この文の真理条件はその日エドが咳をしていたということだろう．そしてその説明としては，たとえばエドに関する（声による再認という）識別能力に基づいてクリスがその名前を導入したからだ，といった説明になるだろう．

さて，この場合において同一性言明の認識価値の問題は，上の仕方で導入された「Alex」および「David」を用いた二つの同一性言明「Alex is Alex」と「Alex is David」が，どちらもエドが自分自身と同一であるという真理条件をもつにもかかわらず，異なる認識価値をもつということをいかに説明すべきか，という形で具体化できる．そしてこのことは識別能力テーゼのもとで基礎意味論的観点から自然に説明できる．というのも，（「Alex is David」の真理条件に当たる事態ではなく）「Alex is David」という同一性言明が真だという事態の成立は，（この場合であれば「Alex」に結びついている識別能力と「David」に結びついている識別能力という）二つの異なる識別能力が同じ対象の識別能力であるという基礎意味論的事実の成立を含意するのに対して，「Alex is Alex」という同一性言明が真だという事態の成立が含意する対応する基礎意味論的事実は，同じ識別能力が同じ対象を識別するという（識別能力の定義を考えれば）トリヴィアルなものだからである．これを情報の観点から言えば，「Alex is Alex」という文が真であるという情報は「Alex」の名前を導入した時点で得られているのに対して，「Alex is David」という文が真であるという情報を得るためには，それらに結びついている二つの異なる識別能力が同じ対象を識別するという（基礎意味論的事実に関する）情報をさらに得る必要がある，ということである．実際，後者は（たとえば）クリスがある日バス停でエドと実際に話す機会を得た際に新たに獲得する情報である.[23)24)]

また，識別能力テーゼは基礎意味論的解釈のもとで，表現（の意味）の理解として日常的に問題となっているものをまさに捉えているようにも見える．というのも，ある主体がある表現（の意味）を「理解している」と述べる際，それによって日常的に表現されるのは，その表現とその主体のもつ識別能力の間の一定の結びつきに思われるからである．たとえば私が「apple」の意味を理解していると言われる場合，私は何がりんごであり，何がりんごでないかを（少なくとも典型的な事例においては）適切に識別する能力をもち，それを「apple」の使用に結び付けていなければならないと思われる．たとえば私の眼の前に典型的なリンゴが（ないし明らかにリンゴでないものが）提示されたとき，それに「apple」が当てはまるかどうかを適切に判定できなかったなら，私は「apple」という語の意味を理解していないと言われる（そのような「理解」の用法がある）．したがって，ある表現の意味を理解するとは，その表現の意味論的値を識別する能力のもとでその表現を用いることができることとして理解できるように思われる．

ここまでは良い．しかし，個人によって独自に導入された語彙を超えて考えた場合，識別能力テーゼが反直観的な帰結をもつような事例が存在する．そのような事例には，少なくとも二種類のものが指摘できる．

23）なお，これは必ずしもクリスが基礎意味論的事実に関する概念を所有することを要求するわけではない．たとえばRecanati 2012の心的ファイルの枠組みで言えば，問題の情報をシステム全体で保持するためには，ファイル同士の内容の相互参照を可能にするようなサブパーソナルなメカニズムが作動するだけで十分である．また，まさにこの理由から，ここで問題の基礎意味論的事実を「知る」という言い方をすることは（概念所有を前提する用法がある以上）ミスリーディングでありうる．

24）もちろん，これは「Alex is David」が必然的真理を表現するという見解と両立する．「Alex is David」が現にもつ真理条件がその文が偽になる余地を残さないものであるということと，「Alex is David」が偽となるような真理条件をその文がもちえたということは別のことである（cf. Evans 1979）．なお，ここでの認識価値に相当する基礎意味論的事実を形式的な理論に組み込む試みとしては，たとえば可能世界意味論であればStalnaker 1978における二次元的枠組みがある．ただしその場合，Stalnaker 2004において強調されるように，二次元的内包はあくまで基礎意味論的事実を表すものとして導入されており，表現の意味論的値を表すものとして意味論に組み込まれるわけではないことに注意．この論点については 藤川 2007b のサーベイを参照．

第一の種類の事例は，ある表現の使用が基づく識別能力が，その表現がその意味論的値をもつという事実（だと直観的には思われるもの）を説明しない場合である．たとえば私が緑色のものを指す名辞tとともに「t is red」という文を発話した場合，それは標準的な英語の文とみなされる限り偽だろう．というのも，そこで用いられている「red」はその意味論的値として赤色をもつ（と思われる）からだ．しかし，もし私が緑色を他の色から再認的に識別する能力に基づいて「red」という語を用いている場合，その意味論的値として赤色をもつという「red」の意味論的事実は識別能力テーゼによっては説明不可能だろう．逆に言うと，識別能力テーゼを採用する限り，ここで私が用いている「red」の意味論的値は緑色であり，それゆえ上の発話は真だ，と述べるしかない．

この種類の事例は，個人言語（ideolect）を意味論が取り組むべき第一の単位と考えることで処理できるかもしれない．たとえば，上の状況で私が用いた「red」は，私個人としては，あくまで緑色をその意味論的値としてもつのだ，と論じることで．つまり，あくまで私は「red」を緑色を表す語として使っているのだ，というわけだ．したがって，私はあくまで真な文を発話しているということになる．確かに，その用法は「英語話者」と言われる多くの人の用法から逸脱しており，それゆえ多くの人にとってその文の真理条件は非常に誤解されやすいし，それゆえ偽な文を発話したのだと勘違いされやすい．それゆえその意味で，私の用法は問題的だと言える．しかし私の発言の問題は，多くの「英語話者」にとって誤った解釈を誘発するような仕方で「red」を使ったことにあり，偽な文を発話したことにあるのではない[25]．もしこのような仕方で個人言語を意味論が取り組むべき第一の単位と考え，公共言語をいわば個人言語のオーバーラップとして考える場合には，上の段落で指摘された反直観的な帰結

25）このような立場は，自分の発話する語の意味を自分で自由に決められるという見解（いわゆる「ハンプティ・ダンプティ理論」）にコミットすることになるわけではない．そのためには，語と識別能力の間の結びつきが主体の恣意に属するものであるという（決して自明ではない）前提が必要である．

は必ずしも致命的ではないかもしれない[26].

しかし，第二の種類の事例はこの仕方では対応できない．その事例とは，ある表現を使用する能力が（上の意味で）その意味論的値を識別する能力ではないような事例である．たとえば，ジョンが友人の「Elizabeth specializes in Philosophy」という発話を聞いたとする．この「Elizabeth」はある特定の人物（わたしたちは「リズ」と呼ぶことにしよう）を指している，と考えられる．しかしこのとき，ジョンはそれまでリズに会ったことも彼女について聞いたこともないとする．ジョンはそのことを十分承知しながら「Then, Elizabeth is familiar with logic」と返答したとしよう．この発話が，他ならぬリズについてのものであるということを否定する理由は全くないと思われる．この発話が正しいのは，まさにリズが論理学に詳しいときであり，誤っているのはリズが論理学に詳しくないときである．この発話はリズについて，それがどのようであるかを述べているのであって，それ以外の人物についてではない．しかし，この発話が他ならぬリズについてのものになる理由を，「Elizabeth」が指示するものを識別するジョンの能力に訴えて説明することは不可能だろう．その時点でジョンとリズの「接点」と言えるようなものは，友人からジョンがリズの名前を含む発話を聞いたということだけだ．ジョンがリズについてもっている手がかりは（名前からしておそらく女性であろうということを除けば）リズが哲学を専攻しているらしいということだけだ．しかも，リズは実際には哲学を専攻していないかもしれないし，女性ではないかもしれない．それでも，単に聞いた名前を使用しただけで，ジョンはリズについて何事かを述べることができていることは明

26） 個人がある語に結びつける能力が変化しうると考えると，個人と時間点に相対化する必要さえ出てくるかもしれない．ダメットの見解では，デイヴィドソンは個人言語を時点に相対化し，それを意味論の基本単位とみなしている．Dummett 1991 の第 4 章，とりわけ 86 頁以下参照（もちろん，このダメットのデイヴィドソン解釈が正しかったとしても，これはあくまで識別能力テーゼの帰結がデイヴィドソンの立場と親近的だということに過ぎず，デイヴィドソンが識別能力テーゼにコミットしているということを意味するわけでは全くない）．

らかに思われる.[27]

同様の例は種名辞の場合にも指摘されうる．パトナムに倣って,「elm（ニレ）」と「beech（ブナ）」という二つの語を考えよう.[28] 私はこれらの語を使用してニレやブナについて何かを述べることができる．たとえば私が「Elm has broad-leaves」と述べる場合，私はニレについてそれが広葉樹だと述べている．しかし私自身はニレとブナを互いに識別できるわけではない．私が知っているのは，せいぜいそれが一定の樹木の種類の名であるという程度のことである．私は上の文の真偽を確かめよと言われてもどの木を調べれば良いのか分からない．しかしこれらの事実は，私がニレやブナについて上の発話で何かを述べることができているということを妨げないと思われる．

これらの事例で，聞き手が問題の意味論的値を識別できるかどうかはあまり重要ではない．ジョンの友人もジョンと同様にリズを識別できないかもしれないし，私が話しかけた人もニレをブナから識別できないかもしれない．しかしその場合でも，問題の表現は名前として問題無く使用されうる．つまり，問題の表現がなんらかの意味論的値を適切にもち，それゆえそれらを含む文が（他の部分表現が意味論的値をもつなら）なんらかの真理条件をもつということが可能だと思われる．以上の観察が示唆するのは，ある言語のある語がその意味論的値をどのようにもつのかを考える上で，その語を使用した主体の識別能力以外の仕組みを考える必要があるということだ．これはつまるところ，識別能力テーゼはそのままでは誤りだということである．

しかしながらこのことは，ある言語の基礎意味論的探究を行うにあたり，その言語のすべての話者の識別能力が全く埒外に置かれるということを意味する

27)　ジョンは「「Elizabeth」の指示するもの」や「相手が「Elizabeth」で指示している人」などメタ言語的な表現を用いることで（ときにトリヴィアルであれ）基準を挙げることはできるのではないか，と思われるかもしれない．その場合，Evans 1982: 73-74 の事例のように，メタ言語的な語彙をもたない子どもについて並行的な事例を考えてほしい．

28)　Putnam 1975，とりわけ 143-144 頁参照.

わけではない．むしろ以下で見るように，ある表現に関して，その表現がその言語の（過去を通じた）すべての話者の識別能力を全く超越した何かを意味論的値としてもつということはやはりありそうにないのである．

たとえば（その過去を通じて）その構成員全員がニレにもブナにも同程度の頻度で接しているが，しかしその二つを別のものとして扱う能力を全く欠いている共同体をあなたが見つけたとしよう．さて，この共同体の言語に，ニレを意味論的値としてもつ語がすでに含まれていたと考えられるだろうか．含まれていないと考えるべきだと思われる．彼らの誰も，彼らが発する文をブナではなくニレのあり方に関わらせるような能力をもたなかった場合，彼らが用いるどの表現も，それがブナではなくニレ（ないしはその逆）を意味論的値をもつということが成立する基礎・地盤を全く欠いている[29]．

同様のことは名前についても言える．たとえば，あなたが富士山の山中で一匹のノウサギに出会ったとしよう．あなたがこのノウサギ個体に出会うまで，他の言語共同体に属する人々はもちろん，日本語を話す共同体の成員の誰一人として，そのノウサギ個体を同定する手段をもたなかったとしよう．つまり，それ以前の誰一人そのノウサギ個体を見たことがある人はおらず，またなんらかの基準で他のノウサギたちからそのノウサギ個体を選び出す基準に思い至っていなかったとしよう．この時点で，日本語にそのノウサギ個体を指示する名前がすでに含まれていたと考えられるだろうか．含まれていないと考えるべきだと思われる．そしてそれは，その言語のいかなる語彙に対しても，他でもないそのノウサギ個体のあり方へと関わらせるような能力の所有者が存在しなかったからである．

このような考察は，パトナムが「言語的分業（division of linguistic labour）」という言葉で象徴的に言い表したある考えを示唆する[30]．その考えを本書の論点に

29）これは第1章第3節の議論の観点からも納得のいくものである．というのも，このような共同体には，特定の語に対してブナではなくニレに関する情報を運ぶ役割を付与する要因は何もないと思われるからである．

合わせる形で語彙を導入しつつ言い表すなら，次のようになるだろう．名前や種名辞などの語彙が何かについて語るために用いられる仕組みは，ある言語共同体の成員にまたがって実現されており，かつそれは表現ごとに特定されるべき次の二つの仕組みの組み合わせにより実現されている．第一に，誰かの識別能力に基づいて，ある特定のものに関して得た情報を他者に伝えるための道具として，それらの表現がある言語共同体に導入・維持される仕組み（これを「導入・維持メカニズム」と呼ぶ）[31]．第二に，そのように導入された表現を利用することで，問題の識別能力をもたない人もその意味論的値に関する情報を獲得し，またさらに他者に伝達していくような仕組み（これを「伝播メカニズム」と呼ぶ）．ここで導入・維持メカニズムは必ず存在するが，伝播メカニズムは存在しない場合もあるようなものとして考えられている．このように考えた場合，表現に成り立つ基礎意味論的事実とは，その表現とその意味論的値との間をいわば「仲介」する，一定の導入・維持メカニズム（と場合によっては伝播メカニズム）が存在するという事実になる．

たとえば私が「Elm」という語を用いることでニレについて何かを語ることができるのは，その語がもともとニレを他のものから区別できるような主体によって，ニレに関する情報を運ぶために導入された語であるからである．ここで「もともと」という語が意味しているのは，私の「Elm」の使用を説明するために持ち出される伝達の仕組みを遡れば，ということである．つまり，私の

30） Putnam 1975，とりわけ144頁参照．

31） 導入・維持メカニズムが決定的に重要になるというこの論点は，第1章第3節の議論との関連でも十分納得のいくものである．第1章第3節の議論によれば，ある表現eの意味論的値がxであるとは，ざっくり言えば，xに関する情報を運ぶ力を発話に与えることがeの役割だということである．そしてxの識別能力に基づいてeを導入・維持するメカニズムは，まさにeがなぜそのような役割をもつのかを（eと一緒に使われる他の語の識別能力と一緒になって）まさに説明するものである．またEvans 1973が指摘するように，表現の意味論的値が中途で変化する可能性を考慮すると，導入だけでなく維持を支えるメカニズムも考慮するのが適当だろう．

「Elm」の使用がニレを意味論的値としてもつのは，その伝播メカニズムを遡れば，ニレの情報を運ぶために「Elm」を導入し維持するようなメカニズムに行き着くからである．リズを識別できないジョンの使用した「Elizabeth」が（にもかかわらず）リズを意味論的値としてもつことも同様の仕方で説明できる．また，クリスが独自に導入した「Daniel」の場合は，伝播メカニズムはなく，導入・維持メカニズムだけが作動している状況として説明される．

すると，識別能力テーゼが誤りであったとしても，それを弱めた次のテーゼが依然として説得的であるように思われる．

> **弱識別能力テーゼ**　ある表現がその意味論的値をもつということの説明のためには，その表現の導入・維持メカニズムを支える主体の識別能力を考察することが必要である．

以上から，言語の社会性を踏まえた上でも，識別能力に関する理論の構築は基礎意味論的探究において必要不可欠な課題だと言えよう．

（２）用語の整理と識別能力解釈

ここでは，まず以上で確認した言語の社会性に関する論点を踏まえた上で，いくつか用語の整理を行う．その後，基礎意味論的解釈の一種として，本書が「識別能力解釈」と呼ぶ選択肢を定式化したい．

ここで問題となる用語は「識別能力」および「理解」である．もちろん，本書が術語としてこれらの語をどのように用いるかはある程度は本書の自由に属する問題である．とはいえ，日常的に用いられる用語をあえて議論に用いる以上，その用法はその語の日常的な用法のうちの一つを際立たせたものであることが望ましいだろう．以下では，これらの点を踏まえながら，この二つの語の本書の用法に関して順に確認したい．

「識別能力」という用語についてここで問題になるのは，伝播メカニズムに依拠して表現を使用する主体にも識別能力を帰属するかどうか，ということである．伝播メカニズムに依拠して表現を使用する主体にも識別能力を認めるという考えは，たとえば藤川 2007a に見られる考え方である[32]．この方針は，本書のこれまでの議論からも，次のような方向性の議論で理に適ったものであるように思われる．

まず，主張の役割が情報を運ぶことであり，各表現の意味論的値がそれを含む主張の運ぶべき情報内容（適切性条件）の決定のための役割であったことを踏まえれば，ある特定の値についての情報を収集するための能力を「識別能力」に数え入れることにおかしなところはない．たとえば，対象を知覚していると言える状況が識別できている状況としてカウントされていたのは，まさにそのような状況において，ある特定の対象に関する情報を収集・貯蔵することができているからだと考えられる．

ところで，識別能力の典型例である知覚能力は，知覚システム内部の決定的な異常の不在や，一定の外的条件の成立といった事実に支えられている（と考えるのが自然である）．たとえばクリスがエドを知覚するということは，クリスの知覚システムが（エドの情報を収集していると言える程度には）適切に作動しているということに支えられている．そしてクリスの知覚システムが適切に作動するかどうかは，その内部に異常がないかどうかだけでなく，外的環境がその知覚システムに適したものであるか（たとえば視覚であればその場が光で満たされているかどうかなど）にも依存する．

このことが示唆するのは，ある能力が外在的事実に支えられて対象の情報を収集しているということは，その能力を（情報収集能力としての）識別能力から除外する理由にはならない，ということである．しかしだとすると，伝播メカニズムに依拠して表現を使用する主体が所有する能力も，識別能力に数え入れても良いのではないだろうか．たとえば私は，「Elm」という表現を用いるコミュ

32）　念のため申し添えておけば，藤川が論じているのは「識別能力」という術語の適用範囲の拡大であり，識別能力テーゼではないことに注意．

ニケーションを通じて，ある特定の植物種（ニレ）についての情報を収集する能力を有していると言えるように思われる．だとすれば，この能力をニレの識別能力にカウントすることに大きな問題はないように思われる．確かにこの能力は，「Elm」という表現のために私が用意している私に内的な心的メカニズムのほかに，「Elm」の導入・維持メカニズムおよび伝播メカニズムが（全体としてニレに関わっていると言える程度には）適切に作動していることに支えられている．そしてこの事実は，各システム内部の決定的な異常の不在や，システム外部の一定の条件の成立といった多くの事実に支えられている．しかし知覚に関して指摘されたことを踏まえれば，この事例でも私は「Elm」の導入・維持メカニズムおよび伝播メカニズムに依拠して，他の植物からニレを識別しているのだ，と言っても良いように思われる．だとすれば，直接的・個人的な識別能力とは別に，間接的・共同体的な識別能力も認める形で「識別能力」の語を用いればよいのではないだろうか．

この提案は十分理に適ったものであると思われる．しかも，この用語選択には弱識別能力テーゼよりシンプルな識別能力テーゼをそのまま採用できるという利点もある．その場合，言語の社会性を考える上で問題になっていたようなメカニズムは，ある種の識別能力の考察の中に位置づけられよう．

しかし本書では「識別能力」という語を，あくまで個人的なものに限定して用いることにする[33]．その理由としては，本書の議論において個人的な能力を切り出す用語がいずれにせよ必要であること，そして上で提案された用法があくまで「識別能力」という語の拡張的用法に思われること，また広くとらえられた「識別能力」に相当する術語として，個体の指示の場合にはすでに「心的ファイル」がある程度定着していること，などが挙げられる[34]．

33）ただし，個人的な識別能力がエヴァンズの挙げた三つで網羅されているかどうかはまた別の問題であり，これに関してはオープンとしたい．

34）心的ファイルに関する整理は Recanati 2012 を参照．関連する論点については葛谷 2019a も参照．

この論点と関連して問題となるのが「理解」という語の使用法である．その問題とは，上で挙げたような伝播メカニズムに依存して表現を使用する主体にもその表現の理解を認めるような仕方で「理解」を用いるかどうか，ということである．もし，ある主体がある語を理解していると述べることを，その主体がその語をコミュニケーションにおいて用いるのに十分な能力を所有していることだと特徴づけるなら，この用法が採用されることになるだろう．というのも，ある語を用いてコミュニケーションを行うためにはその対象を（本書の意味で）識別できる必要はないというのが上で確認したことだからだ[35]．この用法を先ほどの論点と関連させて言えば，理解のために要求される能力は，上で広く理解された方の識別能力だと言っても良い．

確かに，このような「理解」という語の用法も日常的には存在するかもしれない．しかし，本書の意味での識別能力を要求するような「（意味を）理解する」という語の用法もまた存在するように思われる．この点をダメットの例を借りて例示してみよう[36]．私が故障した車を自動車修理工に見てもらっているとしよう．私は修理工に「ガスケットが破損していますね」と言われる．そこに来た友人にどこがまずかったのかと聞かれ「ガスケットが破損していた」と述べることで友人にそのことを伝える．このとき，私はガスケットに関して，それが車の部品であるということ以上のことを全く知らないとしよう．この事例において，私が「ガスケット」という語を使用しているということは明らかに思われる．しかし，私が「ガスケット」という語を*理解している*と言いたくなる人は，少数ではないだろうか．そしてその理由は，私が車の部品のどれがガスケットであるかを全くもって識別できないということにあるように思われる[37]．

35）ただし，その表現が指している対象の最低限のカテゴリーが分かっている等々のことは必要かもしれない．

36）Dummett 1991: 84 参照．

37）エヴァンズの「port」の事例も同様の事例を提供すると思われる．Evans 1982: §3.2 参照．

以上の理由から，本書では「識別能力」を狭い意味で理解し，そしてそれに支えられてある語を用いているような事例にのみその語の「理解」を認めることにする．このような意味での識別能力ないし理解を構成する事実を探求する理論は，「理解の理論」（ないし「識別能力理論」）と呼ぶことができるだろう．これは，弱識別能力テーゼが基礎意味論における必要不可欠な部分として主張する理論に当たる．それゆえ，この用語法を踏まえれば，第2.1節の結論は「基礎意味論において理解の理論は必要不可欠な部門である」とまとめることができる．

理解の理論は基礎意味論的事実のうち（狭い意味での）識別能力のみを主題とするが，依然として多くの解明を要する分野である．たとえば，識別能力にはどのような種類があるのか，それらはそれぞれどのような仕組みをもつのか，相互にどのような関係にあるのかといった問いは，言語使用を説明するのに十分な範囲に限ったとしても多くの議論を要する分野を形成する．より具体的には，たとえばエヴァンズの挙げた識別能力のリストは網羅的なのか，それらに共通する特徴づけは可能なのか，相互の能力にどのような依存関係があるのか，それぞれは知覚システムの一部とみなすべきなのか，信念システムの一部とみなすべきなのかといった問題のほか[38]，言語との関わりが本質的なものは存在するのか，虚構における言語使用を支える能力は識別能力なのか，等々多くの論点がある[39]．

さて，意義（ないし意味）は理解の相関者であるというフレーゲ（ないしフッサール）の特徴づけを踏まえるなら，ある表現の意義とはその表現の理解を構成するところの識別能力（つまり導入・維持メカニズムに参与する主体において表現に結び

38） たとえば Evans 1982，Peacocke 1992，Recanati 2012，藤川 2007a, 2014 などで関連する議論が展開されている．

39） 本書では最終的にフッサールの立場と衝突しないため扱わないが，知覚能力や概念能力を言語に強く関連させるのはまさに Dummett 1993 の主要論点の一つである．このような立場には様々な異論があるが，特にダメットに真正面から向きあった批判としては Peacocke 1997 が挙げられるだろう．

つけられるところの識別能力）のことではないか，という解釈が有力な選択肢として浮かんでくる．つまり，意義の理論とは理解の理論のことである．もし弱識別能力テーゼが正しければ，基礎意味論は理解の理論を不可欠な要素として含むので，この解釈は基礎意味論的解釈の一種になる．ある表現の意義とはその表現の理解を構成するところの識別能力のことだという，特殊な基礎意味論的解釈を「識別能力解釈」と呼ぶことにしよう．

フレーゲの意義概念に対する識別能力解釈の一例として，エヴァンズの解釈を紹介しておく[40]．まずエヴァンズは，フレーゲの「呈示の様態（mode of presentation）」の解釈から「対象について考える仕方（a way of thinking about an object）」という考えを引き出した上で，それを次のように説明する．

> 私が提案するのは，望まれた［フレーゲの意義概念の解釈のために必要とされる「対象について考える仕方」の］観念は，ある主体の思考が問題の対象についての思考であるということを成り立たせるものに関する説明という考えの観点から説明されうるということだ．そのような説明が［次のように］書き出されたと想像してほしい．「Sがaについて考えているということは，… S … という事実のおかげである」．「という」に先立つ空所には，主体［S］に対する言及とそれについて思考された対象［a］についての言及が（ひょっとすると何度か）現れるような説明が入る．さて，私は次のように提案する．他の主体S'が対象aについて同じ仕方で考えているのは，Sに関して与えられた説明のSへの言及をS'への言及へと置き換えることで導かれる「S'がaについて考えているということは，… S' … という事実のおかげである」が真なる言明であるちょうどそのときである．
> （Evans 1982: 20）

40）　エヴァンズのフレーゲ的意義に対する解釈に関しては葛谷 2019b において詳しく論じた．

つまり，ある主体Sがある対象aについて考える仕方とは，Sの思考をaについてのものにすることを説明するようなSとaの間に成り立つ事実のことである．そしてエヴァンズにおいて，この説明の空欄部分を埋めることになるのは，Sがもつaを識別する能力に関する詳述であるか，少なくともそれを含む[41]．そして他の主体S'のある思考がaについてのものであることも同じ形で説明される場合，両者はaについて同じ仕方で考えていると言われる．さらに，エヴァンズは表現の意義を，その表現を含む文を理解する人なら誰もがその指示（対象）についてその仕方で考えなければならないような，ある考える仕方のことだと解釈した[42]．したがって，ある表現の意義とは，その表現に結びつけられた特定の識別能力である．つまり，エヴァンズはフレーゲ的意義の識別能力解釈を採用している．

本書は次章で，フッサールの意味概念もまた識別能力解釈が可能であるし，しかもそのもとである具体的な見解を展開していると論じる．しかしその作業に移る前に，ダメットの議論の前提（3）を検討しておこう．

第3節　意味論と基礎意味論

ダメットは，「わたしたちは，正しい指示の理論をもたない限り，意義の理論が取るべき形式について何の考えももたない」と述べていた[43]．この主張は，以上のまとめを踏まえれば，正しい意味論をもたない限り，基礎意味論が取るべき形式について何の考えももたない，というものになろう．しかし，基礎意味論に着手することは，必ずしも正しい意味論の完成を待つ必要はない[44]．それどころか実際には，基礎意味論にある程度着手していることは，意味論的探究

41）このことはEvans 1982の第2部を通じてエヴァンズが擁護しようとする「ラッセルの原理（Russell's Principle）」からの帰結である．Evans 1982: §4.1参照．

42）Evans 1982: 17参照．

43）本書第2章第3節参照．

にとって必要ですらあると思われる．以下ではこのことを示すために，三つの論点を指摘する．

まず指摘できるのは，基礎意味論に属する考察は意味論の正当化の文脈において現れるようなものであり，それゆえその構築をガイドする役割をもつということである．これは，意味論が基礎意味論に対する制約になるように，基礎意味論もまた意味論に対する制約となりうる，と表現しても良い．

この点を見るための具体例として，ニレをそれ以外のものから識別する能力に依拠してある語を適用する傾向性をもつ主体を考えよう．その主体が話す言語の意味論に従事する理論家がこの事実をどのように評価するかは，その理論家がどのような基礎意味論的見解を採用しているかに依存する．もし識別能力テーゼが正しいと考えているなら，この事実を決定的だと考え，その主体の用いるその述語の意味論的値はニレである，という旨の判断を下すことになるだろう．これに対して，もし識別能力テーゼは強すぎるのであって，弱識別能力テーゼのみが成り立つと考えているなら，この他にも確認すべきことがあると考えるだろう．たとえば，もしその主体がその語の適用に関して共同体のある専門家集団とズレがあることを知った場合に，その主体にはその専門家の適用範囲の方こそが正しいと考える用意があるかもしれない．この場合，弱識別能力テーゼのみを受け入れる理論家は，むしろ参照されるべきなのは，その専門家集団がその語を使用する際に依拠する識別能力だと考えるだろう．つまり，ある理論家がある言語の意味論を構築する際にどの事実をどのように評価するかは，その理論家がその言語に関してどのような基礎意味論的見解を保持しているかに依存する．そしてもちろん，その言語に関してより適切な基礎意味論的見解をもっている理論家の方が，その言語のより適切な意味論へと導かれやすい．

44)　つまり，ダメットの主張は，フッサールが意味論に関してフレーゲほど明確な考えをもたなかったという主張から，フッサールが基礎意味論を一定の仕方で展開していたはずはないという主張への推論を許すほど強く解釈された場合には，誤りである．

二つ目は，フッサール解釈との関連でも重要な論点，つまり意味論が前提する構文論的考察に関わる論点である．その論点とは，意味論的値の担い手としての表現を適切に分類するには，基礎意味論に属する考察が必要である（少なくとも，そのような場合がある）というものである．この点を，同音異義語について考察することで明確化したい．

具体例として，以前用いた例を少し変えて用いることにしよう．以前，クリスが毎朝見かける男性（私たちは「エド」と呼ぶ）を名指すために「Alex」という名前を導入した例を見た．さて，ある日クリスは上司から，次の日にある会社に勤める「Alex」という名の人物に会って欲しいと言われる．そして，その人物は実は彼女が勝手に「Alex」と名付けていた人物，すなわちエドである，という状況を考えよう．その日，彼女は次のような二つの文を日記に書くかもしれない．

（A）I saw Alex in this morning.

（B）I have never seen Alex.

おそらく彼女はこのように書いた（ないし書こうとした）時点で，これが非常に「紛らわしい」とは考えるだろうが，この二つの文が明白な矛盾を述べているとは決して考えないだろう．というのも，彼女は（適切にも）A に現れている「Alex」（便宜的に「Alex_α」と書く）と B に現れている「Alex」（便宜的に「Alex_β」と書く）は異なる言語装置であり，異なる人物を指す可能性があると思っているからである．言い換えれば，彼女がまだ知らないのは，「Alex_α」と「Alex_β」が同じ意味論的値をもつということ，「Alex_α is Alex_β」が真であるということである．そしてそれを知ることこそ，A と B が同時に真にはなりえないと知るために必要なことである．

では，この二つが異なる言語装置だということは，何に存するのだろうか．もっともらしい答えは，それらがその役割（意味論的値）をもつ仕方が異なるという点に存するというものだろう．実際，クリスがエドを再認できなかったとしても彼女が「Alexβ」を用いることは可能だ．逆に上司と「Alexβ」を用いるコミュニケーションを行う前から,「Alexα」を用いることもまた可能である．このような「仕方」の違いが, この二つが異なる意味論的値をもちうるような，異なる担い手であるということを構成する[45]．たとえば，もし彼女が毎朝会う人がエドでなかったとすれば,「Alexα」と「Alexβ」は異なる意味論的値をもっていたのである．

ここでもっともらしいとされている考えからの一つの帰結は，意味論的値の担い手として取り扱う言語装置としての「表現」を適切に個別化するためには，当の表現タイプがどのような仕方でその意味論的値をもつかを考慮する必要がある（少なくとも，そのような場合がある）ということである．これは部分的には，適切な意味論の構築のためには，基礎意味論に属する考察が必要であることを示している．

三つ目は，意味論的値に関するアイデアが特になくても，理解の理論に属する主張としてある程度もっともらしいものが得られる場合があるということである．例として「and」の理解が何に存するのかを考えてみよう．ダメット自身が Dummett 1991 において示唆するように，その理解はその主体が次のような規則に従って推論することができることに（少なくとも部分的に）存すると考えるのはもっともらしい．

$$\frac{A \qquad B}{A \text{ and } B} \qquad \frac{A \text{ and } B}{A} \qquad \frac{A \text{ and } B}{B}$$

---

45)　本書では扱わないが，富山はまさにこの（多義語のその都度の使用においてどの意味で理解しているのかを考慮する必要があるという）の論点に依拠しつつ，ダメットが『起源』第6章で展開するフッサール批判（ハンプティダンプティ理論であるという嫌疑）に一定程度応答できると論じている．富山 2023 の第4章第1節・第2節参照．関連する論点は富山 2009b においても展開されている．

そしてこの基礎意味論的主張は，理解を帰されうるために主体が備えているべき推論メカニズムはどのようなものかを反省的に考察することだけから（それゆえ「and」の意味論的値がなんであるかという考察なしに）得られるかもしれない．実際，「and」の意味論的値をどのように記述することが最も適切だということになろうと（たとえばそれが真理値から真理値への関数であろうと，可能世界の集合から可能世界の集合への関数であろうと）私たちの「and」の理解の中心部分に上のメカニズムがあるということは確かに思われる．だとすれば，少なくとも表現のいくつかについては，その理解の理論（の少なくとも核となる部分）に関する考察を意味論に先立って行いうるということになるだろう.[46)]

注意したいのは，上で指摘した論点は，どれも「意味論を完成させて初めて基礎意味論に着手できる」という主張を否定するために持ち出されているのであって，「基礎意味論を完成させて初めて意味論に着手できる」という主張を確立することを狙ってはいないということである．一方を他方に完全に先行させるこれらの主張は，どちらも誤りだと思われる．意味論と基礎意味論の間の関係に関する一つの自然な見方は，両者はどちらか一方を先に完成させて初めて他方に着手できるという関係にはなく，むしろ同時に（ないし，行ったり来たりしつつ）遂行されるべきだ，というものだと思われる．いずれにせよ，本書の目的にとっては，「意味論を完成させて初めて基礎意味論に着手できる」という主張さえ否定できれば十分である.

本章のまとめと次章以降の課題

本章では，まず第1節で意味論が記述する事実の根拠を明らかにするような試みとしての基礎意味論を導入した．続く第2節で，識別能力に関する理論が

46） Peacocke 1992: ch. 1 は概念所有の理論について語る文脈において，同様の指摘を行っている．

基礎意味論の必要不可欠な部門であることを確認した上で，基礎意味論的解釈の一種として識別能力解釈を提示した．そして第３節では基礎意味論的探求が意味論の完成を待たずに着手しうるものであることを確認した．それゆえ，ある哲学者から意味論に関する考えをフレーゲと同程度の明確さで取り出せなくとも，基礎意味論において一定の見解を展開している余地がこれによって確保された．

さてもちろん，フッサールが基礎意味論的考察を展開している余地を指摘することによってダメットの議論をブロックしたからといって，言語志向性に関して（フレーゲと比較した際に）フッサールの哲学に参照すべき意義のある考えが見出せるということが直ちに帰結する訳ではない．ダメットが自らの主張のために与えた議論に問題があるということと，その主張自体が誤りだということは別のことである．とはいえ以上から，言語志向性に関してフッサールに参照に値するものがあると主張するために何を示せば十分であるかが同時に明らかとなったと思われる．つまり，(a) フッサールが実際に基礎意味論的考察から具体的な見解を体系的に展開しているということ，(b) フレーゲはそうではないということ，この二つがそれである．これを受け，以下では前者を第４章で，後者を第５章で確認する．

第4章
『論理学研究』における基礎意味論

前章までの結論はこうであった．ダメットに抗して，言語志向性に関してフッサールには（フレーゲに比して）参照すべき意義があると主張するためには，次の二つを示せば十分である．(a) フッサールが実際に基礎意味論的考察から具体的な見解を体系的に展開しているということ，(b) フレーゲはそうではないということ．このうち前者を本章で，後者を次章で確認する．

以下では，フッサールが実際に基礎意味論的考察から具体的な見解を体系的に展開していると主張するために，次の二つの手続きを踏む．まず第一に，フッサールの意味概念を基礎意味論的に解釈することの正当性を確認する．これによって，まず表現がその意味論的値（にあたるもの）をもつ仕方を表す概念をフッサールが所持しているということが示される．続いて，フッサールが「表現がその意味論的値をもつのは，その表現を導入する際にその表現に結びつけられた手続きのおかげである」という見解のもとで意味概念の分析を体系的かつ具体的に展開していることを確認する．ここで問題となる表現の手続きに当たるものは，ある強い制約が課された識別能力だとみなすことができるので，フッサールの見解は識別能力的解釈の一つの具体的展開とみなすことができる[1)]．これにより，フッサールが具体的な基礎意味論的見解を体系的に展開しているということが示される．以上で，本章の主な課題は達成されることになる．

また，この見解を踏まえた上でフッサールの構文論についての論述を解釈することで（第2章末尾で確認した）ダメットによるフッサール構文論への批判に応答することも可能になる．それゆえ本章ではこの点もあわせて確認したい．

1）　識別能力的解釈に関しては本書第3章第2節参照．

なお，本章でフッサールが行っていると解釈される作業が，『論理学研究』におけるプロジェクト全体のうちでどのように位置づけられるのかに関しては，第６章で議論する．

本章の構成をあらかじめ確認しておこう．本章は次の４つの節からなる．第１節では，『論理学研究』第２巻の第１研究におけるフッサールの表現分析の解釈を通じて，『論理学研究』における意味概念を基礎意味論的に解釈することの正当性を確認するとともに，それが表現の理解を構成するような作用の特性として理解されていたということを確認する．第２節では，フッサールが算術的言明に関してまず彼の意味に関する見解を形成し，次にそれを経験的言明に一般化したという仮説を一定の仕方で正当化する．この節の位置づけは少し特殊なので，第２節に入る直前の箇所で再び詳しく説明する．第３節では第５・第６研究におけるフッサールの叙述を解釈することで，フッサールが表現の意味を表現の対象を識別するための手続きとして考えていたことを確認する．第４節では，手続き的な意味概念を踏まえて第３・第４研究において展開されているフッサールの構文論に関する考察を解釈することで，ダメットによるフッサール構文論への批判に応答するとともに，フッサールの独立性・非独立性という区別は，手続きの遂行可能性という基礎意味論的基準に基づいたものとして理解できることを示す．

第１節　フッサールの表現分析

本節では，『論理学研究』第２巻の第１研究におけるフッサールの表現分析の解釈を通じて，『論理学研究』における意味概念を基礎意味論的に解釈することの正当性を確認した上で（１），それが表現の理解を構成するような作用の特性として理解されていたということを確認する（２）．そして最後に，その後の議論のためにフッサールの「質料」という術語を導入する．

（1）フッサールの意味概念の基礎意味論的解釈

ここでは，フッサールの「意味」概念の基礎意味論的解釈を正当化する．ところで，第2章で本書は，少なくとも名辞や文に関しては，彼がその「対象」と呼ぶものは意味論的値と類比的に理解できるということを，富山の解釈の検討を通じて確認した．したがって，ある表現がそのおかげでその対象をもつこととなるようなその「仕方」を表すために彼が「意味」という語を用いていることを示せば十分である．

まずは，フッサールが意味と対象とを区別する場面から確認しよう．彼は第1研究「表現と意味」において，私たちが前理論的に「表現が表現することがら」（XIX/1: 51）と述べるものには実際には「対象」と「意味」と呼びうる二つの要素が区別されるべきであるということを，まずは具体例を通じて直観的に示そうとする．たとえば，彼は「イエナの勝者――ワーテルローの敗者」（XIX/1: 53）という二つの表現の対を挙げ，これらの表現の対象は同一（すなわちナポレオンその人）なのだが，にもかかわらずこの二つの表現が表現する事柄において異なると言いうるものがあり，それが「意味」なのだ，と論じる．

その上でフッサールは，表現の意味とはその表現がその対象に関わる特定の仕方であり，しかも表現のその対象への関わりはその意味のおかげで成立していると述べる．

> それぞれの表現において区別されるべき［意味と対象という］二つの側面の間に，密接な関連が存立することも明らかである．すなわち表現は，表現が意味するということによってのみ，対象的関係を得るのであり，したがって次のように言われるのも当然である．表現は対象を，その意味の*おかげで*［mittels］表示する（名指す）のであり，言い換えれば意味作用とは，その都度の対象を思念する一定の仕方である．（XIX/1: 54. 強調は原文）

以上より，ある表現がその対象をもつ仕方であり，しかもその表現がその対象をもつということが，まさにそのおかげで成り立つところのものを表すために，彼は「意味」という語を用いていることが確認された．

（２）フッサールにおける意味と理解

では，表現の意味とはさらにどのように分析されるべき事柄だとフッサールは考えていたのだろうか．フッサールは表現の意味を，彼が「意味志向」と呼ぶ心的出来事のもつ特性として理解していた．このことは以下の引用から確かめられる．

> さて，ここで私たちが主張するこの［＝意味の］真の同一性は，スペチエスの同一性に他ならない．それゆえ，しかもまさにそうであるからこそ，この同一性はイデアールな単一体として，個々の個別者のばらばらな多様性を包括しうる（一つにまとめる）のである．イデアールで単一的な意味に対する多様な個別者にあたるものとは，もちろん，意味する作用のもつ対応する契機，つまり意味志向である．したがって，意味がそのつどの意味する作用に対して立つ関係は［…］，たとえばスペチエスにおける赤が，ここにある，どれも同じこの赤色を「もつ」細長い紙片に対して立つ関係と同じである．（XIX/1: 105-106）

この引用を理解するには，フッサールの術語を導入する必要がある．まずフッサールは「スペチエス」という語を，数的に異なるものの質的同一性を説明する分類の観点に当たる普遍者を表すために用いている．たとえば複数の赤い紙片は，それぞれ数的に異なるにもかかわらず，どれもその色の点では同じである（「同じ赤色を「もつ」」）と言える．フッサールはここから，複数の紙片を一括りにする一つの観点として普遍者が要請されると考え，それを「スペチエス」と呼んだ．この点は上の引用からも窺えるが，たとえば第２研究第３節の「私たちは，二つの事物がそこにおいて相等しいところの観点を指摘しない限り，それらを相等しいと言うことはできない．今「観点」と述べたが，同一性はここに存する．相等性はどれも，比較されるものを包摂するなんらかのスペチエスと関係している」(XIX/1: 117-118) という箇所にも明確に見出される．彼はこのような分類の観点は生成消滅が問題にならないと考えたので，本書第2章第1節で確認した用語法に従って，彼はこれを「イデアール」とも形容するわけである．また，フッサールが「意味志向」と呼んだのは，ある表現(を含む文)の発話者ないし聞き手が，その表現を単に物理的なものとして捉えるだけでなく，その表現を理解していると言えるためにさらに生じる必要があるような体験である[2)]．たとえばある人が「Fujiyama」という語を含む文(たとえば「Fujiyama is a mountain in Japan」)の発話を聞いたとき，その主体がその表現を理解したと言えるためには，単にその表現をある特定の文字タイプの物理的なトークンとして把握するだけでなく(これは理解していなくても生じうる)，さらに何か一定の

---

2) 念のためテキストに即して確認しておけば次のようになる．「私たちが心理学的記述の地盤の上に立つならば，意味生化された表現の具体的な現象は，一方において，表現がその物理的な側面に関して構成されるような物理的な現象と，他方において，表現に意味を与え，場合によっては直観的充実をも与える作用であり，かつ表現された対象性への関係が構成されるところの作用とに分かれる．[…] 私たちが直観を欠いた意味志向と充実化された意味志向の間の根本的な区別を基礎に取るならば，語音として表現が現出することが遂行される感性的な作用とは別に，二重の作用ないし作用系列が区別されうる．その一方は表現にとって本質的であり，表現が一般に表現である限り，つまり意味生化された語音である限りで，存在していなければならない作用である．この作用を私たちは意味付与作用ないし意味志向と呼ぶ (XIX/1: 43-44. 強調引用者)」．ここで意味志向は，ある表現の使用に際して，その表現を物理的な現象として捉えるだけでなく，さらにそれをある特定の意味をもつ記号として捉えるために本質的な作用だとされている．そして第1研究第2章においては，(意味付与作用とも呼ばれる) この意味志向がいかなる作用であるかが当時の先行研究との対比で論じられるが，そこで「理解性格 (Verständnischarakter)」(XIX/1: 79) は馴染み深さと同一視できるのかという問題や「理解的統握 (verstehende Auffassung)」(XIX/1: 79) がどのようなものかといった議論がなされることからも明らかなように，この意味志向は表現を理解するという体験の「理解」と言われる側面に当たるものだと考えられている．この点を最も明確に表すのは，「理解的統握 (verstehende Auffassung)」の「verstehende」という語に付された次の注であろう．「私は理解 [Verstehen] という語を，話し手と聞き手との間の関係を指示するような，制限された意味では使っていない．独白する思考者も，自分の言葉を「理解して」おり，この理解することは端的に顕在的な意味することである」(XIX/1: 79n4. 強調引用者)．

心的出来事が生じていなければならない．これが「Fujiyama」の理解に本質的な成素としての意味志向である．

以上を踏まえれば，上の引用でフッサールが述べているのは，表現の意味とは，表現を物理的なものとして捉える作用に加えて，その表現の理解のために要求される心的出来事が一般に共有する特性だということになる．基礎意味論的解釈を踏まえれば，フッサールの考えは次のようなものであることが分かる．ある使用された表現は，その表現の話し手ないし聞き手においてある特性をもった心的作用が生じるという仕方で，その対象に関わっている[3]．

（3）意味と質料

第1節の最後として，以下の議論のために，この意味志向の特性としての「意味」が，第5研究において作用一般における「質料」（のスペチエス）の一種として包摂されることを確認しておこう．フッサールによれば，（志向性をもつ心

3）　本章で後ほど議論するように，ここでの作用の特性が識別能力の発動として解釈できるとしよう．また，コミュニケーションの連鎖は（外在的要因であるがゆえに）作用の特性に含まれないとしよう．するとここでのフッサールの主張は，意味によってのみ対象的関係が成り立つという主張と一緒になって識別能力テーゼを帰結するようにみえる．しかし第3章でみたように，無制限に理解された識別能力テーゼはかなり疑わしい主張である．よって，本章の解釈が正しければ，フッサールはこの点で疑わしい主張にコミットしていることになるように見える．これは問題ないのか，と疑問に思われるかもしれない．もちろん，本章の目的はフッサールが特定の基礎意味論的見解を体系的に展開していたことを示すことであるので，その見解に現代的な観点から疑わしい点があったとしても大きな問題がないことは確かである．ただしこの点に関しては，以下のようにフッサールを擁護することが可能だと思われる．フッサールは第1研究第8節において，いわゆる「孤独な心的生」と言われる思考実験を通じて，「意味」という表現が表すものを個人言語において問題になるものに限定している．これは議論を単純化するための方法論的な制約であり，第3章で論じたような共同体内の他者を介した指示の可能性を積極的に否定するものではない．すると，ここでのフッサールの主張も端的に理解体験の特性によって対象が完全に決定されるというものではなく，個人言語に限定するなら理解体験の特性によって対象が完全に決定されると述べていると解釈するべきだと考えられる．これ自体は識別能力テーゼより弱く，また弱識別能力テーゼと両立する．

的出来事として定義された）作用は，一般に「質料（Materie）」と「性質（Qualität）」という二つの要素を含む．この二つの要素とは何かをフッサールの例に即してみてみよう．

> したがってたとえば，「２かける２は４である」と「イプセンは演劇における近代リアリズムの代表的な創始者である」という両主張は主張として同一の種類のものであり，どちらも判断として性質化されている．この共通点を，私たちは判断性質と呼ぶ．（XIX/1: 426）

上の二つの文を発話した人が表明している心的作用は，異なることを主張しているが，どちらも主張（ないし判断）であるという点で共通しており，この共通点は性質に関する共通点だ，というのがフッサールの述べていることである（ただし以下では，一般的な哲学的用語としての「性質（property）」との混同を避けるため，引用を除き，ここで問題になっている「Qualität」の訳語としては，同じものを指す「Aktqualität」と統一して「作用性質」を用いることにする）．これに対して，異なる観点における共通点も問題になりうる．

> しかし一方はこの「内容」の判断であり，他方は別の「内容」の判断である．もう一つの内容概念を区別するために，私たちはここで判断質料について語る．私たちはどの作用においても同様に性質と質料の区別をする．[…]「火星に知的生命体がいる」と表象するものは，「火星に知的生命体がいる」と言明するものと，さらにまた「火星に知的生命体がいるだろうか」と問うものや「火星に知的生命体がいたらなあ！」と願望するもの等々と，同じことを表象する．（XIX/1: 426）

これらの文を発話した人は，作用性質の点で異なるが，どれも「火星に知的生命体がいる」という文で表現されるような共通の要素をもつ作用を遂行している．この共通点は質料に関する共通点だ，というのがフッサールの述べていることである．そして，ある作用の質料と作用性質の組を，フッサールはその作用の「志向的本質（intentionales Wesen）」（XIX/1: 431）と呼ぶ．

上の引用の後に「作用の性質が違っても「内容」が同じであることは，はっきり文法的に表明されているのであるから，文法的構造の一致が私たちに分析の方向を示唆してくれるであろう」（XIX/1: 426）とも述べられるので，この論点を次のようにまとめて良いだろう．作用は，Sをなんらかの文，ϕを作用動詞とすると，「Sということをϕこと」という表現で記述される．この際，文Sが手がかりとなり特定されるものがその作用の質料であり，動詞ϕが手がかりとなり特定されるものがその作用の作用性質である．たとえば「2かける2は4であるということを主張すること」によって記述される作用と「イプセンは演劇における近代リアリズムの代表的な創始者であるということを主張すること」によって記述される作用とは，質料は異なるが作用性質は同じである．これに対して，「火星に知的生命体がいるということを表象すること」によって記述される作用と，「火星に知的生命体がいるということを疑問に思うこと」によって記述される作用と，「火星に知的生命体がいるということを望むこと」によって記述される作用は，いずれも作用性質は異なるが質料は同じである．

さて，フッサールは「質料」とは作用がその対象へ関わる仕方を規定する作用の要素であると述べる．

> したがって質料とは，対象的なものへの関わりを作用に初めて，しかもこの関わりを次の仕方で完全に規定する形で与えるものであるとみなされなければならない．すなわち，単に作用が思念する対象的なもの一般だけでなく，その作用がその対象的なものを思念する仕方もまた，その質料によってしっかりと規定されることになるほど完全に規定する形で．（XIX/1: 429）

意味志向もまた心的作用であるので，意味志向もまた質料と作用性質をもち，これを合わせた志向的本質はとりわけ「意味的本質（bedeutungsmäßiges Wesen）」と呼ばれる．作用がその対象を決定する仕方はその質料が一手に引き受けていた以上，結果として表現を対象に関係させるところの「意味」とはこの意味志向の質料（のスペチエス）だということになる.[4)]

ここで，少々細かいが，他の章での議論との関連で重要となる点を指摘しておきたい．先ほど，二つ上の段落において作用の意味的要素である質料を「文 S が手がかりとなり特定されるもの」と言い表した．注意してほしいのは，これは「文 S が指示するものとして特定されるもの」と言っているわけではない，ということだ．というのも，第2章でも確認したように，フッサールは文の対象となるものはあくまで事態だと考えており，それは心的作用に関する記述をする際に出現する文でも同様だったからである．だから，たとえば「火星に知的生命体がいるということを判断すること」における「火星に知的生命体がいるということ」の部分の対象はあくまで，火星に知的生命体がいるという事態であり，「火星に知的生命体がいる」という文の意味ではない．実際，上の二つの引用の間の箇所（XIX/1: 429）でフッサールは，異なる意味をもつが同じ事態を対象としてもつ例として「雨天になるだろう」と「天気は雨になるだろう」という二つの言表の組を挙げつつ，対象的なものを思念する仕方としての質料を際立たせようとしている．フッサールにとって，⌜ S ということを ϕ こと ⌝ という表現における文 S は，確かに作用の意味的契機である質料の異同を「例示（exemlpifizieren）」（XIX/1: 429）してくれるものではあるが，しか

4） 正確に言えば，フッサールは「意味」という用語を意味志向の質料に割り当てるべきか，それとも志向的本質に割り当てるべきかに関して逡巡していたが，質料に限定する方へ傾いていた，というところだろう．「[…] 意味とはまさにこの「質料」のことに他ならないとさえ定義したくなるかもしれない（私自身もこの点については長い間，動揺していた）．しかしこのような定義には，たとえば述定的な言表において，顕在的な主張の契機が意味から除外されるという問題があるであろう．[いずれにせよ意味の概念をさしあたりそのように［質料に］に限定しておいて，その上で性質化された意味と性質化されない意味とを区別することも可能だろう]」（XIX/2: 617-618. 半角の角括弧は原文）．いずれにせよ本書の議論にとって重要なのは，フッサールが「意味」という語で対象的関係を決定する仕方を問題にしており，それが質料の一種として捉え直されたということだけである．この点は以上で十分明確であるはずである．

しそれは文Sがその意味をその対象としてもつこととは明確に区別されているのである（この点は，第５章第６節でもう一度重要になる）．

さて，以上でフッサールが表現に関してその「意味」と呼ぶものが，（１）その表現の理解のために生じるべき作用の特性であること，および（２）その表現が特定の対象をもつことがそのおかげで成立するような，表現が対象をもつ仕方であることが示されたとともに，（３）意味志向における問題の特性は「質料」という用語のもとに包摂されることになったことが確認された．続く問題は，この「意味」に関してさらなる具体的な見解をフッサールが展開しているのかどうか，ということである．これを確認する作業は主に第３節で行われる．

では第２節では何を論じるのかというと，ここでは『論理学研究』に関する次のような解釈上の仮説に一定のサポートを与えることが目指される．その仮説とは，フッサールは「意味とは充実化手続きである」という見解を，算術的言明の意味理解をモデルケースとして分析する中でまず形成し，ついでそれを経験的言明にも拡張的に適用した，というものである．

本章における第２節の位置づけは他の節に比べて少々特殊であることはあらかじめ断っておくべきだろう．まず，この仮説は実際には本章の主要な目的にとって不可欠なものというわけではない．たとえこの解釈上の仮説が誤りであったとしても，第３節においてフッサールの「意味とは充実化手続きである」という基礎意味論的見解はいずれにせよ確認され，それに基づいてダメットの診断を覆すことはできるからだ．他にも，第２節では，問題の仮説を，フッサールが抱いていた真理概念に関する見解を彼がなぜ確信していたのかを説明する最良の仮説としてサポートするという形をとる．

では，いわば「回り道」にも思える論点をなぜわざわざここで論じるのかといえば，それは以下のような副次的な利益がそれに見合うものだと思われるからである．そのような利益として４つの点を挙げておこう．第一に，第２節では，第３節の解釈もまた（最良説明への推論という形で）サポートされる．したがって，第２節は第３節の議論をいわば間接的にサポートすることになる．このサポートは不可欠ではないが，既存の研究において与えられたタイプのサポートではないので，提示しておくことは無意味ではないだろう．第二に，第2節では，第3節がフッサールに帰属する見解をなぜフッサールが抱いたのかに対する説明として上の仮説を提示するので，第3節の議論に直接踏み込むよりもその内容が把握しやすくなると期待される．第三に，この仮説が正しければ，第3節における本書の解釈が参照するテキストの順番が自然なものとなる．より具体的に言えば，第3節ではフッサールの算術的言明に関する記述をまず解釈し，その後経験的言明の解釈に移行するが，この順を取るとなぜフッサールの見解を理解しやすいのかということに関する自然な理由がこの仮説によって与えられる．第四に，第2節では第3節でフッサールに帰属する基礎意味論的見解の真理概念に対する帰結を確認する．この点を確認することは彼の基礎意味論的見解についての理解を深めると同時に，第6章における議論の準備にもなる．

では，第2節に移ることにしよう．

第2節 『論理学研究』における真理観

本節では，「フッサールは「意味とは充実化手続きである」という見解を，算術的言明の意味理解をモデルケースとして分析する中でまず形成し，ついでそれを経験的言明にも拡張的に適用した」という仮説をサポートする．そのためにまず，真理と確証可能性は（なんらかの意味で）同値であるという見解をフッサールが抱いていたことを確認する（1）．続いて彼がこの見解を抱いていたというこのことは一定の説明を要するものであるということを確認する（2）．その後，彼が充実化手続きとしての意味という見解を抱いていたと考えると，このことが容易に説明可能であることを見る（3）．最後に，この説明が問題をスライドさせただけだという批判に応えるため，この意味に関する見解を取り出す順番に関する仮説を付け加える（4）．

（1）真理と充実化可能性

『論理学研究』第1巻においてフッサールは，真理は誰かによる明証的判断の可能性と同値だと述べる．

> 全く理解可能なこととして，「Aは真である」という命題と，「Aであると明証とともに誰かが判断することが可能である」という命題との間には明らかに一般的な同値性が成り立っている．（XVIII: 187）

「明証とともに判断する」とはどういうことかは次の段落以降で確認する．注意すべきは，ここでの「一般的な同値性」とは概念的に同じだということではなく，（せいぜい必然的な）外延的同値性を意味するということである．というのも，次の段落で直ちに「それ自体としては，「Aは真である」という命題は，それと同値な「Aが成り立っているという判断を明証とともに行うことが誰かにとって可能である」という命題と同じことを述べているわけではない」（XVIII: 187）と述べられるからである．

では，「明証とともに判断する」とはどういうことか．「判断することのすべての明証（厳密な意味でのすべての顕在的に認識すること）」（XIX/1: 77）という言い換えからも示されるように，フッサールは「明証」によって，ある厳密な意味での認識を意味する．そして，「対象の認識という言い方と，意味志向の充実化という言い方とは，単に観点を異にするだけで，実は同じ事柄を表現しているのである」（XIX/2: 567）と述べられること，また「［意味志向が対応する直観によって充実化されるという］この充実化の最高の形式が明証において与えられる」（XIX/1: 353）と述べられることを踏まえれば，フッサールは「明証」を意味志向の充実化が完遂される状況として理解していたことが分かる[5]．したがっ

5）　さらに第6研究第一篇第39節「明証と真理」を参照しても良い．「明証の認識批判的に厳密な意味は，究極的な最終目標のみに，［つまり］たとえば判断志向などの志向にその対象それ自体の絶対的な内容充実を与えるこの完全な充実化綜合のみに関わる」（XIX/2: 651）とも言われるように，明証は完全な充実化として理解されている．

て，冒頭の引用を理解するために明らかにすべき点は意味志向が直観によって充実化されるとはどういうことかという点に帰着する．

フッサールが「充実化する（erfüllen）」を「確証する（bestätigen）」「確認する（bekräftigen）」「例証する（illustrieren）」と並置しつつ導入することからも明らかなように，ある主体において特定の仕方で理解された言明が真であると確かめられることを，フッサールは，その言明の意味志向が特定の作用によって「充実化される」と表現する[6]．たとえばある時点で発話された「私の後ろに大男が立っている」という言明が真であるとした場合，このことは実際に私が後ろを振り向いたときに大男が観察されることに基づいて確証されると考えることができる．フッサールはこのような観察による確証を，その言明の意味志向が問題の観察経験によって充実化されると表現する．以下では「充実化」という語を「確証」と同じ意味で用いることにしよう．

一つ，用語上の注意を述べておく．フッサールは，充実化の働きを果たしうる作用のこと（上の例では問題の観察経験）を「直観（Anschauung）」呼ぶが，「すべての志向の究極的充実化は知覚に存する」（XIX/2: 649）と述べられるように，直観としてまずもって念頭に置かれているのは知覚である．確かにフッサールはしばしば想像を含む仕方で「直観」という語を用いるものの，事実とは異なる状況が想像可能であることは明らかである以上，真理の問題に関わる文脈での「直観」はもっぱら知覚を意味すると考えるのが妥当だろう．したがって，本書は真理の問題に関わる限りで，直観を知覚に限って論じる．

6） 並置している箇所としては，「他方で，表現としての表現にとっては本質的ではないにせよ，その意味志向を多かれ少なかれ適切に充実化し（確証し［bestätigen］，確認し［bekräftigen］，例証し［illustrieren］）それによりその対象的な関わりを現実化するという点でそれと論理的に根本的な関わりをもつ．認識統一ないし充実化統一において意味付与作用と融合するこのような作用を，私たちは意味充実化作用と名付ける」（XIX/1: 44）や「いかにしてそれ［表象することや判断すること］がそこ［対応する直観］において「確認され［sich bekräftigen］」，「充実化され」，そこに自らの「明証」を見出すのか」（XIX/1: 20）などが挙げられる．

以上から，フッサールは次のような見解を抱いていると言えよう[7)].

確証テーゼ　もしある判断が真であるなら，その判断は誰かにおいて直観により充実化可能である.

またフッサールは，ある判断が偽であることは，その否定を直観によって確かめること（つまり反証）に当たる「幻滅（Enttäuschung）」との関連で解明されるべきだと主張する[8)]．よって，次の見解もまたフッサールに帰属可能である.

反証テーゼ　もしある判断が偽であるなら，その判断は誰かにおいて直観により幻滅可能である[9)].

この二つの連言を「確証反証テーゼ」と呼ぶことにしよう.

7）念のため述べておけば，ここでの見解は『論理学研究』第1巻のある箇所で表明されただけの見解ではなく，『論理学研究』全体を通じてフッサールに保持されていたものだと考えるべきである．たとえば『論理学研究』第2巻第6研究第1篇のクライマックスに当たる第39節においてフッサールは，「真理」という名に値するものを列挙する中で，まさに判断の適切性［正当性, Richtigkeit］に当たるものが「真理」の名に値することを指摘した上で，次のように述べている．「志向の適切性（特にたとえば判断の適切性）としての，［…］真理が得られる．［…］そのような場合［＝判断がこの意味で真であると言われる場合］においてはしかし，そのような質料の命題が一般に最も厳密な一致［Adäquation］の意味において充実化されうるという一般的可能性が表明されているのである」(XIX/2: 653).

8）「私たちはこれまで一面的に明証の事例を，したがって全体的合致として記述される作用の事例を優先してきた．しかし背反［Widerstreit］という相関的な事例に関して言えば，志向と擬似充実化の間の完全な背反の体験として，背理が明証に対応する．したがってここでは真理と「である［Sein］」の概念に，虚偽と「ではない［Nichtsein］」という相関した概念が対応する．［…］そのためには［＝これらの概念の現象学的な明確化のためには］，究極的幻滅という消極的な理念がまず第一に正確に記述されなければならない」(XIX/2: 655-656).

9）これ以降「幻滅」を「反証」を意味するものとして用いる.

（２）経験的言明における確証反証テーゼの問題

さて，ここで確認しておきたいのは，少なくとも経験的言明に関するものとして考察した場合には，確証反証テーゼは全く「明らか」ではなく，むしろ「なぜそう考えたのか」と疑問視することが至極自然であるようなテーゼだということである．

まず指摘できることは，私たちは通常，その真偽を確かめようがない言明が存在すると言われても，特に不思議に思わないということである．むしろ，すべての真理は誰かによって確証されうるし，すべての虚偽は誰かによって反証されうると考えることは，認識能力に関して不可解に強い確信を抱いているか，超常的な認識能力をもつ主体を「誰か」の中に想定しているとみなされるだろう．

さらに，経験的言明を少し探してみれば，実際には真だったとしても確かめようがない言明の事例は大量に見つかると思われる．過去時制言明はこの種の事例の宝庫としてよく知られている．たとえば私が「今からちょうど１億年前のこの場所で雨が降っていた」など遠い昔に関する言明を発話したとしよう．この言明の真偽を確かめることはできるのだろうか．自然な結論は，「いいえ」であろう．そもそも，どのような直観が与えられたならばこれが確証ないし反証されたことになるのかすら，全く明らかではない[10]．しかし，もしこの言明が誰においても充実化も幻滅も不可能だとすると，確証反証テーゼからはこの言

10） たとえば，荒野に雨が降っているという知覚を１億年前に（私ないし誰かが）もっているという反事実的状況を想像したとしよう．この言明が充実化されうるとは，この知覚が生じうるということだ，と考えるかもしれない．しかし，これは問題を単に先送り（ないし先鋭に）しているだけである．というのも，ここで想像されているある知覚経験に関して，それが（たとえば10万年前や100万年前，1000万年前の知覚経験ではなく）まさにちょうど１億年前に生じたものであるということの確証ないし反証とは何かが問題になる（そしてそれは全く明らかではない）からである．これを受け，この知覚経験の前に１億年分時間を逆行する経験が先行しているような一連の知覚が，問題の言明を確証する知覚経験なのだ，と主張されるかもしれない．しかし，少なくとも私には，時間を逆行する経験というものが一体どのようなものか，想像すらできない．

明は真でも偽でもない，ないしはそもそも言明ではないということが帰結するように思われる．この結論は私たちの真理ないし有意味な言明の範囲に関する直観に強く反するだろう．おそらく多くの人にとって，この帰結は確証反証テーゼの誤りを示すものに見えるだろう．

この帰結を受け入れても問題ないと論じることはできるかもしれない．たとえば，上の帰結と折り合いのつくような形而上学を擁護することができるかもしれない．たとえば，過去はもはや存在せず，せいぜい現在への痕跡という形でのみその存続が問題になりうる，というような立場をとるならば，遠い過去に関する先ほどのような言明は真でも偽でもない（ないしはそもそも言明ではない）と考えることには何の問題もない，ということになるかもしれない．

とはいえ，ダメットも後年に述べていたように，そのような反実在論を過去だけでなく，現在離れた場所で起こっていることにまで拡張することにはより強い抵抗があるはずだ[11]．そして離れた場所に関する言明の中に，確証反証テーゼに対して過去時制言明と同様の問題を提起するものを見つけるのは容易い．たとえば私が家にいないときに発した「私の家の台所の蛇口からちょうど今水が垂れた」という言明を考えてみよう．私の家に誰もいなかった場合，この言明の真偽を確かめることができる人はいないと思われる．再び，そもそもどのような直観が与えられたならばこれが確証されるのかすら全く明らかではない[12]．しかしだとすると，確証反証テーゼからはこの言明は真でも偽でもない，

---

11) 「過去は本当はもはや存在しない［…］という反実在論的な考えは，私たちの過去に関する自然な実在論と衝突しはするものの，一定の魅力をもつ．しかし他の場所はそれ自体では存在せず，私たちが今いる場所へそれらが及ぼす影響においてのみ存続するという考えは全く魅力的ではない」（Dummett 2004: 52）．周知のように，ダメットは意味に関する確証主義的ないし正当化主義的な説明の擁護者であったことに注意しよう．引用されている『真理と過去』は長らく反実在論的な見解を擁護していたダメットが実在論に譲歩したとされる講演を元にしたものである．この点に関しては葛谷 2018a においてフッサールとの関連性もあわせ論じた．また，『真理と過去』におけるダメットの過去時制言明の取り扱いの解説および批判としては，Peacocke 2005 が詳しい．

ないしはそもそも言明ではないということが帰結するように思われる．この結論は私たちの真理ないし有意味な言明の範囲に関する直観に強く反するだろう．おそらく多くの人にとって，この帰結は確証反証テーゼの誤りを示すものに見えるだろう．

上のように確証反証テーゼは少なくともそのままでは私たちが真理に関して抱いている自然な直観から帰結するようなテーゼではないし，それどころかそれと強い緊張関係にある．しかしだとすれば，一体なぜフッサールにとって確証反証テーゼがそれほどまでに自明なものとして映っていたのか．

もちろん，『論理学研究』の時点でのフッサールは，私たちの真理ないし有意味な言明の範囲に関する直観を共有していなかったと解釈できるなら，このような（解釈上の）疑問は解消する．しかし『論理学研究』以後，確証反証テーゼの帰結がフッサール自身によって明確に自覚化され吟味されていった結果として，彼が確証反証テーゼに相当する主張と私たちの自然な直観との間の緊張を緩和するために，遠い過去や離れた場所に関して様々な考察を繰り返すこととなった以上，この解釈は見込みがないように思われる[13]．というのもこのことは，フッサールが私たちと真理ないし有意味な言明の範囲に関する直観を共有していたと考えなければ，理解が困難だからである．

---

12) 確かに，ちょうど私のマンションの台所周辺と同じ間取りの台所の蛇口から水が垂れることを見るというような視覚的想像を私はもつことができる．しかし，ここで想像された知覚的経験には，そこで見られているものが問題の場所であり，そっくりな他の場所ではないということを成立させるような要素が明らかに欠けている．そして移動の経験が時間経過の直観を伴う限り，私がその言明をなした時点でいる場所から家に移動する直観系列を先行させた知覚的経験は，私の家の台所の蛇口からちょうど今水が垂れたことを確証する直観ではありえない．より詳しくは葛谷 2018a を参照．

13) たとえば充実化する経験は『イデーンⅠ』においては「なんらかの超越的なものの定立によって原理的に［…］規定される証示の仕方」（III/1: 102）といった文言で明示的に表現されている．フッサール全集第三六巻『超越論的観念論』には，「何かが存在することとそれが証示可能であるということは同値である」という主張がもつ帰結との継続的な格闘の記録が収められている．この点に関する詳細な報告としては松井 2016 を参照．

では，フッサールはいかなる思考の道筋を経て確証反証テーゼを自明視するに至ったのか．確証反証テーゼは誰もが素朴に信じていると言えるような見解ではなく，なんらかの背景的な見解のもとでのみたどり着きうるような主張であるように思われる．しかも，彼が確証反証テーゼを自明視していた以上，フッサールが確証反証テーゼにたどり着く道筋には過去や遠く離れた場所についての判断に関する真剣な考察が含まれていたとは考えにくい．したがって，求められている説明は，過去や遠く離れた場所についての判断に関する真剣な考察を経ることなしに，確証反証テーゼを自明視するに至る思考の道筋である．確証反証テーゼは『論理学研究』第１巻の中で自明の前提のように述べられ，第２巻の議論もこれを暗黙の前提としているように思われる以上，この思考の道筋自体を彼の論述に辿ることは難しいと思われる．以下では，この点をうまく説明するためには，フッサールは本書が「充実化手続きとしての意味」と呼ぶ見解を抱いていたのであり，かつ彼はまず算術的言明に現れる表現の意味理解の分析からそのような意味に関する見解を形成し，その後それを経験的言明に一般化したと考えればよい，と論じる．

（３）確証反証テーゼと充実化手続きとしての意味

ここでは，本書が「充実化手続きとしての意味」と呼ぶ見解をフッサールが抱いていたならば，彼が確証反証テーゼにコミットすることは自然であることをまず明らかにしたい．

ここで「充実化手続きとしての意味」と呼ぶ見解は次のようなものである．ある文の意味，すなわちその文がある事態をその対象としてもつ仕方とは，その文に結びつけられたその真偽決定の実効的手続き，つまりその充実化および幻滅のための実効的手続きである．つまり，言明は，それに結びついた手続きが実行された場合に成立・不成立が確かめられる事態をその対象としてもつ．たとえば屋外で発せられたある文の真偽決定のための実効的手続きが，１時間ここに留まった上で，雨を観察するかどうかをチェックするというものだったとしよう．この手続きによってその成立・不成立が確かめられる事態とは，これが発話された場所で，これが発話された時点より1時間後に，雨が降っているという事態である．このとき，ある時点で発話されたこの文はその事態を対象としてもつ．このような文の日本語における例は，たとえば「1時間後にここでは雨が降っている」などになるだろう．

この見解と確証反証テーゼの間の関係を理解する上で重要なのは，手続きという考えは通常，ある種の理想化された主体の想定と結びつくということである．ある手続きが遂行可能かどうかを考察する際，それが事実として私に遂行可能かどうかという意味での遂行可能性の他に，その手続きが「それ自体としては」ないし「原理的には」遂行可能であるという意味での遂行可能性が問題となるのは自然である．非常に単純な作業，たとえばノートパソコンのキーボードの「1」のキーを1回押すという作業を考えよう．この作業を1回行うだけであれば，私でも1秒もかからず終わらせることができるだろう．しかし，この作業を2^{50}回繰り返すという複合的な作業であればどうだろうか．明らかに，私にはそれを完遂することは不可能だ[14]．しかし，この複合的な手続きは，無限の操作を要求するような手続きとは違い，それが完遂された状況を明らかに理解できる．その意味で，この複合的な作業は「それ自体では」「原理的には」遂行可能である．こう述べたくなるような「遂行可能」の意味があるだろう．そして，このような遂行可能性は，問題の手続きの実行を妨げるような事実的な制限を取り払った遂行主体による遂行可能性に相当する[15]．

同様のことが，充実化手続きを考える上でも言える．算術における計算の事例が分かりやすいであろうが，たとえば，「1万年後にここでは雨が降ってい

---

14) もちろんノートパソコンのキーボードおよび私の指の耐久性など，様々な理由で不可能だが，ここでは私の寿命の観点からして不可能であるということを主に念頭に置いている．

15) ここで念頭に置かれているのは（それ自体は厳密には数学的でない）直観的な「実効性（effectiveness）」の概念である．手続きが実効的であるという概念の説明としては，たとえばEnderton 2001の第1章第7節を参照．

る」のような文の充実化手続きを考えても良い．この文の場合，その真偽を確かめるための実効的手続きは1万年間ここに留まった上で，雨を観察するかどうかをチェックするという手続きになるだろう．私はこのような手続きを明らかに遂行できないし，これを遂行可能な主体が存在する保証もない．私たちに与えられた時間も記憶容量も非常に限られたものでしかない．しかし，この手続きが遂行されるということがどういうことか自体は私にも理解できるし，しかもこの手続きは「それ自体では」「原理的には」遂行可能なものに思われる．この意味での「可能性」を捉える一つのやり方は，手続きの遂行主体として，私たちからその手続きの遂行を妨げる事実的な制限を取り払った可能的主体を想定することである．

そして第3節（1）で確認するように，フッサールは計算手続きの遂行可能性に関して，「それ自体では」「原理的には」と形容される意味での「遂行可能性」の概念を念頭に置いていた．したがって，手続きの遂行主体として私たちから問題の手続きの遂行を妨げるような事実的な制限を取り払った可能的主体をフッサールが想定していたと考えられる．

以上を踏まえると，フッサールに充実化手続きとしての意味という考えを帰することで，彼が確証反証テーゼにコミットしたことを自然に説明できることが分かる．なぜなら，前者の考えは「誰か」に上の意味で理想化された主体を数え入れた場合，（充実化手続きに無限のステップを要求するものがない限り）確証反証テーゼを導くからである．充実化手続きとしての意味という考えを仮定しよう．これはつまり，もしある言明がなんらかの事態に結びついているのであれば，それは，実行されたらその事態の成立・不成立を判定する手続きのおかげだ，ということである．ここで，上の意味で理想化された主体を「誰か」に数え入れるなら，（充実化手続きに無限のステップを要求するものがない限り）なんらかの事態に結びついた言明は誰かにおいて充実化ないし幻滅が可能だということになろう．これはまさに，確証反証テーゼに他ならない．[16)17)]

二つほど上の議論に関してコメントしておきたい．第一に，たとえ上の議論がうまくいかなかったとしても（つまり「充実化手続きとしての意味」という見解を抱いているということがフッサールが確証反証テーゼを自明視したことに対する最良の説明でなかったとしても）そこから直ちに充実化手続きとしての意味という考えをフッサールが抱いていたという解釈が疑わしくなるわけではない．それが意味するのは，その解釈のサポートが一つ機能しなくなったということに過ぎない．第二に，フッサールが充実化手続きとしての意味という見解を採用していたという解釈は，上の問題を説明するために突如現れた解釈というわけでは全くない．少なくともこの種の解釈は私以外にも何人かの解釈者たちに支持されてきたものであり，フッサールの確証反証テーゼへのコミットメントに対する最良説明への推論という形でなくとも，次節でまさに確認するように，テキスト上の証拠を挙げることができる解釈である[18]．ここでの議論はこれをあくまで補強する位置にあるものだ．

（4）算術的言明から経験的言明へ

さて，上の議論を受け入れた上で，なお次のような指摘がありうる．充実化手続きとしての意味という見解をフッサールが抱いていたことは，フッサールが確証反証テーゼを自明視していたことを説明しはない．というのも，意味に

16） もちろん，表現の意味を理解していると言える限りで把握していると言えそうな手続きが無限のステップを要求しない保証はない．しかしフッサールは，彼が主に考察していた単称名辞に関しては，有限のステップのみが要求されると信じていた．この点については本章註25参照．

17） ただしフッサールに充実化手続きとしての意味という見解を帰属することが正しかったとしても，確証反証テーゼの問題が解決するわけではないという点に注意．第一に，無限ドメインの上への量化を含む文に関しては，私たちがそれの意味を理解していると思われるが，しかしその真偽を決定するための実効的手続きをもっているとは言えない言明が存在する．第二に，過去や離れた場所についての言明は，そもそもその真偽を決定するための実効的手続きか何であるかが全く明らかではないというところに問題があったため，充実化手続きとしての意味という考えは確証反証テーゼのこの問題に関してはなんの慰めも提供しない．

関するその見解から確証反証テーゼが自然と出てくる以上，確証反証テーゼの疑わしさはそのまま意味に関する見解の疑わしさに直結するはずだからだ．特に，彼は意味を理解体験において見出されるものとして考えていたのだから，彼はこのような見解を意味理解の体験を分析する中で取り出したと考えるべきだろう．だとすれば，経験的言明には確証反証テーゼの反例が溢れているのだから，自然な成り行きはむしろ確証反証テーゼ及び充実化手続きとしての意味という見解の両方を疑うというものではないのか．

これはもっともな指摘である．ここで本書はさらに，フッサールが充実化手続きとしての意味という考えを確信するに至ったルートに関する次の仮説を提示する．すなわち，彼がまず算術的言明に現れる表現の意味理解の分析から問題の見解を形成した上で，それを経験的言明を含む形に一般化したのだ，というのがそれである．

18）フッサールの意味を充実化手続きとして解釈するというアイデアについては，三上 1997，三上 1998，富山 2009a, 2009b，葛谷 2013a を参照．植村 2017 も富山の解釈に言及しながらこの解釈を『論理学研究』の公式見解として支持している．この点に関しては葛谷 2019b も参照．またその具体的な内容を含めた解釈は次節で確認するが，一般的なレベルでよければ次のように論じることもできる．まず，「意味志向が対応する直観に基づいて充実化される場合［…］その対象はその作用［＝対応する直観］のなかで表現が直観的に与えられたものに実際に適合する限り意味がその対象を思念するのと同じ仕方で，われわれに与えられている」（XIX/1: 56）のであって，「意味と意味充実化のこの合致統一においては，意味することの本質としての意味には，意味充実化の相関的本質が対応している」（XIX/1: 56）と述べられるように，意味志向が対象に関わる仕方の点で同じであれば，つまり同じ意味特性をもつなら，それに「対応する直観」もまた同じ種類のものになるとされる．つまり，ある意味志向に対して，それがいかなる種類の直観によって充実化可能であるかは，意味志向の特性たる「意味」によって決定されている，というのがフッサールの考えであることが分かる．このことの自然な解釈は，充実化のために何が遂行されなければならないか，その手順を指定するものが意味である，というものになるだろう．この場合，名辞の意味志向とは，（話し手ないし聞き手として）名辞の理解のためにその表現の使用に際して主体がいわば「呼び出す」ための手続きを呼び出す作用だと理解することができる．なお，意味理解を手続きの呼び出しとして理解する考えは，富山がプログラムとの関連で論じている（富山 2009b, 2023: 第 4 章第 4 節）．

このように考えることで充実化手続きとしての意味という考えを抱くことが説明される理由は次の二つである．（１）もしフッサールが意味に関する見解を主に経験的言明の意味理解の体験を分析する中で取り出したとすると，彼が確証反証テーゼを確信しているという事実を説明することが難しいこと．（２）もしフッサールが意味に関する見解を主に算術的言明の意味理解の体験を分析する中で取り出したとすると，彼が確証反証テーゼを確信しているという事実を自然に説明できるということ．すると，上の仮説が正しければフッサールが確証反証テーゼを確信していたということが説明できることが分かる．

（１）と（２）自体は，ほぼすでに見たことから容易に確認できる．まず，すでに見た確証反証テーゼの反例となる事例はどれも時空間に関わるものであり，それゆえ経験的言明に限られたものである．したがって，経験的言明の意味理解の体験を主に分析していたとすれば問題の事例に容易に出会っていたはずである以上，それを素朴に確信することも，それを表明することもなかったはずである．これに対して，数学的言明の意味理解の体験がその主要な分析対象だったとすれば，そのような問題はない．『論理学研究』を執筆していた当時であれば，算術に関して真理と証明可能性が外延的に一致すると信じていること自体は（経験的言明の場合に比べれば）それほどおかしなことではないだろう．

再び，上の議論の位置づけを確認しておこう．フッサールが自身の意味に関する見解をまずは算術的言明の分析において確立したという解釈自体は，この種の正当化以外の仕方でも正当化可能なものである．フッサールが『論理学研究』以前に『算術の哲学』において算術的言明の分析を集中的に行っていたことは周知の事実であり，しかも『算術の哲学』の時点で意味に関する計算論的・手続き的な見解をすでに保持していたことはすでにツェントローネによって詳細に論じられている[19]．もしいったん算術的言明において意味に関するそれなりに説得的な見解が形成されたなら，その見解の延長線上で経験的言明も同じよ

19） Centrone 2010 参照．同様の論点に関しては，坂間 2006 も参照．

うに説明できるのではないか，と考えるのは自然であろう．そして実際，意味の説明が言明一般に一様に適用されるべきものであり，算術的言明と経験的言明で別々になされるべきものでない，という考えはそれほどおかしなものではない[20]．もちろん『論理学研究』直前にそれらの見解をなぜかすべて放棄した上で，経験的言明の分析から同じような見解に至ったと考えることは不可能ではないが，しかし上で見た確証反証テーゼに関する問題がある以上，いずれにせよ上のような仮説がよりもっともらしいと言えるだろう．

さて，以上ですでに明らかだと思われるが，本書は『論理学研究』のフッサールに充実化手続きとしての意味という考えを帰する．これは基礎意味論的解釈のもとで，一つの具体的な基礎意味論における見解を形成する．では，『論理学研究』における意味概念に関する記述の具体的な解釈に踏み込むことにしよう．

第3節　充実化手続きとしての意味

本節では『論理学研究』における意味概念の解釈を行い，そこから充実化手続きとしての意味という見解を取り出す[21]．その際，経験的言明に関しては第5研究の第4章および第5章を解釈し，算術的言明に関しては第6研究第1篇第3章を解釈する．順番としては，まず（1）において問題の構造を最も明確に取り出すことができる後者の箇所から確認し，その後に（2）で経験的言明に関して同様の構造を取り出す[22]．

20）実際に，数学的言明の意味理解の説明から構成主義的な見解を取り出し，それを経験的言明へ拡張するというルートを明示的に採用した哲学者として，まさにダメットを指摘することができる（Dummett 1973: 226-227）．もちろん，ダメットのような明示的な宣言をフッサールから取り出すことはできないが，確証反証テーゼにまつわる問題にフッサールが気づいていなかったとすれば，明示的な宣言がないことも不思議ではない．ちなみに，ダメット自身は上の論文より以前に自らの意味の説明が経験的言明に関してもつ過去に関する帰結に対してすでに考察を繰り返していた（Dummett 1954, 1964, 1969）．

21）本節の議論は基本的に葛谷 2013a において展開されたものである．

（1）数学的言明における直接的表象と間接的表象

以下では，第6研究第1篇第3章における数学的言明の充実化する一定の仕方に関する記述を読解し，フッサールが意味志向の充実化ということで念頭に置いている構造がいかなるものかを取り出す[23].

まずはフッサールが数名辞の充実化に関して論じている箇所を確認しよう．

> 定義の連なりの中で展開する数学的な概念形成はどれも，その各項ごとに表意的な志向から成る一連の充実化の可能性を私たちに示す．私たちは $(5^3)^4$ という概念を「$5^3 \cdot 5^3 \cdot 5^3 \cdot 5^3$ という積を形成するならば生じるところの数」という定義的表象へ立ち帰ることによって明晰にする．もし私たちがこの後者の表象をさらに明晰にしようと望むなら，5^3 の意味へ，したがって $5 \cdot 5 \cdot 5$ の形成へ立ち帰らねばならない．更に遡るなら，$5 = 4 + 1$，$4 = 3 + 1$，$3 = 2 + 1$，$2 = 1 + 1$ という一連の定義によって5を説明しなければならない．さらに私たちは各段階のあとごとに，最後に形成された複合表現ないし思想への代入を遂行しなければならないだろう．そしてこの思想が何度でも再生可能であるとすれば（私たちにとっては必ずしもそうでないとしても，それ自体としては確実に再生可能である），私たちは最終的に完全に解明された1の総和に到達する．そしてこれについて，これが $(5^3)^4$ という数「そのもの［selbst］」である，と言われる．明らかに最終結果にだけでなく，この数の一つの表現から，次にその表現を解

22） 本節の主張内容には，フッサールが「充実化手続きとしての意味」という考えを数学的言明と経験的言明の両方に共通して適用可能な一般的なものとして見出していたということは含まれるが，その考えを数学的言明からまず取り出した上で経験的言明へと一般化したという（順序に関する）主張は含まれない．順序に関する主張は本章の最終的な結論のために不可欠ではないが，それ自体としてはもっともらしい．本章第2節参照．

23） 本章註18でも触れたように，フッサールの意味を充実化手続きとして解釈するというアイデアについては，三上 1997, 1998; 富山 2009a, 2009b; 葛谷 2013a を参照．また，本章註19でも触れたように，Centrone 2010; 坂間 2006 は，フッサールの意味に対する計算論的アプローチを『論理学研究』以前の論考から取り出している．

明し内容的にそれを豊かにする表現へと移行する，一つ一つの段階にも，実際に充実化の作用が対応している．（XIX/2: 601）

ここで彼が充実化と呼んでいる，「$(5^3)^4$」からの「1の総和」（「1＋…＋1」という形式の表現）へ遡るプロセスの詳細を押さえるには，まず上の議論の前提となっている彼の数名辞に関する見解を踏まえる必要がある．

フッサールの数名辞に関する基本的なアイデアは，数名辞には基礎的な名辞と派生的な名辞の区別があり，各々の派生的な名辞は基礎的な名辞からの一定の段階を経て構成されているというものである．具体的にはこれは次のようなものになる．まず自然数系列の各々の数を指示する名辞として,「1」「1＋1」「1＋1＋1」…という名辞の系列を導入する．本書では便宜のために，これらの数名辞を「直接的表象」と呼ぶこととする．明らかに，これらの表象はそれが指す対象の同一性ないし大小関係の判定の手続きが容易に遂行できる形式をしている．さらにフッサールは，これらによって2＝1＋1，3＝2＋1，4＝3＋1，…といった仕方で順にアラビア数字を定義する[24)]．このように導入されたアラビア数字上に，基本的な演算（加法，乗法，累乗）を順に定義する．これによって「5・8」や「2^3」といった名辞が導入されることになる．さて，直接的表象以外の，定義によって導入されるような数名辞をフッサールは「間接的表象（mittelbare Vorstellungen）」（XIX/2: 601）と呼ぶので，本書でも以下そのように呼ぶこととする．

以上を踏まえて，まずはフッサールが「充実化」と呼んでいるものが，なんらかの間接的表象から出発して，その構成の段階を遡っていって直接的表象へと至ることであることを確認しよう．まず，なんらかの間接的表象は，その導入の仕方から明らかなようにどれもその構成の段階をもつ．これは逆にいえば，

24）もちろん，十進法におけるすべてのアラビア数字をこのように定義するつもりなら，前もって十進法的数詞体系を定めておく必要がある．

その構成を定義に従って（たとえば「3^2」ならば「3^2」→「3・3」→「3＋3＋3」→…と）段階的に遡っていくことで直接的表象へと引き戻すことができるということである．「明らかに最後の答えにだけでなく，この数の一つの表現から，次にその表現を解明し内容的にそれを豊かにする表現へと移行する，一つ一つの段階にも，実際に充実化作用が対応している」（XIX/2: 601）と述べられることから分かるように，フッサールは間接的表象を直接的表象へ段階的に引き戻すことを「充実化」と呼ぶ．

すると，フッサールが「意味」と呼ぶものが，充実化のために実行すべき手続きであり，かつそれは表現の構文論的な構造に即して合成されるようなものだということが分かる．まず上の引用においてある名辞の充実化のためには問題の名辞の「意味へと［…］立ち返らなければならない」（XIX/2: 601）と述べられるように，彼は意味に立ち返ることを，充実化のために遂行すべき手続きを確認することに相当するものとして理解している．したがって，フッサールが「意味」と呼ぶものは，充実化の各ステップにおいて充実化のために何をするべきかを指定する手続きに相当する．しかもそのような「意味」は，充実化の各段階において次にどのような操作を行うべきかを，その表現の構成の歴史を段階的に遡る仕方で指定する．それゆえ，表現の意味はその表現の構成史に即して合成されるようなものであるということが分かる．

正確には，フッサールが間接的表象として念頭に置いていたものには，上のような定義によって導入されるような表象（彼はこれを「順演算」（XIX/1: 336）と呼ぶ）に加え，対象が満たす条件を定めることで導入されるような，彼が「逆演算」（XIX/1: 337）と呼ぶ種類の表象がある．たとえば「15−11」は，$11+x=15$ という条件を満たす x の値を指すものとして考えられている．この場合に問題の直接的表象へとたどり着くために踏まれるべき手続きは，この条件に適切に当てはまる数を探すために直接的表象を順に代入するということを真になるまで続けるというものになろう．たとえば「15−11」という表現の場合，$11+1=15$，$11+1+1=15$，$11+1+1+1=15$，…というように順に代入する手続きを真な言明にたどり着くまで続け，問題となっている数（この場合であれば「1＋1＋1＋1」の対象）が見つかったら，「15－11」→「1＋1＋1＋1」という移行を行えばよい．一般に確定記述と呼ばれる「最小の完全数」や「五番目の素数」といった名辞も，対象が一意に満たすべき条件によってある対象を指示しているという点では同じであり，これらも同様に扱うことができる[25]．

さて，このような間接的表象から直接的表象への書き換えをなぜフッサールが「充実化」と呼んだのか，疑問に思われるかもしれない．これが「充実化」と呼ばれるべきものであれば，それはなんらか言明全体の確証に寄与するものでなければならないだろう．しかし，このような書き換えはいかなる意味で言明全体の確証に寄与していると言えるのか．

この点は，「直接的表象」とフッサールが呼ぶ表現が，その対象に算術的述語が当てはまることを確かめる手続き（以下「述語の確証手続き」）が容易に定義できる形式をもつという点を踏まえれば理解できよう．たとえば同一性関係や大小関係であれば両辺の「1」を一つずつ対応させていき，すべて対応すれば同一，左辺が余れば大なり，右辺が余れば小なりが成り立つ，という手続きが定義できる．また，たとえば「～は偶数である」であれば，名辞の「1」を二つずつ消して，ちょうど消えたら真，一つ余ったなら偽，といった手続きを定義できる．したがって，直接的表象とは，言明の確証において述語の手続きに移行できる地点だと言える．これに対して，間接的表象はそうではない．間接的表象の導入は述語の確証手続きと独立になされ，それゆえ述語の確証手続き

---

25) ただし逆演算の場合は順演算とは異なり特定の直接的表象に辿り着く保証はない．たとえば「11－15」は自然数に話を限定する限り辿り着くべき直接的表象を欠いているし，「最小の奇数の完全数」のように辿り着くべき直接的表象があるかどうかが分からない事例もある．ただ，フッサールは充実化として要求されるステップは必ず有限だと考えていた．「間接的な志向はみな間接的な充実化を，それももちろん有限回のステップの後に，最終的にはある直接的な直観において終了するような間接的な充実化を，要求するという命題が妥当する」（XIX/2: 602）．

を直ちに間接的表象に適用することはできない．その代わり，間接的表象は常に（最終的に）直接的表象へ書き換えるためにはどうすれば良いかが分かるような仕方で導入される．これにより，間接的表象を含む言明の確証を行うには，その定義に従って直接的表象に書き換えれば良い[26]．それゆえ，間接的表象の直接的表象への書き換えはまさに言明全体の確証手続きのうち，名辞に対応する手続きに相当するのである．これが，間接的表象の直接的表象への書き換えが「充実化」と呼ばれる理由だと考えられる．

さらに，直接的表象の形式はその間の同一性関係を判別する手続きを容易に定義できる形になっているという点にとりわけ注目すると，ある間接的表象をなんらかの直接的表象へ書き換えることが，その対象を識別できる位置に移行することに相当することが分かるだろう．二つの数名辞の対象が同一かどうかを識別できる位置に移行するとは，その二つの同一性を判定できる位置に移行するということであり，そのような位置とはまさに対応する直接的表象に他ならないからである．かくして，直接的表象は，その同一性を判定する手続きと一緒になって，自然数列の各数に一意に対応する[27]．

以上を踏まえれば，間接的表象の直接的表象への変換手続きを把握することは，その名辞の対象を他のものから識別する能力をもっていることとして理解できるだろう．つまり，数名辞がその対象をもつことはその数名辞に意味として結びつけられた対象識別手続きのおかげであるという基礎意味論的見解を，フッサールは抱いていたと言える．つまり，算術的言明に関するフッサールの

---

26) ただし，間接的表象を含む式を前件としてもつような条件法をあらかじめ証明してある場合などは，必ずしもこう書き換える必要はない．たとえば「すべての自然数 n について，$n \cdot (1+1+1+1)$ は偶数である」をあらかじめ証明しておいた場合，「$(1+1+1) \cdot (1+1+1+1)$ は偶数である」を証明するために直接的表象への書き換えは必ずしも必要ない．

27) このように眺めた場合，直接的表象と間接的表象の区別は，マルティン・レーフの直観主義的タイプ理論におけるカノニカル（canonical）な要素と非カノニカル（noncanonical）な要素の区別と強い親近性をもつ．Martin-Löf 1984: 5 を参照．

意味概念の解釈としては,ある種の識別能力的解釈が正しいということになる.

以上をまとめておこう.フッサールは,算術的言明に出現する名辞の意味を,その名辞を含む言明の充実化のためにその名辞に関して遂行されるべき手続きだと考えていた.ここでの充実化とは,具体的には間接的表象を直接的表象へと変換することに相当する.この変換の手続きは,フッサールにおける直接的表象の導入の仕方と組み合わさって,その名辞の対象を他のものから識別する能力の一種だとみなせる.したがって,このような手続きを意味だと考えていたことと,意味に関する基礎意味論的解釈から,数名辞がその対象をもつことはその数名辞に結びつけられた変換手続きのおかげであるという見解をフッサールが抱いていたことが分かった.次節では,同様の考えが経験的言明においても見出されることを見る.

(2)経験的言明における間接的表象と直接的表象

本節では,第5研究,とりわけ第4章・第5章におけるフッサールの議論へと目を向け,フッサールが経験的言明に関しても「充実化手続きとしての意味」という考えを保持しており,かつその内実も数名辞と同様に間接的表象の直接的表象への変換手続きとして理解できることを確認する.

フッサールは第5研究のとりわけ第4章・第5章で,彼が「付加語的名辞(attributive Namen)」と呼ぶ種類の単称名辞に関する分析を行っている.この付加語的名辞とは,形容詞を名詞に文法的に適切な仕方で連結することで形成されるような名辞のことであり,基本的には一般に確定記述といわれるものに相当する.したがってこれは数名辞においては逆演算に相当するものである.

まずフッサールによれば,付加語的名辞は段階的な構成の歴史をもつ.彼によれば,「すべての付加語的名辞をも含めて,名辞の大部分が,直接または間接に判断から由来した[entsprungen]ことは,疑う余地がない」(XIX/1: 486).彼によれば,付加語的名辞の意味もまた,元となる判断の意味の一つの「変様[Modifikation]」(XIX/1: 486)であると述べる.つまり,付加語的名辞は表現としても，またその意味においても，判断作用に由来する仕方で構成されたものであるとフッサールは考えている．

もちろん，この「由来」や「変様」ということが意味していることは正確には何なのか，ということが次に問題となろう．フッサール自身が注意を促すように，これは決して，付加語的名辞の理解のためにはそれに先立って一定の判断作用を遂行しておく必要があるということを意味してはいない．結論から言えば，この「由来」や「変様」ということで言われているのは，数学的言明の場合と並行的な事象，すなわちある表現の意味において一定の充実化のためのステップが，その意味の構成の段階を遡るものとして示されていることである．このことは，充実化を意味の遂行として表現する以下の箇所において，非常に明瞭に見てとることができる．

> 私たちが「p である S［das p seiende S］」（［たとえば］超越数 π）という形式の表象の意味を「実現［realisieren］」し，そしてその意味を完全に判明かつ本来的に遂行し，かつまたそのような表現によって「思念されているもの」を充実化する証示の道［der Weg der erfüllunden Ausweisung］を選ぶとすれば，私たちはいわば，それに対応する述定的判断に訴えねばならず，その判断を遂行し，名辞的表象を「根源的に」そこから引き出し，成立させ，派生させねばならない．（XIX/1: 488, 第2版）[28]

もしこの引用を経験的言明に現れるような付加語的名辞，たとえば「私が建てた家」に即して具体化すれば次のようになるだろう．私が「私が建てた家」の意味を充実化（実現・遂行）することを目指そうとしたとしよう．その際，この表象の意味は，その充実化のためになされなければならないものとして，つまり踏まれるべき手続きとして，「これは家であり，かつ私はこれを建てた」と

28） この点に関しては，『論理学研究』第1版でも述べられてはいるが，第2版の記述がより明確なので，この引用を含め，以下では第2版も適宜参照することとする．

いう判断を遡って示す．そしてなんらかの対象を「これ」と直示しながらこの判断を遂行し，それが実際に充実化されたならば，そこにおいて「私が建てた家」が直接与えられている場面にいる．このような場面こそが，「私が建てた家」という表現がいわばそこから「派生」し，「根源的に」引き出されるような場面である，というわけだ．

以上から，フッサールが付加語的名辞に関して数名辞の間接的表象（とりわけ逆演算）と類比的な事情，すなわち表現の意味において一定の充実化のためのステップが，その意味の構成の段階を遡るものとして示されると考えていることは明らかに思われる．「表象の志向がそれに対応する判断を「遡示」していることや，その表象自身がこの判断の「変様」であることを示していること」（XIX/1: 488）は「名辞的，付加語的表象自身の本質内実」（XIX/1: 488）としての表現の意味に「含まれている」（XIX/1: 488）と述べられることや，「現象学的に見れば付加語的表象の本質には，由来とか派生とか，あるいはまた遡示などという言葉で表現されるある一定の間接性［Mitterlbarkeit］が伏在している」（XIX/1: 488）と述べられることからも，この解釈を補強することができる．

さらにフッサールは，このような遡行を構文論的複雑さを単純化する形で続けていくことで，最終的にはそのような遡行がそれ以上できないような段階へと到達すると考えている．

> 最後に私たちが見出すのは単純な，単一光線的に客観化する諸分肢［＝名辞］であるが，しかしこれらは必ずしも究極的な意味での原始的諸分肢［primitive Glieder］ではない．なぜなら単一光線的分肢も名辞化された綜合でありうるからである．［…］したがって多かれ少なかれ複雑な遡源性［Rückbezüglichkeiten］が質料の中に出現し，そしてそれに伴い，固有の仕方で変様されそして間接的であるという意味において，いろいろな「内含的［impliziert］」な分節と綜合形式がそこに出現することになる．諸分肢がもはや遡源的でなければ，それらはこの点でも単層的である．［…］

> あらゆる（端的でない）客観化作用の分析は，その作用に包含されている名辞化の中で遡示のステップを追跡する限り，最後には明らかに形式の面でも質料の面でも単層的な，「端的な［schlicht］」作用分肢へ帰着するのである．（XIX/1: 502-503, 第2版）

たとえば「私が建てた家は赤い屋根をもつ」という言表文であれば，それは主語「私が建てた家」と述語「は赤い屋根をもつ」へと分節化される．この場合のように主語にあたる名辞が付加語的名辞である場合，その名辞はその構文論的複雑さに伴うような仕方で「変様されそして間接的」である．しかしこの意味が指定するような判断を遡って遂行するということを繰り返すことができれば，いつかは「原始的分肢」，「端的な」作用分肢へとたどり着く，というわけである．

では，ここで言う「原始的分肢」，「端的な」作用分肢に当たるもの，つまり数名辞における直接的表象に経験的言明において対応するものは，具体的にはなんであろうか．すでに以上の議論から示唆されていたように，フッサールは，直示詞・指標詞をそのようなものとして考えていた．そのことはたとえば次の引用にも見てとることができる．

> それゆえ本質的に偶因的な表現［＝直示詞・指標詞］は，固有名が固有名本来の意味で機能している限りではあるが，固有名と同類のものであると思われる．なぜなら固有名も対象を「直接」名指すからである．（XIX/2: 555）

ここでは対象を直接名指すものとして固有名も挙げられているが，フッサールは固有名がその本来の役割を果たすのは直示の場面であり，対象を発話者が直接名指しているのではない場合における固有名の使用は，その「派生的な意味機能［die abgeleitete Bedeutungsfunktion］」（XIX/2: 555）におけるものであると考えていた．したがって，彼がここにおいて対象を直接名指すものとして考えていたのは直示詞だと考えてよい．そして確かに，直示詞によって対象を名指している場面は，フッサールが経験的言明の充実化の働きをすると考えていたところの知覚によって，その対象のあり方を調べることができる位置でもある．したがって，フッサールが直示詞において見て取っていたのは，数名辞の直接的表象と同様の事情であると考えられる．

以上，フッサールが経験的言明の意味を，算術的言明の場合と同様の仕方で，つまり間接的表象の直接的表象への変換手続きとして理解していたということを確認した．ただし，両者の間には明確に異なる点もある．実際，経験的言明に現れる間接的表象の場合，数学的言明における間接的表象のように，計算を行うことで表現を書き換えるわけではない．また，数学的言明に現れる直接的表象とは異なり，直示詞と呼ばれるような表現は，その表現タイプの多様性という観点からすれば非常に限定されている．最後にこれらの違いを踏まえながら，両者の間にフッサールが見て取っていた（と本書が主張する）共通点とは何であるかを，具体例に即して確認しておくことにしたい．

たとえば，「隣の部屋の食卓の上の花瓶は重い」という文を考えてみよう．ここで想定されているこの文を確証するための手続きは，まず隣の部屋へ行き，その中で食卓を探し，その上の花瓶を見つけ，その上で，たとえばそれを持ち上げることを試みるなどして，それが重いかどうかを確かめる，といったものである．さて，まず指摘したいのは，このプロセスのうち花瓶を発見するまでのプロセスは，「隣の部屋の食卓の上の花瓶」という表現の「これ」への段階的変換として理解することができるということである．というのもそのプロセスは，まず「隣の部屋の食卓の上の花瓶」という表現を（「これが隣の部屋である」という判断に基づいて）「この部屋の食卓の上の花瓶」に変換し，次に（「これがこの部屋の食卓である」という判断に基づいて）「この上の花瓶」に変換し，さらに（「これがこの上の花瓶である」という判断に基づいて）「これ」に変換する，という手続きとして理解できるからである[29]．

もちろん算術の場合とは異なり，経験的言明の場合には各々の表現だけを相手にしているだけでは問題の手続きを遂行することはできない．たとえば「4－2」の意味志向を充実化する場合には，ある数xに関して「4－x＝2」という判断の充実化が要求されるが，そのためには紙の上（ないし頭の中）で計算をすればよい．これに対して，「隣の部屋」の場合にはある場所を直示しながら「ここは隣の部屋である」という判断の充実化が要求される以上，実際に隣の部屋に向かうことが要求される．この点は算術における名辞との大きな違いである．しかし，充実化という概念には，紙の上（ないし頭の中）で完結するという含意は全くない．それらが言明の確証という文脈の中で果たすべきことは，その状況で述語の意味に相当する手続きを遂行することが，文の真偽を適切に決定できる位置（いわばその対象が「直接与えられる」ような状況）へと主体を移行させることだろう．そしてこの点に関して両者の間に違いはない．

直示詞のバリエーションに関しても同様の点を指摘することで応えることができる．確かに直示詞の表現タイプは事物に対してあまりにも少ないかもしれないが，しかしこのことは直接的表象にとって本質的ではない．本質的なのは，直接的表象を使用する場面とは，その対象を他の対象から識別することができる位置に移行した場面だということである．フッサールによれば，直示詞の意味は，その「一般意味機能［die allgemeine Bedeutungsfunktion］」（XIX/1: 88）とその発話時の知覚という組み合わせによって与えられる．一般意味機能とは，たとえば「これ」の場合であれば，話し手が指差しているような何かが発話において問題になっているということを一般的に示唆する機能のことである．しかし，直示詞の本来の目標はこのような一般的な事柄ではなく，特定の対象だとフッサールは考える（XIX/2: 558）．彼によれば，直示詞が特定の対象へと関

29)　本書がここで主張しているのは，経験的言明に関するこのような理解の理論が実際に正しいということではなく，このような理解の理論をフッサールが展開していると解釈できるということである点に注意してほしい．実際，ここで例として取り上げた言明は離れた場所に関する現在時制言明なので，本章第2節で指摘した問題に直面する．葛谷2018a参照．

わるということは，発話時の知覚によって実現される．

> 「この」は本質的に偶因的な表現であり，発話の状況，つまりこの場合なら実際に為された知覚を顧慮することによってのみ，完全な意味をもつ表現である．（XIX/2: 552）

> 私が「これ」と言い，目の前にある紙を指すとしよう．この小詞はこの対象への関係を知覚に負っている．［…］私が「これ」という場合，私はただ単に知覚しているのではなく，この知覚に基づいて，この知覚に定位し，その差異をこの知覚に依存する新しい作用が，すなわち，これを思念するという作用［der Akt des Dies-Meinens］が成り立つのである．（XIX/2: 553-554）

フッサールは直示詞が機能している場面として，（たとえば暗闇で闇雲に一定の方向を指差して「これ」というような事例ではなく）「これ」と言いつつなんらかの対象を直接名指している場合，つまり知覚による対象への定位が存在する場合のみを考えている．そして，「隣の部屋の食卓の上の花瓶は重い」という文の「隣の部屋の食卓の上の花瓶」に結びつけられた手続きを遂行して「これ」へと書き換えた段階において，主体は知覚によってまさに「隣の部屋の食卓の上の花瓶」という表現の対象を他の対象から識別している．そしてこのことによって，間接的表象の変換手続きもまた「意味」の名に値するものになる．というのも，間接的表象がそのような手続きとともに導入されることで，主体の識別能力を通じて他でもないある特定の対象（もしあれば）にその表現の指示が固定されることになるからである．

以上で明らかになったことをまとめれば次のようになる．第1節で確認したように，フッサールにとってある表現 e があるもの o をその対象としてもつのは，e の理解のために要求されるような心的作用，つまり e の意味志向が o に関わるものだったからであった．そして本節で確認したように，ある主体にお

いて e の意味志向が生じるということは，その主体が e に一定の手続きを結びつけているということとして理解でき，かつこのことはその主体が特定の対象を識別できるということを含意するものであった．以上より，フッサールの「充実化手続きとしての意味」という考えは，理解を構成する識別能力に関する体系的な分析の結果であるとみなすことができる．言い換えれば，それは識別能力的解釈の具体的な展開である[30]．

では本章の最後に，彼が構文論的カテゴリーにおける合成を問題にする際に用いた「独立的・非独立的」という区別が，基礎意味論において十分にその位置をもつような概念であることを確認しよう．「独立的・非独立的」という区別は，ダメットの言うようにフッサールの対象の理論と見事な調和をもっているかどうかは明らかではないにせよ，フッサールの意味の理論（基礎意味論）とは明確な調和をもった理論的区別である．

第 4 節 「独立性・非独立性」再訪

すでに確認したように，ダメットはフッサールの構文論における独立的・非独立的の区別を「極度に一般的な考え方」に過ぎない，空虚なものだと評価していた[31]．ダメットがそのように評価した理由は，フレーゲの理論との対比においてであった．ダメットによれば，フレーゲの構文論において対応する完全・不完全の区別は，彼の指示の理論における合成性の説明の中から引き出されていた．具体的には，問題の表現の意味が不完全かどうかはその指示が関数であるかどうかという指示に関わる基準のもとで決定され，またこれによってその区別は「文の真理値がいかにして確定されるのかに関する理論の一部」をなし，ひいては言語がいかに働いているかを説明する理論の一部になっている．これ

30) これはエヴァンズがダメットに帰して（そして批判して）いるものに非常に近い立場である．Evans 1982: §4.2 参照．

31) 本節の議論は本質的に葛谷 2013c に含まれている．

に対して，フッサールの問題の区別は，フレーゲの指示の理論に相当するはずの，フッサールの対象の理論における合成性の説明の中から引き出されておらず，両者にはいかなる調和もない．したがって，フッサールの構文論における独立性・非独立性の区別は，言語がいかに機能するのかの説明の一部をなすものとしてはいかなる明確な役割をもたない．これがダメットの議論であった．

しかし，本章で確認したように，フッサールが意味を充実化手続きとして理解していたとすると，話は変わってくる．というのも，フッサールの問題の区別は対象の理論の一部ではなく彼の基礎意味論的見解の一部をなすことでその役割を得ている可能性が出てくるからである．つまり，ある表現の意味が独立的かどうかはその充実化の合成に関わる基準から引き出されており，それによって文の充実化がいかにしてなされるのかに関する理論の一部をなし，それを通じて言語がいかに働いているかを説明する理論の一部になっている可能性が出てくる．以下では，彼の独立的・非独立的の区別が実際にそのような基準のもとで引き出されているということを確認する．

まず，フッサールは意味の独立性・非独立性が認識機能という観点において重要な帰結をもつことを次のように論じている．

> 「等しい［gleich］」「と結びついて［in Verbindung mit］」「かつ［und］」「あるいは［oder］」のような引き抜かれた共義的表現［＝非独立的意味をもつ表現］は，より包括的な意味全体の関連の中においてでなければ，直観的な理解，すなわち意味充実化を得られない．［…］／疑いなくここには正当かつ重要な思想が提示されている．私たちはこれをまた以下のようにも言いうるだろう．*もし自義的意味*［＝独立的意味］*と関連していないならば，いかなる共義的意味も，すなわちいかなる非独立的な意味志向作用も，認識機能*［Erkenntnisfunktion］*を果たし得ない*．（XIX/1: 323. 強調は原文）

ここでフッサールは，非独立的意味をもつ表現は，一定の仕方で補完された全体の部分としてでなければ，充実化を得られないと述べている．すると，独立的な意味をもつ表現は，そのような補完なしに充実化を得ることができる表現だということになる．したがってより正確に言えば，非独立的意味をもつ表現は，一定の仕方で補完され独立的意味をもつ表現の部分となって初めて充実化を得られる表現である，というのがフッサールの主張である．

さて，すでに確認した解釈，つまりフッサールは意味を充実化手続きとして理解していたという解釈に訴えるなら，この論述は次のように解釈できる．すなわち，ある表現の意味が非独立的であるとは，その表現の意味に相当する手続きが単独では遂行できず，それを補完する表現の意味に相当する手続きを遂行した上で初めて遂行できる類の手続きだ，ということである．たとえば，述語の意味が非独立的であるとは，述語の意味に相当する手続きは単独では遂行できず，それを補完する表現（つまり名辞）の意味に相当する手続きを遂行した上で初めて遂行できる類の手続きだ，ということである．実際，述語に対応する手続きを実行するためには，単称名辞に対応する手続きがまずもって遂行されていなければならない．たとえば「等しい」はそれだけを充実化するということは意味をなさない．これはたとえば「２＋３は５と等しい」のような文の充実化の中で，名辞の充実化の手続きの遂行の後にのみ遂行することが意味を成すような表現である．同様のことはほかの述語にも当てはまるし，フッサール自身も例にあげているように，「かつ」や「あるいは」といった接続詞に関しても言える（文接続詞であれば，補完されるべき表現は文となる）．これに対して単称名辞や文に対応する手続きは，その実行のために予め実行しておかなければならないようなそれ以外の手続きを要求しない．これが，単称名辞や文の意味が独立的であるということの内実である．

したがって，フッサールの意味に関する独立的・非独立的の区別は，表現の対象の合成のされ方ではなく，表現の充実化手続きの合成のされ方から引き出されているのである．たとえダメットの言うように「フッサールは，異なったタイプの表現が，どのような指示のタイプを所持しているのか，そしてどのようにその指示のタイプが組み合わさるのかということに関する，いかなる精密な理論も持ち合わせてはいない」としても，しかしここからフッサールが言語の機能に関する体系的な洞察を持ち合わせていなかったということにはならない．むしろフッサールは，異なったタイプの表現がどのような充実化のタイプを所持しているのか，そしてどのようにその充実化のタイプが組み合わさるのかということに関して考察していたのであり，独立的・非独立的の区別はその考察において機能する区別なのである．そして第3章第3節で見たように，意味論的値の担い手としての表現は，基礎意味論的考察を踏まえて個別化される必要がある（少なくともそう考えるのがもっともらしい場合がある）以上，このフッサールの議論の進め方は十分理由のあるものだ．さらに言えば，本章第2節で確認したようなフッサール的真理観を前提すれば，文の充実化とは真偽の確定のプロセスでもある以上，単称名辞の意味が独立的であり，述語の意味が非独立的であると述べることが，なぜそれらが合成されて文の真偽の確定のためのプロセスとなるのかの説明を提供することにもなる．したがって，単にフッサールの区別が理論的な眼目のあるものだというだけでなく，ダメットの診断が端的に誤りだと論じることもできよう．フッサールの意味に関する独立的・非独立的の区別が彼の意味論において果たしている重要性を適切に評価するためには，彼の対象概念ではなく充実化の概念に目を向けるべきであったのであり，ダメットの誤診はこの点を見落としたことによる．

以上で，本書の主要な課題はほぼ達成された．次章では，この種の基礎意味論的な考察がフレーゲに見出されないのか，また見出されないとしたらなぜかという点を考察する．これは，フッサールの「スペチエスとしての意味」という考えの眼目を取り出すことにつながるだろう．

第5章
『論理学研究』と意味の神話

本章の目的は次の二つである．一つは，ダメットのフレーゲ批判を踏まえることで，フレーゲが，意義の存在論的身分に関する問題的見解により，基礎意味論的考察に関して沈黙せざるを得なかったということを確認することである．これによって，ダメットのフッサールに対する問題の否定的診断を覆すという本書の目標が，（ダメットのフレーゲ批判が適切である限りにおいて）完遂される．もう一つは，ダメットがフレーゲに帰属する問題的な思考の道筋を押さえることで，フッサールの意味に関する特徴づけの強みを確認することである．これによって，一見するとフレーゲの意義概念とそれほど異なるようには見えないフッサールの意味概念だが，実際にはフレーゲのものとは異なり基礎意味論という課題に適切に向けられたものになっていることが判明する．これは間接的に第4章での解釈を支持すると同時に，「意味は作用のスペチエスである」という見解の重要性を際立たせることになるだろう．

さて，本書全体の流れをおさらいしておこう．第3章までの箇所において，ダメットに抗して，言語志向性に関してフッサールには（フレーゲに比して）参照すべき意義があると主張するためには，次の二つを示せば十分であることが確認された．(a) フッサールが実際に基礎意味論的考察から具体的な見解を体系的に展開しているということ，(b) フレーゲはそうではないということ．このうち (a) を前章第4章で確認した．残るは (b) ということになる．

さて以下では，この (b) の論点に関して，ダメットのフレーゲ解釈に依拠することで応答したい[1)]．ダメットはフレーゲを非常に高く評価しているわけであるが，しかしフレーゲの意義概念に対する存在論的特徴づけには批判的であった．そのような批判を展開しているダメットの論文「フレーゲの第三領域の神話」（以下「神話」論文）によれば，フレーゲの「第三領域」の教説は，表現とその意義，そしてその対象の間の関係を非常に神秘的なものだとみなすことを伴う．そしてここから，フレーゲが基礎意味論的探究を不可能だと見なしていたということが帰結する．したがって，このダメットの解釈に依拠することで，上の論点に応答することができる[2)]．

しかしこの方針は，とりわけこの問題圏に関するフッサールの見解にある程度通じた読者に，次のようなもっともな嫌疑を生じさせよう．このような方針での擁護は上手くいくはずがない．なぜなら，それは本書にとっても望ましくない帰結をもたらす，いわば「諸刃の剣」だからだ．フレーゲとフッサールといえば，当時大きな影響力をもっていたいわゆる「心理学主義」（思考に関する探究は経験的・心理学的探究によって尽くされるという見解）に対して痛烈な批判を行った，反心理学主義の旗手と言える存在である．その批判は，いずれにおいても意味に関するある種のプラトニズム的見解を擁護することを通じて行われた．それは，フレーゲであれば意味は第三領域に住まうという見解であり，フッサールであれば意味はスペチエスと言われるイデア的存在であるという見解である．これはつまり，フレーゲの「第三領域」の教説と同等の教説に，フッサールもまたコミットしていたということに他ならない．したがって，ダメットの

1） 注意しておくと，「フレーゲの第三領域の神話」のフレーゲ批判は，フレーゲに対してその問題を指摘するという消極的な議論だけでなく，同時に積極的な議論も含んでいる．その積極的な議論とは，フレーゲの意味論それ自体は，第三領域の神話と切り離して考えられるものだ，という論点である．そしてこの点に関して本書は賛成である．いずれにせよ，第1章で見たように，ダメットはフレーゲの意味論を高く評価しており，本書はその評価に異議を唱えるつもりはない．本章での問題は意味論ではなく基礎意味論だということを注意されたい．

2） 念のため強調しておけば，ここで重要なのはフレーゲ自身が基礎意味論を展開していたかどうかである．したがって，フレーゲが意義に関して述べた教説を一定の仕方で解釈した解釈者が，基礎意味論的考察をフレーゲの意義概念の延長線上で展開するという可能性は全く問題になっていない．実際，第3章第2.2節で紹介したエヴァンズの識別能力解釈に依存する彼自身の考察や，それに依拠するレカナティの考察をそのような試みの成功例とみなすことができるということを，私は他の場所で論じた．葛谷 2019a 参照．

解釈に依拠して上のように議論を進めることが許されるなら，フレーゲに言えることはフッサールも言えるはずだ．すると，次の三つのいずれかであるということになろう．（1）第三領域の教説は基礎意味論的探究を妨げない（上の方針は成功しない），（2）第4章の議論が反駁される（フッサールは基礎意味論的探究を遂行していない），（3）フッサールは内的に不整合を抱えていた．このどれも本書にとって望ましくない帰結であろう，と．

実際これは，『起源』におけるダメットもまた直ちに突きつけてくるだろう応答である．彼は『起源』で次のように述べている．

> ボルツァーノ，フレーゲ，マイノングそれにフッサールに共通する，思想の心的性格の否定がもつ重要性は，それがもたらした哲学的神話――フレーゲの「第三領域」という神話，あるいは，フッサールの「イデア的存在」という神話――にあるのではない．(Dummett 1993: 25)

ダメットは，心理主義を脱却したという点において，（ボルツァーノやマイノングとともに）フレーゲとフッサールを高く評価している．しかし，フレーゲやフッサールが思想（思考内容）をなんらかイデア的な存在者の領域に住まうものだとした点については，それを「哲学的神話」として非難するのである[3]．

本書はこの問題に次のように応答する．実は，フレーゲとフッサールの間には，しばしばそうみなされてきたのとは異なり，意義・意味の存在論的身分に関する見解上の大きな差異がある．その違いは，一言で言えば，フッサールは

3）ただし，「神話」論文の時点でダメットはこの点に関して直接フッサールに言及して以下のようなことを述べていた．「私がフレーゲに帰属している誤りを，ボルツァーノ，（初期）ブレンターノ，フッサールないしマイノンクが犯しているかどうかは，これら著者の解釈の問題である．解釈が必要であるのは，彼らの誰も論理的独立性を上で説明したようなものとして説明してはいないからだ」(Dummett 1986: 250)．つまり，この時点でのダメットはフッサールがフレーゲと同様の神話にコミットしているかどうかに関して慎重であったわけだ．以下で示されるのは，「神話」論文でのダメットの躊躇は正しかったということである．

意味を作用のスペチエスだと見なしたが，フレーゲは意義を個別的対象と見なしたという点に存する．そして，フレーゲが神話にコミットするに至った経緯を確認することで，まさにこの違いゆえに，フッサールの意味概念がフレーゲのそれに比べて明らかに基礎意味論という課題に適切に向けられたものであることが明らかになる．それゆえ，フッサールが基礎意味論的考察を展開していたと考えることは，彼に内的緊張を強いるどころか，むしろ自然な帰結である．本章は以上を示すことを目的とする．

以上を踏まえ，本章は以下のように進む[4)]．まず第1節において，ダメットが「第三領域の神話」と呼ぶものをフレーゲに帰していること，そしてフレーゲの第三領域の神話から基礎意味論的探究の不可能性が帰結することを確認する．次に，第2節において，ダメットは意義が普遍的対象であることを認め損なった点にフレーゲの問題があると論じていることを確認する．第3節では，カテゴリー錯誤とそれが生じる仕方に関して簡単に確認し，続く議論の準備を行う．第4節では，なぜ意義が普遍的対象であることを認め損なうと神話が生じる（とダメットが考えた）のかに関してある解釈を提示する．第5節では，「神話」論文から，意義が普遍的対象であることを認め損なうに至るルートを2つ取り出す．最後に，第6節において，これまで確認したフッサールの意味に関する見解を振り返りつつ，フッサールの意味概念に関する見解がこの種の誤り

4） 本章の内容と葛谷 2014 の間の関係について簡単にコメントしておく．「神話」論文でダメットは，フレーゲの第三領域の教説の問題点を指摘するネガティブな議論と，ダメット自身の意義に関するポジティブな説明の二つを展開している．葛谷 2014 ではダメット自身のポジティブな説明をまず取り出した上で，それからの一致・逸脱という観点で「神話」に陥っているかどうかを考察していた．しかし実際には，ダメットの言う「神話」に陥らないかどうかと，ダメット自身の意義の説明を採用するかどうかは一致しない．そのため，葛谷 2014 の議論は，ダメットの言う「神話」の正確な解釈とはなっていないという問題に加え，そこで論じられたフッサールの見解のポイントが部分的にダメット自身の意義の説明の正しさに左右されるという問題も抱えている．これに対して本章では，ダメットのネガティブな議論のみを直接解釈した上で，フッサールがそれに陥っていないということのみを論じている．

に対して強い免疫をもっていたことを確認する．この作業を通じて，「作用のスペチエスとしての意味」という前章で確認したフッサールの意味に関する特徴づけが，フレーゲのそれとは異なり，基礎意味論という課題に適切に向けられたものであったということが確認される．

第１節　第三領域の神話と基礎意味論

本節では，ダメットがフレーゲに帰する「第三領域の神話」がどのようなものであるかを確認する．これにより，基礎意味論的考察に関してフレーゲが明確な考えを抱いていなかったことがダメットの解釈から帰結することが確認される．

ダメットは「フレーゲの第三領域の神話」と題された論文において次のように述べる．（念のため補足しておけば，フレーゲは意義のうちでとりわけ文の意義として機能するもののことを「思想」と呼んだ．）

> フレーゲの過ちは，すべての対象は独立自存［selbständig］だと想定したことである．反対に，対象の中には，本質的に［intrinsically］他の対象「の［of］」ものであるないし他の対象に依存しているものがある．この意味において，チェスの動かし方［move］をチェスの駒に依存していないものとして扱うことは馬鹿げているだろう．しかし，フレーゲが「思想」と呼んだもの――文の発話によって表現され，真ないし偽だと判断され，信じられ，知られ，疑われるところのもの――を言語および思考する存在者から独立だと見做してしまう，ということは完全にあり得る．これがまさにフレーゲがしてしまったことである．そしてまさにそうしてしまったということにおいて，彼は哲学的神話の罪を負うことになったのである．
> （Dummett 1986: 249-250）

ここでダメットは，思想が，それを表現する文や，それを判断したり信じたりする思考者から独立だと考えたことで，フレーゲは哲学的神話にコミットすることになったと述べている．もちろんこの主張の内実は，ここで「独立自存」「本質的に依存する」「独立である」と言われる際の独立・依存関係の内実に依存することになるが，この点を解釈することは次節の課題となるので，ここではひとまずなんらかの独立・依存関係が問題になっていると押さえておくにとどめよう．

では，フレーゲが背負った「罪」と言われるような哲学的神話とは何か．ダメットによれば，思想を含む意義を上の仕方で独立だとみなすことからは，意義が全くもって神秘的な存在者であるということが帰結する．より正確に言えば，まず意義が思考者に対して立つ関係，そして意義が指示に対して立つ関係，この二つの間の関係が全くもって説明不可能な神秘的なものだということになる．

> ［独立自存の意義という］このような観点が支配的であれば，すべては神秘的である．思想が現実の他の領域にある事物に関係するのはいかにしてか，つまり思想がなんらかのものについてのものになるのは何によってかを説明する方法は存在しない．私たちがそれを把握するのはいかにしてかを説明する方法も存在しない．フレーゲが「このプロセスはひょっとしたらすべての中で最も神秘的なものかもしれない」と書いたことは全く不思議ではない．そして何より，私たちが意義を語や表現に結びつけるのはいかにしてか，つまりそれらを語や表現の意義にするのは何かを説明する方法は存在しない．（Dummett 1986: 251-252, 強調は原文）

以上より，表現とその指示の間の関係もまた神秘的なものになる．というのも，この観点のもとでは，表現がその指示をもつのは，二つの神秘的な関係のおかげだということになるからである．

以上より，基礎意味論に当たる探究が不可能だということがフレーゲの第三領域の教説から帰結することが分かる．というのも，基礎意味論とは，表現がその指示をもつということを，その仕方を明らかにすることで説明しようという試みだからである．上の見解が述べているのは，それは説明不可能だということだ．正確には，表現に説明不可能な仕方で結びついたもののおかげだ，としか説明できないということだ．意義とは私たちと隔絶された第三領域に住まいながら，説明不可能な仕方で表現に指示能力を付与してくれる，神秘の存在者である．これが「第三領域の神話」である．

さて以上で，もしダメットの解釈に従うならば，フレーゲの第三領域の神話と基礎意味論に当たる探究の可能性が両立しないということが確認された．もちろん問題は，同じことはフッサールには言えないのか，またなぜそのような違いが生じたのかということである．この点を確認するには，この神話へ陥るルートはどのようなものかを押さえる必要がある．これが続く2つの節の課題となる．

第2節 意義を独立自存だとみなすとはいかなることか

本節では，より具体的には，ダメットの批判は抽象的な普遍者の拒否からの帰結ではなく，むしろダメットは意義が抽象的な普遍者であることを認め損なった点にフレーゲの問題があると論じていることを確認する．

以下では，まず用語法の確認を行った上で（1），ダメットの批判が何であり，何でないかを確認する（2）．

（1）用語の整理：普遍的対象と抽象的対象

ここではまず用語法の整理を行う．というのも，以下では「神話」論文で問題となっている独立・依存関係を理解するために『フレーゲ：言語哲学』（以下「FPL」）における記述も合わせて確認するが，そこでのダメット自身の用語法は現在一般的となっているものと少々ずれるためである．

ダメットはFPLの第14章「抽象的対象」において，「抽象的対象」を表現理解の観点から次のように特徴づけた．ある対象が抽象的対象であるとは，その対象の任意の名前を理解することが，その対象がある関数的表現の値域に含まれるということを認識することを含むということである[5]．この特徴づけはそれ自体かなり抽象的でありそのポイントが掴みにくいかもしれないが，本書の議論に関する限りでは，ここでダメットが「抽象的対象」として考えているものは，本質的になんらかのものを一定の仕方で分類･記述する観点に当たるもの，現在で言うところの「普遍者」に当たるものだとまとめられる[6]．以下，この点を確認しよう．

ダメットは青や赤といった色を抽象的対象の例として考えているので，本書でもこれを例にとって考えよう．色が抽象的対象であるとは，上の定義で言えば，任意の色 c に関して，ある人が c を指示する名前（たとえば「青色」や「赤色」）を理解するためには，その人は c が「の色（the colour of）」（Dummett 1973［1981］: 485）という表現（が指示する関数）の値域に含まれるということを認めているのでなければならない，ということになろう．ここで，この関数的表現は，様々な事例を同色関係で分類するための基準，つまり色の観点から分類するための基準に基づいて，次のような仕方で導入されると考えられる．

> 任意のもの x と y について，x の色と y の色が同一であるのは，x と y が同色であるちょうどそのときである．

すると結局のところ，ダメットが青や赤といった色が抽象的対象であると述べる際に主張していることは，ある人が色の名前を理解するためには，その人は

5） Dummett 1973［1981］: 485 参照．なお本書では「ある関数的表現の値域」は「ある関数的表現が指示する関数の値域」を意味すると解釈している．

6） 実際には，ダメットが該当箇所で行いたいことは伝統的な「普遍者」「個別者」の対を純粋に言語的な観点から捉え直すということだと思われる以上，ある意味でこのまとめはその点を「台無し」にするものではあるのだが，本書の議論にとってその詳細は問題ではないため，あえて単純化している．Dummett 1973［1981］: 471–472 参照．また関連する論点に関しては，金子 2006 の第 1 章が詳しい．

様々な事例を色という観点から分類でき，かつその分類を行う際の観点に当たるものを今指示しているのだということを認識していなければならないということだと分かる．ダメットは問題となる関数的表現として，フレーゲの「の方向（the direction of）」の他にも「の数（the number of）」（Dummett 1973 [1981]: 475），「の形（the shape of）」（Dummett 1973 [1981]: 481）を挙げているが，これらに関しても同様のことが言えよう．つまり，方向・数・形は，それを指示するためには，それぞれ直線・ものの集まり・形を分類する観点として働くということを認識していなければならない存在者だということである．

すると結局のところ，ダメットが抽象的対象に数え入れているものは，本質的になんらか他のものを分類するための観点である（ということを知らなければそれを名辞で指示できない）ようなものだということになる．そして第4章で確認したように，これはフッサールが「スペチエス」と呼んだものに相当する．というのもフッサールは明確に，スペチエスを分類の観点として要請していたからだ[7]．

注意すべきなのは，これは，現在しばしば用いられ標準的と言って良いと思われる「抽象的」という語の用法とは異なり，むしろ「個別者」と対比される意味での「普遍者」の用法に近いということだ．普遍者は，何ものかに例化可能なものだとか，繰り返されうる（repeatable）ものだとかいう仕方で特徴づけられる．ここで，例化の多対一関係を事例とその分類の観点だと考えれば，上の区別とほぼ重なることになる．これに対して，標準的な用法によれば，何かが抽象的であるとは，それが時空的規定をもたないということである．これは記述･分類のための観点という考えとはそれ自体無関係なものであり，フッサールの用語法でも「レアール」と対になる「イデアール」の用法に近い．

以上のように，用語法上非常にややこしい問題がある．したがって，本書ではこれより次のような用語法を採用したい．ダメットの「抽象的対象」を，フッ

7） 第4章第1節（2）参照．

サールの「スペチエス」に対応すると考え，現在の「普遍者」という表現との親近性も踏まえ，「普遍的対象」という語で表現し，「個別的対象」に対置する[8]．そして，標準的な用法における「抽象的」「具体的」という対は，フッサールの「イデアール」「レアール」と外延的に一致するものと見なし，フッサールに倣って「イデアール」「レアール」と呼ぶことにする．

用語の整理に関しては以上である．以下では「神話」論文でのダメットの議論に戻りたい．

（2）独立自存であるとはどういうことか

ここでは，ダメットは「神話」論文において，普遍的対象を否定しておらず，むしろ意義が普遍的対象であることを理解し損ねた点にフレーゲの誤りがあると論じていることを確認する．

まず，ダメットが普遍的対象の存在を問題視しているわけではないことを確認しよう．

> 今まで誰も形成したことがない文が存在し，しかもそのような文は，ちょうど発話された文と同様に，意義をもつ．これらのことは，ある思想はその存在に関して，私たちがそれを把握することや表現することに依存してはいないとフレーゲとともに述べるための正当な根拠である．［…］今まで決してプレイされたことも考えられたこともないようなバージョンのチェスにおいて駒に割り当てられえた無数の他の可能な動かし方［move］があるはずである．そのような動かし方が「ある［there are］」と述べることは無害である．（Dummett 1986: 249）

ここでダメットは，これまで発話されたこともこれから発話されることもない

8）　ダメットが「抽象的対象」という語を導入した文脈上，「対象」という語を省くことは憚られた．Dummett 1973［1981］: 471-472 参照．

文が存在することを認めているが，これは要はトークンをもたない文タイプを認めることに相当する．

同様の論点は，続いてダメットが自らが問題視する独立・依存関係を述べる際にも強調される．

> しかし，動かし方［move］が（現実的であれ可能的であれ）チェスの駒の動かし方であるということを否定することは馬鹿げているだろう．この論理的依存の「の［of］」は，その動かし方をもった駒が存在する場合に限り一定の動かし方は存在するということによっては適切に表現されえない．というのも，まさに指摘したように，私たちは［現実に存在する］いかなる駒にも割り当てられたことのない動かし方について語ることができるからだ．むしろそれが意味しているのは，いかなる動かし方について考える［conceive of］することも，なんらかの駒をその動かし方をもつものとして考えることだということである．（Dummett 1986: 249）

明らかに，問題視されるべきは「駒の動かし方」という表現における「の（of）」が表す「論理的依存」を否定することの方であり，普遍的対象を認めることの方ではない，というのがここでのダメットの論点だ．例化されていない普遍的対象（いかなる駒にも割り当てられたことのない動き）について語ることは問題視されていない．

また，イデアールな存在者に関しても，ダメットはそれを認めることに問題はないと考えていると思われる．

> 結局のところ，駒が異なる動かし方を獲得しうるとしても，チェスのある動かし方［a chess move］は変化しえない．そして，その動かし方はそれがなんらかの駒に割り当てられようがそうでなかろうが，それどころか，チェスが発明されていようがそうでなかろうが，同一であり続ける．（Dummett 1986: 251）

ここでの「チェス」とは，現行のチェスに限らず，なんらかのバージョンのチェスのことを指すと考えられる[9]．いかなるチェスの発明にも依存しないのだとすれば，チェスの駒の動かし方に関しておよそ生成消滅を語ることは意味がないように思われる[10]．ダメットは駒の動かし方に関して，それが「ある」と述べることは無害だと考えていたのだから，ダメットはイデアールな存在者を認めることを問題視しているわけでもない．少なくともそれは，「第三領域の神話」として彼が問題視したいものではない．

以上で，「神話」論文ではイデアールな普遍的対象を認めること自体は問題視されていないことが確認された．では，何か問題視されているのか．二つ前の引用からとりあえず言えるのは，ダメットが問題視しているのは，「駒の動かし方」という表現における「の（of）」が表す「論理的依存」を否定することだということである．

では，ここでの「論理的依存」が意味するところのものとは何だろうか．同じ引用によれば，動かし方について考えることは，あくまでなんらかの駒をその動かし方をもつものとして考えることでしかなく，その意味で動かし方はなんらかの駒の動かし方でしかない，というのがそれであるとされる．さらに（驚くべきことに論文のほぼ最後においてなのだが）ダメットはこの点に関して次のように述べる．

独立自存の対象，言い換えれば論理的に独立的な対象とは，むしろ，他の

9） 現行のチェスにおけるある駒のある動かし方がその駒に割り当てられていないのであれば，現行のチェスはもちろん発明されていないだろう．よって，現行のチェスのことを問題にしているとすると，二文目の「それどころか（even）」を理解することが困難となる．

10） もちろん，このような考え方が正当かどうかはまた別の問題である．たとえば，チェスの駒の実際の動かし方であれ可能な動かし方であれ，それらがタイプ的存在者としてこの現実世界で存在するようになったのは，実際にチェスが発明された時点であるという考え方は問題なく理解可能である．また，タイプ的存在者は生成だけでなく消滅もするという考えについては，Iida 2013 を参照．

> いかなる種類の対象も指示することなしにその種類の対象を指示することが原理的に可能であるような対象である．(Dummett 1986: 261-262)

FPLでの抽象的対象の議論を確認した私たちにとって，ここでダメットが「論理的依存」で言いたいことは明らかだろう．要は，何かが論理的に独立的な対象であるとは，それが個別的対象だということであり，何かが論理的に独立的でない対象とは，それが普遍的対象だということである．

さて，ようやく第1節冒頭の引用の理解を一段階前進させることができる．もう一度引いておこう．

> フレーゲの過ちは，すべての対象は独立自存［selbständig］だと想定したことである．反対に，対象の中には本質的に［intrinsically］他の対象「の［of］」ものであるないし他の対象に依存しているものがある．この意味において，チェスの動かし方をチェスの駒に依存していないものとして扱うことは馬鹿げているだろう．しかし，フレーゲが「思想」と呼んだもの——文の発話によって表現され，真ないし偽だと判断され，信じられ，知られ，疑われるところのもの——を言語および思考する存在者から独立だと見做してしまう，ということは完全にあり得る．これがまさにフレーゲがしてしまったことである．そしてまさにそうしてしまったということにおいて，彼が哲学的神話の罪を負うことになったのである．(Dummett 1986: 249-250)

以上で，意義を独立自存だと見なすということでダメットが何を考えているかが明らかになった．それは，普遍的対象である意義を個別的対象だと見なすということである．実際には，それらは本質的になんらかのものの意義，なんらかのものの思想である．つまり，意義や思想とは，（言語表現やその使用，または私たちの思考など，とにかく）なんらかのものを記述・分類するための観点として働くものである．しかしフレーゲはすべての対象は個別的対象だと考え，それゆえ実際には普遍的対象であるところの意義や思想も個別的対象だと考えてしまった．便宜上，意義や思想を個別的対象だと考えることを，意義や思想についての「個別的対象説」と呼ぶことにするなら，フレーゲの問題はこの個別的対象説にある．ダメットによれば，これこそが，フレーゲが哲学的神話の罪を負うことになった原因である．

さて，ここまでの箇所で明らかにされたのは，個別的対象説のせいでフレーゲは哲学的神話の罪を負うことになったとダメットが考えている，ということである．しかし，これまでの議論でまだ明らかになっていないことが少なくとも二つある．

1．**個別的対象説の問題点**：そもそも，意義や思想を個別的対象だと考えると，なぜ基礎意味論が不可能となってしまうのか．個別的対象説自体は，少なくとも一見したところ，内的に不整合を抱えるようなアイデアには見えない．しかしだとすると，個別的対象説のいったいどこに，基礎意味論を不可能にするような要素があるのか．
2．**個別的対象説へのルート**：フレーゲはなぜ意義や思想を個別的対象だと考えるに至ったのか．すでにみたように，チェスにおける駒の動かし方に関しては，動かし方を駒から独立した個別的対象だと考えることは馬鹿げているのであった．では，フレーゲはなぜ言語表現の意味や思考の内容（思想）に関しては，意味や思想を言語表現や思考から独立した個別的対象だと考えたのか．

このうち，第一の論点は明らかに重要である．この点が十分明確にならない限り，フレーゲの個別的対象説が基礎意味論を不可能にするということは，「ダメットがそういっているが，なぜかは分からない」というものになってしまう．このままでは，フレーゲの第三領域の教説のどこに問題があるのかが明らかになったとは言えないし，フッサールの意味のスペチエス説がフレーゲの説より（仮に優れているとしても）どのような理屈で優れているのかも分からない．

また,二つ目の論点も本書にとっては重要である.なぜなら,本書はフッサールがフレーゲと同じ轍を踏んでいないということの確立を目指しているからである.仮にフッサールは公式見解では個別的対象説を採用していないとしても,実際にはフレーゲと同じ轍を踏んで個別的対象説も採用してしまっている,ということもありうる.フレーゲが踏んだと思われる轍をある程度でもはっきりさせなければ,フッサールがそれを踏んでいないということもはっきりさせようがない.

さて,上の第二の論点(個別的対象説へのルート)については,「神話」論文におけるダメットの論述からいくつか示唆が得られる.これに対して,第一の論点(個別的対象説の問題点)については,どうやらダメット自身にとっては自明であったようで,少なくとも直接的には何も語られていないと思われる.本書はこの点に関して,ダメットがここで念頭に置いていたのは,ライルの「カテゴリー錯誤」に関する議論であるという解釈を提示する.以下で見るように,ライルが「カテゴリー錯誤」として指摘した事例は,適切な探究を不可能にするような存在論へと導くという特徴がある.そして個別的対象説が基礎意味論的探究を不可能にする仕方も,個別的対象説が「の(of)」にまつわるカテゴリー錯誤から生じたと考えることで,同様に理解できる.加えて,第二の論点に関する議論からも,ダメットがカテゴリー錯誤の問題を念頭に置いていたことが示唆される.これらからから本書は,個別的対象説の問題点としてダメットが考えていたものは,ライルの「カテゴリー錯誤」の議論を念頭に置くことで明らかにできると論じる.また,万一これがダメットの念頭にあったことでなかったとしても,この議論は個別的対象説の問題点を明確化するものではあり,これだけでもフッサールとフレーゲの比較にとっては大きな有用性をもつ.

以上を踏まえ,これ以降の議論は次のように進む.まず第3節でライルが「カテゴリー錯誤」と呼んだものを簡単に確認する.続く第4節では,第一の論点(個別的対象説の問題点)を明確化する.より具体的には,「の(of)」の論理的依存を見て取り損ねることによるカテゴリー錯誤によって適切な探究を不可能にするような「神話」が生じる一般的なパターンを具体例により例示した上で，個別的対象説の問題も同じパターンの一例として理解できることを示す．そして第5節では，第二の論点（個別的対象説へのルート）を明確化するために，「神話」論文におけるダメットの論述から該当するルートを二つ取り出す．最後の第6節では，以上の議論を踏まえ，前章にて確認したフッサールの意味に関する見解を振り返りつつ，フッサールの意味概念に関する見解がこの種の誤りに対して強い免疫をもっていたことを確認する．この作業を通じて，「作用のスペチエスとしての意味」という前章で確認したフッサールの意味に関する特徴づけが，フレーゲのそれとは異なり，基礎意味論という課題に適切に向けられたものであったということが確認される．

第3節　カテゴリー錯誤とは何か

本節では，ライルが「カテゴリー錯誤」と呼んだものが一体どのような種類の誤りなのか，そしてそれによってどのような帰結が生じるのかを確認する．

ライルは，彼が「カテゴリー錯誤」と呼ぶものを説明する際，次の例を用いた．

> オクスフォードやケンブリッジを初めて訪れる外国人が，たくさんのカレッジ，図書館，運動場，博物館，各学部，事務局を見せられる．彼はそこで次のように尋ねる．「しかし，大学はいったいどこにあるのですか．私はカレッジのメンバーがどこに住み，事務職員がどこで仕事をし，科学者がどこで実験をしているのか等々は見ました．しかし，あなたの大学のメンバーがそこに住みそこで仕事をしているところの大学はまだ見ていません」．彼に説明される必要があることは，大学は彼が見てきたカレッジや実験室や部局などの隠れた対応物，相並ぶ別個の施設ではないということだ．大学とは彼が見てきたすべてが組織化されている仕方そのものであ

> る．それらが見られ，かつそれらの協調が理解されたとき，すでに大学は見られている．彼の誤りは，クライスト・チャーチ，ボードリアン図書館，アシュモレー博物館，そして大学，と語ることが正しいという無垢な仮定，つまり「大学」がこれらの他の単位を要素にもつクラスのある追加要素を表すかのように語ることが正しいという無垢な仮定に存する．彼は誤って大学を他の施設が属するカテゴリーと同じカテゴリーに割り当てた．（Ryle 2002/1949: 16）

ここで描かれているのは，ある種の表現が表すもののカテゴリーを誤解するがゆえに，滑稽な問いを立ててしまう状況である．ここでの彼の誤りをあえて一言で述べれば，それは「大学」の指示するものを施設の一種であると見なしている点にある．この誤りゆえに，彼はすでに大学を見ているのだが，未だそれが表すところのものを見ていないと思ってしまっている．

ライルも指摘するように，カテゴリー錯誤は基本的には言語的な誤りであると考えられる[11]．ライルは上の例の他に，歩兵大隊，砲兵中隊，騎兵大隊と同列のものとして師団を考えるがゆえに，師団の分隊行列を見た後に「いつ師団が出てくるのか」と問うてしまう子どもや，クリケット競技の投手，野手，審判，スコアラーという役割と同列のものとしてチーム精神を数え入れてしまったがゆえに，「チーム精神の担い手は誰ですか」と問うてしまう人などの例を挙げた上で，次のように述べる．

> カテゴリー錯誤のこれらの例示は注目すべき共通の特徴をもつ．それらの誤りは［どれも］，大学，師団，チーム精神といった概念をいかに使用すべきかを知らない人によってなされている．英語の語彙の一定のアイテムを使用する能力を欠くことから彼らの困難は生じている．（Ryle 2002/1949:

11） ただし，正確に言ってどのような言語的な誤りであるのか，またそれにはどのような種類があるのかといったことに関しては一定の議論の余地がある．これについてはMagidor 2013 が詳しい．

17)

つまり,「大学」「師団」「チーム精神」という表現が表すもののカテゴリーを見誤ってしまったがゆえに,そのままでは解決不可能な疑似問題が生じている.

カテゴリー錯誤が生じるパターンは多様だが,本書にとって以下で重要になるパターンは,文法にミスリードされるパターンである.たとえば,「このチームが勝てたのはアリスのおかげだ」「彼が忘れ物を見つけられたのは彼の友人のおかげだ」といった言い回しにおいて「のおかげ(in virtue of, thanks to)」の目的語は人物である.この場合,「アリスとは誰ですか」「彼の友人は誰ですか」と問うことにおかしなことは何もないし,その答えを人の中に見つけようとする事もおかしくない.さて,Aがその友人Bと友人Xが出場する短距離離走を見ているとしよう.そのレースでXは,驚くべきスタートダッシュに成功したことにより,一位でゴールした.そこでAがBに「Xがレースで勝てたのは彼の瞬発力のおかげだ」といったとしよう.Bは次のように尋ねる.「Xのシュンパツリョクとは誰ですか.このレースでは彼は一人で頑張っていたと思うのですが」.ここでBの抱える問題は,「彼の瞬発力」を,文法的な類推から「彼の友人」と同列の何か(なんらかの人物)を指す言葉だと考えたところにある.実際には,「Xの瞬発力」とはいかなる人物でもないし,もっと言えばいかなる個別的対象でもなく,彼のもつ性質・能力である.Xがその瞬発力のおかげでそのレースに勝ったということを見てとるためには,Xがレースで勝った原因がXがその類稀なる瞬発力を発揮したことにあるということを見て取るだけでよく,「Xの瞬発力」と呼ばれるXとは別の誰かが手助けをしたかを確認する必要は一切ない(もちろん,そんなものはいない).Bはこの誤りゆえに,Xがレースで勝てたのは彼の瞬発力のおかげであることを目の当たりにしており,場合によってはそれに驚嘆していたにもかかわらず,Aの発言に同意することができないのである.

さて,ライルが「カテゴリー錯誤」として想定していた事例はどれも,ある種の表現が表すもののカテゴリーを誤解するがゆえに，滑稽な問いを立ててしまう状況であった．しかし，ここで重要なのは，カテゴリー錯誤が単に滑稽な疑似問題を一つ増やす，ということではない．そうではなくて，そのような疑似問題を真剣に立てるような形でカテゴリーを誤解する人は，問題の表現が指示するものを適切に探究することが不可能な状態にある，ということである．「大学とはどの施設ですか」「彼の瞬発力とは誰ですか」という形で問いを立てることが適切だと考えている限り，「大学」や「彼の瞬発力」の指すものを，それが指すものとしてその人が正しく認識することは決してできない．このことを少々「哲学的」に整理すれば，「大学」の指すものが施設という領域に属する対象であるとか，「彼の瞬発力」の指すものが人という領域に属する対象であるという存在論にコミットした時点で，その人はそれらの指示するものをそれらの名称のもとではもはや適切に探究することが不可能になっているのである．そしてもちろん，同じことは，立てられる問いが滑稽に響かなかったとしても，その語が指示するものに関する誤った存在論を反映している限り同様に成り立つ（ライル自身が心に関する語についてまさにそう考えたように）．たとえば「語「water」の意義はどの個別的対象ですか」と問うことが滑稽に響かなかったとしても，それがカテゴリーに関する誤りを表現している限り，それを発する人がコミットする存在論は，その人が問題の表現の指すものを適切に探究することを不可能にする．これがライルが「カテゴリー錯誤」と呼んだものの一般的な構造である．

さて，次節では上記を踏まえたうえで，「の（of）」にまつわるカテゴリー錯誤から神話が生じる一般的な道筋を例を用いつつ明確化する．

第４節　カテゴリー錯誤と神話

ここでは，「の（of）」にまつわるカテゴリー錯誤から神話が生じる一般的な道筋を例を用いつつ明確化することを通じて，意義を個別的対象だと考えることからいかに第三領域の神話が生み出されるのかを明らかにする．まず，ダメットが最も強調していた「の（of）」という言葉に関して，「…の～」という構成が指すものに関するカテゴリーの勘違いが生じうるということ，そしてそのように引き起こされた勘違いは，まさにライルの「カテゴリー錯誤」の事例と同様の形で，「…の～」が指すものの探究を不可能にするような疑似問題を生み出すことを確認する．その上で，表現の意義に関して同様の疑似問題が生み出されると，基礎意味論的探究が不可能になることを確認する．これにより，意義を個別的対象だと考えることから哲学的神話に導かれるプロセスとしてダメットが念頭に置いていたものが，ライルの「カテゴリー錯誤」の議論において想定されていたのと同種のものとして明確化される．

まず，「の」という言葉に起因する文法的類推によるカテゴリー錯誤が神話に陥る一般的な仕方を確認したい．そのために，次のような例を想像してもらいたい．刑事Aが，二人の部下BとCに対して次のような命令を下したとする．

A：X，またはその姉のYが怪しいな．B，すまないがXの姉をチェックしてくれ．

B：はい，分かりました．

A：それと，C．Xの動きをチェックしてくれ．

C：え，誰ですか？

A：ん？ Xだ．

C：いえ，Xが誰かは分かっています．Xの姉が誰かも知っています．でも私はまだXのウゴキが誰かを知らされていないのですが．

Cの誤りは，「Xの動き」が指示するものをなんらかの人物だと見なしている点にある．そしてその原因は，Cが「Xの動き」を「Xの姉」と全く同様の論理形式をもつものとして解釈したことにある．

一方で，「Xの姉をチェックせよ」という命令に従うためには，XではなくY（の振る舞い）を調べる必要がある．なぜなら，その命令は「～はXの姉である」という述定を満たす人物（の振る舞い）を調べるよう要求しており，その述定を満たすのはYだからである．そしてもちろん，Yをチェックすることは X をチェックすることではない．

他方，「Xの動きをチェックせよ」という命令は「～はXの動きである」という述定を満たす人物を調べるよう要求しているのではない．そのような人物はいないし，それは人物ではなく事物一般に探す範囲を広げても，さらには個別的対象一般に広げたとしても変わらない．その命令はX以外のものを調べろと言っているのではなく，X（の振る舞い）を調べろと言っているからである．正確には，いかに動くかという観点で，つまり「動き」と呼ばれる性質の点で，X（の振る舞い）を調べろ（分類・記述しろ）と言っているからである．

この勘違いの問題は，命じられた任務を達成するために何を調べれば良いのかに関して見当違いのことを考えることになる点にある．今回のように，理論的に体系的な作業を要求しないような事例では，場合によっては，問題の任務を実際には達成しているのに本人がそれに気がつかないということすらありうる．CはXを様々な観点から調べているかもしれない．彼が調べたことの中には，Xをその動きの観点から記述したものも含まれるかもしれない．しかし，Xはそのことに気がつかない．「Xの動きを調べろ」という命令が，何によって達成されるのかを誤解しているからである．Cは依然として，「Xのウゴキ」とは誰のことかと悩んでいる可能性がある．

興味深いことに，少し「哲学的」な考察を挟めば，ここから「神話」へと容易にたどり着く．

A：何を言っているんだ．私はX以外の人間を調べろとは言っていない．
C：え，Xのウゴキは人間ではないんですか．動物ですか．
A：「Xの動き」は動物かどうか？　よく意味が分からないが，違うだろう．
C：じゃあ，どんな物なんですか？　それとも心の中の何か？
A：いや，どちらでもないんじゃないか？

C：じゃあ，一体どうやって調べれば？

そんな「第三の領域」に住まっているようなものを，というわけだ．もちろん，Xの動きは「第三の領域」に住まってもいない．動きはそもそもどこかにそれ自体で住まうもの・個別的対象ではなく，もののあり方，ものを分類・記述する観点，つまり普遍的対象である．やるべきことは，Xがどう動くのかをチェックすればいいだけである．しかしまさにこのことこそ，動きに関する第三領域の神話にコミットすることで見失われることである．第三領域の神話は，このような形で適切な探究を不可能にする．

ダメットが言うように（そして意義の基礎意味論的解釈が正しければ含意されるように）意義がもし普遍的対象なのだとすれば，フレーゲの第三領域の神話が意義の探究を不可能にする仕方も上と全く同様の仕方で理解できる[12]．フレーゲが「～の意義」の「の（of）」を上と同じように勘違いしたとしよう．そして，ダメットが言うように，意義が実際には普遍的対象だとしよう．すると，それは本質的になんらかの事例を分類するための観点である．たとえばその事例として表現（の使用）を取るなら，それは本質的に表現（の使用）を分類するための観点である．その場合，ある表現（の使用）に関して，「その意義を調べよ」という命令は，その表現（の使用）を調べよ，正確にはその表現（の使用）をその意義という性質の観点から調べよと言っているのである．もし意義が表現（の使用）が何かを意味論的値としてもつ仕方なのだとすれば，それは要はその表現（の使用）がある個体をその意味論的値としてもつのはいかにしてかという観点から，その表現（の使用）を調べよと言っているのである．基礎意味論的解釈が

12） 基礎意味論的解釈が正しければ，意義は表現がその意味論的値をもつという事実を（少なくとも部分的に）説明する（典型的には表現とその意味論的値の間の関係的）事実となる．もちろんこの基礎意味論的事実は，ほかの表現とほかの意味論的値の間に成り立った場合には同様にその両者の間の意味論的事実を（少なくとも部分的に）説明するような，繰り返し例化されうる普遍的対象である．よって，意義の基礎意味論的解釈が正しければ，意義は普遍的対象でもある．

正しければ，これは要は，その表現に関して成り立つ基礎意味論的事実を調べよと言っているのである．それは決して，その表現（の使用）となんらかの関係に立つ個別的対象を探しに行けなどとは言っていないし，ましてや第三領域に何かを探しに行けと言っているのではない．しかし，「Xの動き」が指すものを「Xの姉」のように何かXと独立に存在しうる個別的対象を指す表現だと考えたのと同じように，（たとえば）「語「water」の意義」が指すのは表現と独立に存在しうる個別的対象だと考えたならば，まさに上のCが「Xの動き」を調べるにあたり見当外れの仕方で途方にくれたのと同様に，「語「water」の意義」を調べるために見当外れの仕方で途方に暮れることになる．そして，そのような仕方で途方に暮れた人には，基礎意味論は確かに遂行不可能な試みに思われるだろう．フレーゲはまさにそのような仕方で途方に暮れながら，表現を使用する私たち思考者と思想の間の関係について「このプロセスはひょっとしたらすべての中で最も神秘的なものかもしれない」と述べた．ダメットのポイントはこのように具体化することができるだろう．

以上で，意義に関する個別的対象説がなぜ基礎意味論的探究を不可能にするかが具体的に明らかになったと思われる．これがダメットが念頭に置いていたものだと断言することはできないものの，これがダメットの念頭に置いていたものであろうことは少なくとも次節で確認する論述から示唆される．そして，仮にこれがダメットの念頭に置いていたものでなかったとしても，個別的対象説が基礎意味論的探究を不可能にする一般的なルートがここで確認されたことは確かであり，これはフッサールとフレーゲの比較を行う上で有用である．

さて，次節ではいかにしてフレーゲが意義を個別的対象だと誤解したのかについて，ダメットが示唆するところを確認する．

第5節　意義のカテゴリー錯誤はいかにして生じるか

本節では，いかにしてフレーゲが意義を個別的対象だと誤解したのかについて，ダメットが示唆するところを確認する．「神話」論文においてダメットはそのようなルートを他にも少なくとも二つ提示している．そしてこれらはいずれも，ライル的なカテゴリー錯誤の事例として解釈できる．以下ではこれを確認することで，第4節の解釈を補強するとともに，フッサールの意味に関する見解の重要性を際立たせる準備を行う．

（1）カテゴリー錯誤へのルートA：命題的態度動詞による文法的ミスリード

ここでは，フレーゲが普遍的対象である思想を個別的対象だと考えたありうる理由の一つとして，動詞とその目的語に関する文法的ミスリードをダメットが指摘していることを確認する．

ダメットは，信念とは信じ手と命題の間の二項関係だと述べたり，言明は話し手と命題の間の二項関係であると述べるのはミスリーディングであるというサールの主張を引用した後，これを私たちの文法がミスリードする状況として解釈する.[13]

> 私たちが「信じる」や「望む」のような命題的態度のための動詞をもつとき，それらが支配するのは間接話法の節であるか，「信じる」の場合であれば，原理や仮説や教説，等々を表す名辞である．サールの主張は，この場合，文法が私たちをミスリードするというものだ．(Dummett 1986: 252)

ここで問題になっていることは，先程触れた文法的位置にミスリードされる事例の一例として考えることができる．同様の問題は命題的態度動詞でなくても生じうるようなものに思われるので，まず一般的な構造を見るために，「バイデンがトランプを褒めるだろう（Biden will praise Trump）」という例から始めよう．この事例における「褒める（praise）」という動詞の目的語に現れる「トランプ（Trump）」が表すものに関しては，カテゴリー錯誤の事例を考えることは

13）引用されているのは Searle 1983: 18.

難しい．というのもこの語が，私やバイデンと同様，人という種類に属するなんらかの個別的対象を指示しているということが明らかだからだ．個別的対象の種類を記述するような語が目的語に来た場合も，たとえば「バイデンが石ころを蹴るだろう（Biden will kick a stone）」という文の場合でも，それほど状況は変わらないだろう．この場合も「蹴る（kick）」という動詞の目的語に現れる「石ころ（a stone）」が，個別的対象を石ころという種類に属するものとして記述しているということは明らかだ．

しかし，以上からの類比で，「バイデンがタンゴを踊るだろう（Biden will dance a tango）」を理解してしまったとすれば，それはカテゴリーに関する勘違いを生み出す．たとえば，私が「dance a tango」という表現に関して文法的な事柄以上のことを何も知らないまま，「Biden will dance a tango in the hall」と聞かされたとしよう．私が広間に着くと，そこではバイデンがタンゴを踊っている．そこで，その様子を眺めた私が一緒にいた日本人に次のように尋ねたとしよう．

> この広間には踊っているバイデン氏以外誰もおらず，他には机や椅子など見知ったものしかありません．一体どれが「tango」と呼ばれるものなのでしょうか？　私はバイデン氏が「tango」と呼ばれるものに対して「dance」というような行為をするだろうと聞いてやってきたのですが．

もし私がバイデンのダンスを遠回しに貶めているとかではなく，真剣にこれらを尋ねているとすれば，これはカテゴリー錯誤の事例である．私はすでに「tango」の表すところのものを，正確には「dance a tango」が表すところのものを見ているが，私はそれをその表現が表すものとして認識できていない．「タンゴ（a tango）」は，「バイデンは石ころを蹴った」や「バイデンは上着のボタンを外した」における「石ころ」や「上着のボタン」のように，バイデンが振る舞いにおいて関わりをもちうる個別的対象のあり方を記述しているのではない．そうではなく，それは「踊る」という動詞と一緒になって，バイデン

（の振る舞い）をある種類・タイプのものとして記述しているのである．

上の事例から得られる教訓は，動詞の目的語に来ている名詞は，必ずしも動詞が記述する振る舞いの対象を分類しているとは限らず，むしろその振る舞い自体を分類しているという場合があるということだ．同様の論点を，ダメットは「ある曲を口ずさむ（hum a tune）」という表現についての考察を通じて指摘している．

> 誰かがある曲を口ずさむ［hums a tune］とき，曲は単に文法的な意味においてのみ，彼の口ずさむことの対象である．曲は，トークンに対するタイプであって，口ずさむことがそこに属するような，演奏の種［a species of musical performance］である．（Dummett 1986: 260）

ダメットによれば，ある曲，たとえば『ゴッド・セイヴ・ザ・クイーン』は，口ずさむことを含む演奏という種類の振る舞いの種（species）である．そして，この状況でも同種のカテゴリー錯誤の例を作ることができよう．私が「hum *God Save the Queen*」という表現に関して，その文法的カテゴリー以外の事柄について無知だとする．このとき，私が「Theresa May is humming *God Save the Queen*」だと聞いた後にメイの様子を見に行き，次のように言ったとしよう．「私はメイ氏が『God Save the Queen』に対して「hum」するという状況を見に来たのですが，彼女は歌を歌っているところですね．まだ彼女はそれをやっているのですか？　どこに『God Save the Queen』があるのでしょうか」と．これは明らかなカテゴリー錯誤の事例である．私はすでに「Theresa May is humming *God Save the Queen*」という文が記述するような彼女の振る舞いを見ているのだが，「*God Save the Queen*」が「is humming」と一緒になって，彼女（の振る舞い）がある特定の種類に属するということを記述しているにすぎないということに気が付いていないがゆえに，その振る舞いを上の文が記述するものとして認識できていない．

そして，上のサールの指摘に関するダメットのコメントもこの延長線上で理解できる．命題的態度のための動詞，たとえば「信じている（believe）」の場合，それは「バイデンはトランプがまだ生きているということを信じている（Biden believes that Trump is still alive）」のように間接話法の節をその目的語（節）として取るか「バイデンは不完全性定理を信じている（Biden believes the incompleteness theorem）」のように原理や仮説，教説などを表す名辞を目的語として取る．これを，「バイデンがトランプを褒めた（Biden praised Trump）」や「バイデンが石ころを蹴った（Biden kicked a stone）」との類比から理解すると，カテゴリー錯誤が生じる，というわけだ．私が次のように尋ねる事例を考えて欲しい．

> 私は今，バイデン氏が自らの手で不完全性定理を証明し直し，深く納得しているのを見ました．ところで，私は彼が「believe」しているところの「the incompleteness theorem」とやらを探しているのですが，それはどこにあるのですか？

「不完全性定理（the incompleteness theorem）」は，「バイデンは石ころを蹴った」や「バイデンは上着のボタンを外した」における「石ころ」や「上着のボタン」のように，「believe」が表す心的作用においてバイデンが関わる個別的対象のあり方を記述しているのではない．それは事物ではないが，だからと言って，事物以外の，第三領域に住まう個別的対象でもない．それは，「believe」という動詞と一緒になって，バイデンの心的態度をある種類・タイプ・性質のものとして記述している．つまり，「バイデンが不完全性定理を信じている（Biden believes the incompleteness theorem）」はバイデンの心的作用を一定の種類・タイプ・性質に属するものとして記述している．同様のことは，「that Trump is still alive」のような名詞節が命題的態度動詞の目的語に出現した場合にも言えるだろう．そして，（これが重要な点であるが）フレーゲは文が副文として出現した場合，その指示が本来の指示である真理値からその意義（思想）へとシフトすると考えていた[14)]．これにより，実際には心的作用を分類する観点である普遍的対象としての思想が，個別的対象と取り違えられる．ダメットはサールの指摘をこのように理解していると思われる．

そしてダメットは，フレーゲが思想を判断の性質ではなく対象だと見なしたと述べた上で，上のサールの見解を肯定する．

> 心的内容［ここでは心像など主観的表象のこと］も思想も，彼［フレーゲ］にとって，心的作用の性質ではなかった．彼は前者を意識の内的対象として理解し，後者を把握と判断という心的作用の，そして信じることのような心的態度の，独立的対象だと考えた．彼は実際には心的作用の対象として語ることはなかったが，その理由はほぼ「～の対象」が彼の用いていた術語に属していなかったからである．しかし，多くの章句が示すように，彼は明らかに思想を心的作用の対象として理解していた．［…］しかしながら，サールは全く正しい．フレーゲが道に迷ったのはまさに思想を心的作用の対象だと理解したときである．(Dummett 1986: 252-253)

つまり，フレーゲはサールが問題視したところの誤りを犯したのであり，そしてまさにそれゆえに，哲学的神話に陥った，とダメットは述べているのである．したがって，上の引用における「多くの章句が示すように」の箇所は，基本的には上で指摘されたような文法的事実に基づいて（ミスリードされて）議論している箇所が念頭に置かれていると想定される．これが，普遍的対象であるはずの意義や思想を個別的対象と取り違えることになる一つ目のルートである．

さて，もう一つのルートを見る前に，後の議論のためにここで一点，上で確認した思想・意義に関するカテゴリー錯誤へのルートについて指摘しておきた

---

14) Frege 1982．言うまでもないことかもしれないが，副文構成において文が実際にその思想に指示をシフトするかどうかはここでは問題となっていない．ここで重要なのは，副文構成において文が意義ないし思想を指示すると**フレーゲが考えていた**ということである．というのも，カテゴリー錯誤にフレーゲが陥るかどうかを左右するのは，フレーゲがどう考えていたかの方だからである．

いことがある．それは，命題的態度動詞の目的語が個別的対象を指示するという見解を抱くことは，それ自体では，思想・意義に関するカテゴリー錯誤へのルートを形成するわけではない，ということである．というのも，命題的態度動詞の目的語が個別的対象を指示するという見解を抱いたとしても，それが指示するのが思想・意義ではないと考えているなら，思想・意義が個別的対象だと考えることに導かれるわけではないからである．たとえば，命題的態度動詞の目的語が（思想・意義から区別された）事態を指示すると考えているのであれば，それと命題的態度動詞の目的語が個別的対象を指示するという見解から帰結するのは，事態が個別的対象であるという見解であって，思想・意義が個別的対象であるという見解ではない．よって，命題的態度動詞の目的語が思想・意義を指示するとそもそも考えていない人にとっては，仮に命題的態度動詞の目的語が個別的対象を指示するという見解を抱いていたとしても，上のようなルートで思想・意義に関するカテゴリー錯誤に陥るという可能性はない[15]．

（２）カテゴリー錯誤へのルートＢ：「のおかげで」による文法的ミスリード

ここでは，ダメットによってフレーゲに対して明確に帰されているわけではないが，しかし示唆されているもう一つのルートは，「のおかげで」による文法的ミスリードを確認する．

ダメットによれば，フレーゲの誤りの第一歩は，思想を真理値の第一義的な担い手だと考えたことにあるという．この考えは真理値が文の指示であるというフレーゲ独特の見解と一緒になり，意義が指示の第一義的な担い手だという

---

15) もちろんそれ以外のもの，たとえば事態に関するカテゴリー錯誤に陥る危険性はある．たとえば事態が私たちのいる環境を分類する観点（つまり普遍的対象）にすぎないのだとすれば，上のルートをたどって事態を個別的対象だと考えることは，カテゴリー錯誤に当たるだろう．しかし基礎意味論の可能性を閉ざさないために重要なのは，思想・意義が普遍的対象だという見解を堅持することなのであって，それは事態に関して仮になんらかのカテゴリー錯誤に陥っていたとしても（少なくとも）直ちに妨げられるわけではない．とりわけ，対象性を考察の埒外に置いていたフッサールであれば，そうであろう．

考えをもたらし，記号が意義と結びつき，その意義が指示に結びつくおかげで，記号が指示を獲得するという図式が生まれる．

> 誤りの第一歩は一見したところ無害なもの，すなわち，真と偽はまずもって思想に結びついており，文には単に派生的にのみ結びついているというものだ．今や，文の真理値が表現された思想に対して立つ関係は，指示（Bedeutung）が意義に対して立つ関係となる．したがってそのテーゼは，文の意義はその指示がまずもって帰属されるべきものであり，指示が文自体に帰属されるのは派生的にのみである，というものになる．同様に考えることで，これはすべての表現に当てはまらなければならない．まずもって指示をするのは意義であり，表現ではない．確かにこの帰結がフレーゲによって明示的に引き出されることはあまりない．しかしながら，以下の名高い発言においてそれは表明されている．「記号，その意義，そしてその指示の間の標準的な結びつきは次のようなものだ．記号に対してある特定の意義が対応し，そして今度はその意義に対してある特定の指示が対応する」［…］．同じような考えは1891年のフッサールに対するフレーゲの手紙における図によっても示される．（Dummett 1986: 253-254）

たとえば「Donald Trump」がある人物を指示するのは，まずもって「Donald Trump」の意義に当たる存在者がその人物を指示し，ついで「Donald Trump」がその意義となんらかの関係に立つことによる，というのがここでの図式である．本章第１節ですでに確認したように，ダメットによれば，この図式は表現と意義，そして指示の間をすべて神秘的にしてしまう，哲学的神話に他ならない．さてここでの問題は，なぜ真や偽を文ではなくまずもって思想に結びつくものだと考えたのか，ということになる．

ここで，表現は意義のおかげで指示をもつということに基づいて，次のようにフレーゲを擁護しようとする人がいるかもしれない．たとえば「アリスが裕福な暮らしができるのは，彼女の妹のおかげだ」と述べる際に主張されていることは，アリスの妹がなんらかの形で経済的収入を得て，アリスはその収入のおかげで裕福な暮らしができている，という旨のことだろう．そしてこの場合，アリスの妹はアリスの性質ではなく，アリスと同様の個別的対象である．したがって同様に考えるならば，「ある表現はその指示をもつことができるのは，その意義のおかげだ」と述べる際に主張されていることも，その表現が一定の個別的対象であるところのその意義と関係し，そしてその個別的対象たる意義がその指示と関係し，その結果としてその表現がその指示と関係するということであるはずだ，と．

しかしこれは，本章第３節でみた仕方で「〜のおかげで（in virtue of, thanks to, because of）」という表現にミスリードされているにすぎない．ダメットは，フレーゲがこのように考えたとまでは明言していないが，この種の誤りを指摘している．ダメットは次のように述べる．

> ［指示の意義に対する結びつきは意義に対して直接的に生じなければならないという］その結論は無害に見えるかもしれない．確かに，世界のあり方が与えられたとすれば，ある表現がそれがもつところの指示をもつのは，その指示の，そしてそれのみのおかげ［in virtue of］ではないのか．確かにそうである．しかし，［そこから］指示が意義に帰属されるべきだということが帰結しないのは，あるアスリートがメダルを勝ち取ったことが彼の速度のおかげだという事実からその速度こそがメダルを勝ち取ったのだということが帰結しないのと同様である．（Dummett 1986: 254）

「あるアスリートがメダルを勝ち取ったことが彼の速度のおかげだ」というのは，ある速度という存在者がメダルを勝ち取り，それをそのアスリートに渡してくれた，といったようなことを意味しているのではもちろんない．メダルを勝ち取ったのはまさにそのアスリートである．「彼の速度のおかげだ」という部分が意味しているのは，彼がメダルを勝ち取ったという事実を説明する事柄が，彼が一定以上の速度で走ったということだということに過ぎない．以上から，意義を個別的対象だと勘違いするもう一つのルートとして，「表現は意義のおかげで指示をもつ」という意義に関する特徴づけにおける「のおかげで」に相当する表現による文法的ミスリードが示唆される．

さて，本節で確認されたことは，まず第４節におけるダメットに関する解釈を支持すると思われる．そしてより重要なこととして，フッサールがこの種のカテゴリー錯誤に陥っているかどうかを確認する際の手掛かりが得られたと言える．次節では，フッサールがこの種のカテゴリー錯誤に陥っていないことを確認したい．

第６節　意味のスペチエス説

本節の目的は，前章で確認したフッサールの意味に関する特徴づけを振り返りながら，それがどのように問題のカテゴリー錯誤に対して免疫をもっているかを確認することにある．これにより，フッサールの意味概念がそれがフレーゲの意義概念とどのように異なり，どのように基礎意味論に関してフッサールをフレーゲより有利な位置に立たせるものであったかを見て取ることができる．

まずはルートＢから確認したい．ルートBの後半で確認したように，「のおかげで」という表現は誤りの一つの源泉になりうるのであった．そして確かに，フッサールは表現がその意味「のおかげで・を介して（mittels）」その対象をもつと考えていた．

しかし彼はこの言い回しを，直ちに意味作用が対象に関わる仕方として述べ直していた．

> すなわち表現は，表現が意味するということによってのみ，対象的関係を得るのであり，したがって次のように言われるのも当然である．表現は対象を，その意味の**おかげで**［mittels］表示する（名指す）のであり，言い

換えれば意味作用とは，その都度の対象を思念する一定の仕方である（XIX/1: 54. 強調は原文）

そしてフッサールにおいて対象への関係の仕方とは，体験のもつ特性，体験に例化する普遍的対象であった．

対象に関係するのは，体験可能な特性であり，そしてこのような特性を示す体験は（定義により）志向的体験または作用といわれる．対象への関係の仕方の相違はすべて当該の志向的諸体験の記述的相違である．（XIX/1: 427）

さて，ここで私たちが主張するこの［＝意味の］真の同一性は，スペチエスの同一性に他ならない．それゆえ，しかもまさにそうであるからこそ，この同一性はイデアールな単一体として，個々の個別者のばらばらな多様性を包括しうる（一つにまとめる）のである．イデアールで単一的な意味に対する多様な個別者にあたるものとは，もちろん，意味する作用のもつ対応する契機，つまり意味志向である．したがって，意味がそのつどの意味する作用に対して立つ関係は［…］，たとえばスペチエスにおける赤が，ここにある，どれも同じこの赤色を「もつ」細長い紙片に対して立つ関係と同じである．（XIX/1: 105-106）

つまりフッサールは，意味とは作用と対象の間を媒介する個別的対象ではなく，むしろ作用に例化する普遍的対象だと，明確にかつ自覚的に，見なしていたのである．実際，（本章第５節（２）でみたような，アリスの代わりに収入を稼いできてくれる妹のような意味での）媒介者としてフッサールが意味を扱っていると解釈できる箇所を『論理学研究』に見つけることはできない．このことを踏まえるなら，フッサールを意味の「媒介説」などの名称のもとで（しかもフレーゲと一緒に）分類することは，強調点によっては全く誤りではないかもしれないが，少なくとも非常にミスリーディングであることが分かる[16]．

そしてこのような作用の普遍的対象としての意味という見解は，ルートAで誤りの温床とされた（なんらかの文Sと作用動詞ϕについて）「Sということをϕこと˥という表現（たとえば「正義が勝利するということを信じること」）を目の前にしても揺らぐことはなかった．本書第4章第1節（3）で見たように，文Sを手掛かりとして特定される質料（のスペチエス）は，そこで記述される作用の対象ではなく，あくまで作用を分類する観点なのだとフッサールは考えていた．繰り返しになるが，フッサールにとって，「Sということをϕこと˥という表現における文Sは，確かに作用の意味的契機である質料の異同を「例示（exemlpifizieren）」（XIX/1: 429）してくれるものではあるが，しかしそれは文Sがその意味をその対象としてもつこととは明確に区別されていたのである．これは，フッサールがルートAで秘密裏にカテゴリー錯誤に陥っていたという可能性を排除するのに十分だと思われる[17]．

以上で，フッサールは単に具体的な基礎意味論的考察を展開したというだけではなく，それを可能にするような一貫した意味に関する見解をもっていたということが確認されたと言って良いだろう．フッサールは意味をいかに捉えるべきかという点に関して，フレーゲよりかなり洗練された見解を所有していたのであって，これが（ダメットの解釈に従えば）基礎意味論を不可能だと見なしたフレーゲと，具体的に展開したフッサール，という大きな違いを生み出したのだ．いよいよここまでくれば，ダメットに対してフッサールを次のように擁護しても許されよう．「確かに，もし私たちが意味論についての明瞭な理論を求めるならば，私たちが参照すべきはフレーゲであって，フッサールではないかもしれない．しかし，もし私たちが基礎意味論を遂行するために意味をいかに

16）作用の指示を作用のスペチエスである意味と対象のスペチエスの間の「IK関係」に仲だちさせるChrudzimski 2002が典型的．この種の解釈を取ってしまうと，ここで問題になるようなアドバンテージをフッサールに認めることは不可能になる．

17）なお，フッサールが意味に関してこのような見解を取ることができた理由として，彼自身はロッツェの影響を挙げている．この点に関しては榊原 2009の第1章第3節（5）が詳しい．

考えるべきかに目を移すならば，私たちが参照すべきはフッサールであって，フレーゲではない」，と．

第6章
『論理学研究』の「現象学」

本書のこれまでの試みが成功していれば,「劣化版フレーゲ」という印象を『論理学研究』のフッサールから払拭することができたはずだ．確かに意味論を構築するというプロジェクトに関して，フッサールは（ダメットが解釈する）フレーゲほど明るかったわけではない．しかし，基礎意味論という分野においては，そしてそこで問題となっている「意味」とは何かに関しては，フッサールは（ダメットが解釈する）フレーゲよりも一般的な見通しに関しても具体的な分析に関しても明確であったと言える．言語的指示だけでなく言語的意味に関しても私たちが参照すべきはフッサールではなく，フレーゲだというダメットの診断は，哲学史上のフッサールとフレーゲの位置づけに関する主張としては誤っている．

さて，本書の最後に位置する本章では，『論理学研究』のいわゆる「現象学」と呼ばれるプロジェクトに関する考察を行いたい．その狙いは次の二つである．一つ目は，『論理学研究』においてフッサールが意味論的探究から明確に区別された「メタ意味論的探究としての現象学」とでもいうべきプロジェクトに「現象学的考察」の名のもとで取り組むと宣言していることを確認することで，本書のこれまでの論述をさらに補強することである．これにより，本書のとりわけ第4章で確認されたフッサールの基礎意味論的考察が，『論理学研究』においてフッサールが明確な理論的自覚のもとで取り組んでいた主要作業であることが確認される．そしてもう一つは，『論理学研究』の「現象学」と通常言われるものに含まれるある内在主義的な方法論が，メタ意味論的探究としての現象学というプロジェクトとどのような関係にあるかを確認し，そのような内在主義的方法論をもし擁護するのであれば何を論じるべきなのかということを明確にすることである.

より具体的には，まず『論理学研究』第2巻の目的とそのための現象学的方法論を，本書のこれまでの成果を援用しつつ，テキストに即して解釈する．これにより,『論理学研究』においてフッサールは，意味論に相当する仕事から区別されたメタ意味論に相当する仕事を区別した上で，後者に自覚的に取り組もうとしていたということが確認されるとともに,『論理学研究』の「現象学」には,その前提が比較的論争的ではないプロジェクトとして解釈できる部分(本書ではこれを「メタ意味論的探究としての現象学」と呼ぶ)と,非常に論争的なプロジェクトとして解釈できる部分(「狭義の現象学」)が存在することが明らかになる.これを踏まえた上で，最後に，狭義の現象学にもし現代的意義を認めようとするのであれば，どのような論点が検討されるべきかが明らかになるだろう.

本章の議論は次のように進む．第1節では,『論理学研究』第2巻の序論を『論理学研究』第1巻の議論を踏まえた上で確認し,『論理学研究』の目的とその方法論を取り出す．第2節では,『論理学研究』の現象学的方法論に関して今後検討すべき論点を指摘する.

第1節　メタ意味論的探究としての現象学と狭義の現象学

本節では,『論理学研究』第2巻の序論を第1巻の議論を踏まえた上で確認し,『論理学研究』の目的とその方法論を取り出す．そのために，まず第1巻の議論を概観しフッサールが「数学者の仕事」から区別して「哲学者の仕事」と呼ぶものが何かを確認する（1)．その後，第2巻序論を読解し「現象学的分析」と呼ばれるものがどのような探究として位置づけられているかを確認する（2)．そして最後に,『論理学研究』の現象学に課された方法論的制約と，その背景をなす志向性に関するある見解を確認する（3).

(1)「数学者の仕事」と「哲学者の仕事」

第2巻の序論を理解するために，まずは第1巻全体の流れを簡単に踏まえた上で，とりわけ第2巻の議論に関連する第1巻の第1章，および最終章に当たる第11章「純粋論理学の理論」における数学者と哲学者の領分の区別に関する議論を概観する．これを通じて，第1巻においてフッサールが意味論の仕事とメタ意味論の概念的部門の仕事に対応する区別を引いた上で，後者を哲学者の仕事に割り当てていることが確認される[1)]．

その心理学主義批判により，『算術の哲学』(1891) への自己批判の書としても位置づけられうる第1巻の課題は，論理法則を探求する学としての「純粋論理学」の必要性とその理念を示すことである．フッサールはまず第1章にて，個別科学における概念使用は完全には理論的に正当化されていないと主張する．その際に彼が依拠するのは，一定の理論的概念を使用して個別科学を遂行することは，その理論的概念が適切に働く原理を明らかにしていなくても可能だという考えである．すでに本書の序論でも確認したように，この点を彼は芸術家の実践との類比を用いて次のように説明する．

> 芸術家がその素材を取り扱う際の卓越性，また彼の芸術分野の作品を評価する際の断固とした，しかもしばしば確実な判断が，実践的活動の過程に方向と順序を指示し，しかもそれと同時に完成した作品が完璧であるかどうかを判定する評価基準をも規定するような，諸法則の理論的認識に依拠している場合は極めて例外的であるということ，このことは日常的に経験されることだろう．通常，実践する芸術家は自分の芸術の諸原理を正しく報告することはできない．しかもこのような事情は，人がまずもって思いつきうる美術の場合に限らず，この語を最も広義に解した技芸一般の場合にも当てはまるのである．したがって，このことは学問的創造活動にも，

1） この第1節（1）が取り扱っている箇所に関しては，植村 2017 のとりわけ第2章・第3章に多くを負っている．また，榊原 2009 の第2章も参照．

またその成果の理論的評価，つまり諸事実，諸法則，諸理論の学問的根拠づけの理論的評価にも当てはまる．数学者，物理学者，天文学者でさえも最も重要な学問的達成のために自らの行いの究極的根拠を洞察している必要はなく，また得られた成果が自らや他の人々に対して理性的説得力をもっているとしても，しかしまだ彼には，彼の推論の究極的諸前提をあらゆる点で証明し，彼の諸方法の適切性が依拠する諸原理を究明したと主張することはできない．（XVIII: 25-26）

ある芸術家がある判断を適切なものとして遂行できることは，その芸術家がその適切性をその原理・根拠から説明することができることを必要としないし，多くの場合そうではない．同じことは学問的創造活動にも，またその成果の理論的評価にも言える．つまり，「数学者，物理学者，天文学者」が一定の原理に基づいて確かに真理を認識しそれを言明の形で保存したのだとしても，その営み全体がなぜ適切に真理を捉えているのか，その適切性をその原理・根拠から説明することができるとは限らないし，実際にそうではない．

フッサールは，この不足点を補足するには二つの種類の探究が必要だと述べている．一つは，個別科学における根本的な諸前提の正当化であり，フッサールはこれを「形而上学」（XVIII: 26）に属する探究だとする[2)]．もう一つは，彼が「学問論」（XVIII: 27）と呼ぶ探究，すなわち学問が行う「理論的根拠づけ」という営み一般に関する学問であり，彼はこの役割を論理学に求める．以下フッサールは第1巻最終章まで，この論理学の位置づけをどのように理解すべきかに関して議論を展開する．

続く第2章でフッサールは，規範学（どうすべきかについての学問）はその土台

2）植村は，このうち前者の形而上学的な探究と第1巻最終章である第11章における哲学者の仕事に関するフッサールの論述の間の親近性を指摘している．植村 2017の第3章第3.2節，特に93頁参照．また，『論理学研究』に至るまでにフッサールが「形而上学」の名のもとでどのような学問を考えていたかに関しては，同書第1章が詳しい．

として理論学（どうあるかについての学問）を要求するとした上で，続く第3章から第10章までを費やして，規範学として捉えられた論理学（どう推論すべきかについての学問としての論理学）の本質的な理論的土台は経験的心理学に尽きるとする心理学主義の諸見解を批判し，命題間の根拠づけ関係を支配するアプリオリな法則を探求する理論学としての「純粋論理学」の必要性を論じる[3)]．ここで展開される心理学主義批判は，そこで扱われる心理学主義の多様さゆえに多岐にわたるが，基本的には〈個々の心理学主義的立場から不合理に見える帰結を引き出した上で，その不合理性の源泉は自然法則のみを探求する心理学によって論理法則を根拠づけようとしたことにあると論じる部分〉（第3章から第7章）と，〈心理学主義を動機づける諸議論を，多義性の誤謬や諸前提の不合理性，論点先取などを指摘し無効化せんとする部分〉（第8章・第9章）とに大別できる．後者では，心理学の対象としての個々のレアールな「判断」と，論理学の対象でありレアールな判断において同一のものとして繰り返されうるイデアールな「判断」ないし「命題」を区別すべきだとする有名な教説も展開される（第47節）．

さて，最終章である第11章においてフッサールは，論理法則を正当に探究する学問としての純粋論理学の理念を提示する[4)]．しかし彼はその後，そのような純粋論理学を実際に展開するのは「数学者の独壇場」（XVIII: 254）であり，それに対する哲学者の越権を厳しく戒める[5)]．では哲学者は純粋論理学に関して何も語るべきことをもたないのだろうか．そうではない，とフッサールは考える．彼によれば，哲学者の仕事は一般に個別学科の根本的前提において問題になっているものが何かを明らかにすることにある．

3） 第1巻における心理学主義批判に関しては植村 2017 の第2章第2.2節が詳しい．また榊原 2009 の第2章第1節（1）および（2）も参照．規範学と理論学の間の関係に関するフッサールの見解に関しては，植村 2017 の第2章第2.3節が詳しい．

4） 植村 2017の第3章第3.1節が詳しい．また，榊原 2009 の第2章第1節（3）も参照．

5） 以下の議論に関しては，植村 2017の第3章，とりわけ第3.2節が詳しい．また，榊原 2009 の第2章第1節（4）も参照．

哲学研究は全く別の方法と計画を前提しており，全く別の目的を立てている．それは個別科学の研究者の仕事に干渉するのではなく，むしろただその成果の意味や本質を，方法と事象への関わりにおいて洞察しようとする．哲学者にとっては，私たちが世界に精通しているということや，事物の将来の経過を予言したり，過去の経過を再構成したりする際に用いる法則を公式の形で手にしているということは十分ではない．むしろ，哲学者は「事物」「出来事」「自然法則」などが本質において何であるかを明らかにしようとする．（XVIII: 255）

自然科学を遂行する科学者に対して，哲学者は「事物」「出来事」「自然法則」等々の自然科学の基本的語彙が問題にするところのものの本性を明らかにすることをその役割とする．そうだとすれば，純粋論理学に従事する数学者に対する哲学者の仕事は，純粋論理学で用いられる基本的な語彙，つまり「判断」「命題」「概念」「真理」「根拠づけ」といった語彙が問題にしているところのものの本性を明らかにすることだ，ということになろう．

さて，本書の議論を踏まえた上ならば，ここでフッサールが指摘している区別は，フレーゲの仕事とフッサールの仕事の間の区別に対応することが分かるだろう．本書の用語法を用いてより一般的に述べれば，この区別は，意味論に属する仕事とメタ意味論の概念的部門に属する仕事の区別に相当する．フレーゲは真理の概念を適切に使用し，ある言語の任意の文の真理値がその部分の役割に依存するのかを正確に表す数理論理学的体系を構築したことで，現代論理学の，そして現代意味論の祖になった[6]．しかし彼は，よく知られているように，その真理概念を定義不可能な原始概念だと見なしていた[7]．これに対してフッ

6）フレーゲの仕事を言語分析だとみなすこの種のまとめはダメットの解釈に寄り添ったものになっている．フレーゲの体系は式言語に対するものというより命題に対するものだとみなすべきだという指摘としては，飯田 2008 参照．

7）Frege 1918: 60 参照．

サールは，哲学者の仕事はむしろそこで用いられている「真理」や「判断」といった論理学の（そして意味論の）基本的語彙が問題にしているところのものの解明にあると考えた．この違いはちょうど，意味論の仕事とメタ意味論の概念的部門の仕事との違いに対応する[8)]．

では，以上を踏まえ『論理学研究』で「現象学」と呼ばれているものを確認するために，第2巻序論の解釈に移ることにしよう．

（2）メタ意味論的探究としての現象学

ここでは，フッサールが第2巻序論において「現象学的分析」と呼ぶものを多義性の誤謬との関連で動機づけていること，その目的が論理学において用いられる基本語彙の語義の明確化にあること，そしてその具体的な作業が認識一般の構造の分析とされることを確認する．これにより，『論理学研究』の現象学が，理解の理論の一般的な遂行を通じて論理学的語彙の意味を明らかにするというプロジェクトとして特徴づけうるものであることが確認される．

第2巻序論において「現象学的分析」の名で宣言される探究は，まずは多義性の誤謬との関連において動機づけられる．そこで問題となる多義性とは次のようなものである．

> 私たちは明証的に純粋法則を把握し，それが純粋な諸思考形式に基づくことを認識している．しかしこの明証は，法則判断が顕在的に遂行される際に生き生きしていた言葉の意味に依存しているのである．気づかれていない多義性ゆえに，それらの言葉にあとから別の概念が入り込むことがありうるし，また以前に経験された明証がその後に変化した命題の意味に対して誤った形で容易に主張されうる．また逆に，多義性から生じた誤った解

8） Burgess and Sherman 2014 が，言語学者の仕事としての意味論に対して，哲学者の仕事としてメタ意味論を導入していることは，ここでのフッサールの区別と興味深い仕方で対応している．

釈が純粋論理学的命題の意味を（たとえば経験心理学的命題へ）変えてしまい，そしてそれ以前に経験されていた明証と純粋論理学的なものの無比の意味を犠牲にしてしまうこともありうる．（XIX/1: 9）

具体例に即して解説しよう．たとえば「任意の判断に関して，それとその否定がともに真であることはありえない」という論理学的言明（いわゆる「矛盾律」）を考える．フッサールによれば，私たちはこの論理学的言明を明証的に把握しているし，しかもこれが（たとえば経験心理学的な主張ではなく）純粋な思考形式に関する真理であることを認識している．しかし「判断」や「真理」という語は多義的であり，その結果としてこの言明がこれとは異なる言明にすり替わることがある．たとえば「任意の判断作用に関して，それとその否定の内容をもつ判断作用がともに心のうちに生じることはありえない」のような趣旨の経験心理学的な（しかもこの場合には疑わしい）言明に置き換わることがある[9]．すると，元々の言明に対して得られた明証が，新たな主張に対して得られた明証だと誤解されてしまう．これが，フッサールがここで指摘している種類の多義性の誤謬である．

もし「哲学者の仕事」が純粋論理学における「判断」や「真理」という言葉で問題となるところのものの本性の探究であれば，このような多義性の誤謬の可能性を排除することは決定的な重要性をもつ．実際フッサールは，そのような課題があるのだと指摘する．

したがって，論理学的諸理念とそれらによって構成された純粋法則がこのように与えられているということは十分ではありえない．それゆえ，論理学的諸理念，諸概念および諸法則を，認識論的に明晰判明にするという大きな課題が生じるのである．（XIX/1: 9）

9）ここでは『論理学研究』第1巻第5章，とりわけ第25節・第26節での議論を念頭に置いている．

私たちは「判断」や「真理」といった言葉が論理学において用いられる際の意味を適切に固定し，それらがもちうる他の意味と区別しておかなければならない．たとえば「任意の判断に関して，それとその否定がともに真であることはありえない」という論理学的言明に出現する「判断」や「真理」という語の意味を適切に固定し，それらの語がもちうる他の意味と区別しておかなければならない．

さて，第4章で確認したように，フッサールの考えによれば，表現の「意味」は最終的にその意味志向を充実化する直観がいかなるものであるかに照らして区別される．たとえば私が理解しつつ発話した「The bank is dangerous」という英語の文を考えよう．これは「bank」という語が「銀行」と「土手」のどちらも意味しうる語であるがゆえに，ある銀行が危険であるという趣旨の言明である場合も，ある土手が危険であるという趣旨の言明である場合もある．では，この文はどちらを意味するのだろうか．フッサールが正しければ，それは私がいかなる直観に基づいてこの言明を確証する用意があるのかに依存する．つまり，「bank」という語が二義的であるということは，元々違う仕方で，つまり違う直観系列のパターンとの関係で導入されたような二つの言語的装置が，どちらも「bank」という表現タイプを共有しているということである．このとき，理解しつつ発話された「The bank is dangerous」における「bank」の多義性を排除する（つまり私が「bank」をどう理解しているのかを明らかにする）ことは，その意味志向を充実化する直観がどちらのパターンなのかを明確にすることに帰着する．

もしこのような考えを方法論的に先取りするなら，これと同様の方法論が「判断」や「真理」といった言葉が含まれる主張に関しても適用できるはずである．たとえば私が確証をもって「任意の判断に関して，それとその否定がともに真であることはありえない」と主張したとしよう．ここに出現する「判断」や「真理」が多義的であるがゆえに，これはある種の論理学的言明としても，経験心理学的言明としても解釈可能だとしよう．では，この文はどちらを意味するのだろうか．上と同様に考えるなら，それは私がいかなる直観に基づいてこの言明を確証するに至ったのかを調べれば良い，ということになろう．もし私たちがこの言明をそれに基づいて確証した根拠が，〈私たち人間の心理学的事実を経験的に調べてみたら，ある判断作用とその否定の内容をもつ判断作用が同時に心のうちに鮮明に生じることはないという事実が多数観察された〉といったもの（からの帰納的推論）ならば，確かにその命題は「任意の判断作用に関して，それとその否定の内容をもつ判断作用が同時に心のうちに生じることはありえない」のような言明と同じ意味をもつだろう．しかし私たちが上の主張を論理学において行う場合，この言明をそれに基づけるところの直観はそのようなものではないはずだ．少なくともフッサールは『論理学研究』第1巻第5章でこのことを，そのように解釈された場合の帰結の不合理性に訴えて示そうとしていた．ではそれらの語彙はどのような仕方で用いられているのか．つまり，論理学的な諸実践において，私たちはいかなる直観に基づいてこの言明を確証するに至ったのか．このようなことを確認する作業が必要となるだろう．

そして，上の引用の直後で「現象学的分析」の名で宣言される試みにおいて，フッサールはまさにこの点を強調する．

> ［1］そしてここに現象学的分析が始まる．／［2］妥当な思考単位としての論理学的諸概念はその起源を直観のうちにもたねばならない．それらは一定の諸体験に基づく抽象によって生じなければならず，この抽象が新たに遂行される際には繰り返し確かめられ，それ自身との同一性において把握されなければならない．［…］［3］別の仕方で表現するならば，「概念」「判断」「真理」等々について純粋論理学の中で立てられた諸法則の意味をその多様な特殊化とともに反省することによってさしあたり私たちがもつような，単に記号的な言葉の理解のみを伴う「単なる言葉」では私たちは全く満足できない．［…］［4］法則表現における言葉の意味が思念するものが，本当にかつ実際に，ここで顕在的に遂行された抽象において与えら

> れたものであるということ，このことを私たちは顕在的に行なわれた抽象の中で明証へともたらしたい．そして再生可能な直観（ないし抽象の直観的な遂行）との照合を十分に繰り返すことによって，意味を確固とした同一性において固定する傾向を私たち自身のうちに呼び覚ましたい．［5］同様に私たちは，様々な言表の脈絡において同じ論理学的術語に生じる意味の移り変わりを直観化することによって，まさに多義性というこの事実を確かめる．／［…］［6］混同された諸概念を選り分け，術語をふさわしい仕方で変更することによって，論理学的命題の望ましい「明晰性と判明性」もまた獲得される．（XIX/1: 10）

ここまでの議論を踏まえれば，この箇所は次のように解釈できる．論理学を行っている際，確かに私たちは「概念」「判断」「真理」といった言葉を用いて述べられた論理学的諸言明を理解しているが，それだけでは多義性の誤謬に陥る危険性がある（3）．それらの言葉を導入した際の直観に繰り返し立ち返り，論理法則についての言明に現れる言葉の意味が他でもないこれこれのものだということを，どのようなタイプの直観によって充実化されるかそれ自体を直観することで主題的に明らかにするとともに，それを他の意味と容易に取り違えないような傾向を獲得する必要がある（2と4）．さらに，多義語に関して，それが様々な脈絡（たとえば経験的心理学）で異なる直観によって充実化されることを実際に確認し，どのように多義的であるかを明らかにする必要がある（5）．このように多義語を分類した上で，それぞれの意味に対して今後混同しないよう術語を導入し直せば，論理学的言明がもともともっていた意味を明確化できるはずだ（6）．これを目指すのが「現象学的分析」だ（1）．このようにフッサールは述べている．

では，論理学に出現する「真理」や「判断」といった語彙の「起源」となるような最も基本的な使用の場面はどこであろうか．一つの自然な考えは，ある判断に関して，その真理性を一定の仕方で確証する場面，すなわち「認識」であろう.「意味志向」と「意味充実化」という術語を先取りして用いつつ，フッサールは次のように述べる.

> ［1］したがって論理学的諸体験の現象学は，心的諸体験の（決して発生的心理学的ではなく）記述的な理解を，すべての論理学的基本概念に［以下のような］確定した意味を与えるために必要な範囲で調達するという目的をもつ.［2］［つまりどのような意味を与えるためかと言うと，その］意味とは，意味志向と意味充実化の間の，分析的に探究される諸連関へ立ち帰ることで明らかにされるような意味であり，しかもそれらのもつ可能な認識機能において理解可能でありまた保証されるような意味である.（XIX/1: 10-11）

「真理」や「判断」といった言葉の意味は，意味志向と意味充実化が認識においてどのように機能しているかを明らかにすることで確保される（2）．そのために必要な範囲で心的諸体験を分析することが，論理学的諸体験の現象学の目的である[10]（1）．平たく言えば，認識（つまり直観による充実化を通じて真なる判断をそうでない判断から識別するというプロセス）の一般的な構造を（それ自体を直観化することによって）明らかにすれば，「真理」や「判断」といった論理学的基本概念の意味を確定できるはずだとフッサールは考えている．そして，そのためにちょうど必要な範囲で心的諸体験を分析するのが論理学的諸体験の現象学の目的だ，というのが彼の考えである．

ここで，いま現象学の目的として語られたところのものは，本章第1節（1）で指摘された「哲学者の仕事」の目的と同じだと思われるかもしれない．しかし厳密にいえばそうではない．一般に，ある語について，その語の（上で問題となっている意味での）意味を探求することは，その語が指すものの本性を探求

10） ここで「記述的理解」と言われているものは，次節で確認するような方法論的制約のもとで記述されうるような，といったほどの意味である．その方法論的制約のもとでは発生的心理学的記述は排除される．次節参照.

することとは異なる．たとえば「水」という語について，関連する意味志向と意味充実化への反省的探求を通じてその語の意味を明確化することは，「水」という語が表す物質の本性を明らかにすることではないだろう．同様に，「真理」や「判断」といった論理学的基本語彙の意味を関連する意味志向と意味充実化への反省的探求を通じて明確化することは，本章第1節（1）末尾で指摘された「哲学者の仕事」，つまり真理や判断の本性を探究することとは直ちには重ならない．それゆえ，論理学的基本語彙にかかわるこの二つの仕事が仮にどちらも「哲学者の仕事」だとしても，あくまでこの二つは異なる「哲学者の仕事」である[11]．

そして，植村 2017 の第3章において詳細に論じられているように，フッサールが哲学者がなすべき仕事として考えていたものも，厳密にいえば二つある．一つ目は，「認識そのものの理念に根差した，しかも人間の認識という経験的な個別事例を全く考慮しないアプリオリな条件」（XVIII: 239）の探求であり，たとえば「思考主体は認識を実現する種類の作用（つまり充実化）を遂行する能力をもたなければならない」のような認識の一般的構造に関する主張がこれに属するとされる．これが，上で現象学と言われていたものに当たる．これに対してもう一つは，「純粋論理学的な，つまり認識の「内容に」純粋に根差した条件」（XVIII: 240）の探求であり，ここでは認識が成立するために客観の側で成り立っている必要がある事柄，すなわち「真理そのもの・演繹そのもの・理論そのもの」（XVIII: 240）の探求である．つまり，これが本章第1節（1）で「哲学者の仕事」と言われたものに当たる．これは現象学によって一定の指針が与えられると推定されはするものの，現象学それ自体とはあくまで区別されるべきものである[12]．こちらの仕事は，植村に倣って「客観的認識論」と呼ぶことにしよう．

11）これは Kripke 1972 によって明確に指摘されたことで知られる論点だが，問題が（意味論で用いられるような）論理学的語彙の場合には議論が少々複雑になる．付録 A 参照．

12）植村 2017: 113-114 参照．

したがってフッサールは，彼自身が（純粋論理学における）哲学者の仕事としていわば最終目標に据えた客観的認識論の前段階として，現象学を位置づけていたということになる．そして確かに，「真理」や「判断」等の基本的語彙において混乱が見られる場合，それらが表す事柄の探求（客観的認識論）に取り掛かる前に，まずはそれらの語彙の多義性の排除（現象学）を行う必要がある，というのは理に適った提案であろう．そして，それはそれぞれの語彙に対象を固定する仕方を表すものの探求でもある以上，語彙が表す事柄がなんであるかに対しても一定の指針を提供することにもなるだろう．

少し込み入ってしまったので，本節がこれまでで確認した論点をまとめておこう．まず，純粋論理学に関して，フッサールは数学者の仕事と哲学者の仕事を区別していた．純粋論理学それ自体の展開は数学者の仕事である（これは意味論に相当する作業である）．これに対して哲学者の仕事に分類されるのは，「判断」や「真理」といった論理学的語彙に関して，その（フッサール的な意味での）意味を明確化すること（現象学的分析）と，それらの語彙が表すものの本性を明らかにすること（客観的認識論）である．この二つの作業は無関係ではなく，現象学的分析は客観的認識論の方針を示すものとして位置づけられると想定される．

さて，以上の解釈から示唆される限りでの「現象学」は，論理学的語彙の理解を構成する認識能力を考察することで論理学的語彙の意味を明確化するというプログラムだと言える．そしてこの意味での「現象学」（および客観的認識論）は，本書第３章でメタ意味論における「概念的部門」と呼んだものに位置づけられよう．というのもこれは，「真理」や（スペチエスとしての）「判断」といった意味論における基本語彙に関する探究だからである．そして，本書第４章で確認したように，そのような作業は実際に，判断や直観の志向性を成立させるものとしての認識を分析するという，基礎意味論的探究を遂行することによって行われていた．つまり，概念的部門に属する問題の一部に，理解の理論を遂行することで応えようとするというのが，フッサールの現象学的分析の目論見だと整理することもできるだろう．この意味で，『論理学研究』は全体として，メタ意味論に属する探究に従事していると言って良いだろう．この限りでの「現象学」を「メタ意味論的探究としての現象学」と呼ぶことにしよう．フッサールは，「数学者の仕事」から区別された「哲学者の仕事」として，意味論から区別されたこのようなメタ意味論的探究としての現象学を自覚的に構想していたのである．

とはいえ，ここで当然のように湧くと思われる疑問は次のものだろう．確かに，『論理学研究』におけるフッサールの現象学は，ある種のメタ意味論的プロジェクトとして特徴づけられるのかもしれない．しかし，『論理学研究』において通常「現象学」と言われるものの十全な特徴づけでは決してないはずだ．というのも，以上で特徴づけられた限りでのメタ意味論的探究としての現象学は，通常「現象学」と呼ばれるものと相容れないはずの様々な見解と両立する．たとえば第3章で紹介したエヴァンズは，直示詞の指示を成り立たせる知覚を「対象との因果的・情報的結びつきを利用して対象を追跡する能力の発動」のように位置づけていた．これをフッサール的な語彙で言い直せば，直示的な意味志向を充実化する直観は，対象との因果的・情報的結びつきを利用して対象を追跡する能力の発動だ，ということになる．そしてこのとき，当の「直観」は，事実として因果的・情報的に結びついている対象や，そのような結びつきを支える環境的事実など（いわば「外在的」なリソース）に言及される形で理解される．ここまでで提示されたメタ意味論的探究としての現象学の中に，このような見解と衝突するような要素はない．しかし，このような見解は，『論理学研究』に限らず，一般に「現象学」と呼ばれるものと本質的に相容れないはずである．したがって，『論理学研究』において通常「現象学」と言われるものに本質的ななんらかの要素がここでは抜け落ちているはずだ，と．

実際，これはまったくもって正しい．『論理学研究』における現象学は，以上のような目論見を遂行する際に，「形而上学無前提テーゼ」とでも言うべきテーゼを背景とした内在主義的方法論を採用している．次に，この点を確認する．

（3）形而上学無前提テーゼ

これまでも多くの解釈者に指摘されてきたように，『論理学研究』において「現象学」と呼ばれるものには，少なくとも，作用の対象をはじめとした，作用にとって超越的な存在者に関する特定の形而上学を前提せずに記述できるような，作用に内的な特徴のみを考察範囲とするという方法論的制約が課されている[13]．この方法論的制約を，以下では「内的制約」と呼ぶ．この方法論的制約の背後には，作用の志向性の本性に関するある主張，すなわち，作用の志向性は作用の記述的特性（内的制約の枠内で取り扱える特性）であるという見解がある．こちらの見解を，「志向性の内的特性テーゼ」ないし単に「内的特性テーゼ」と呼ぼう[14]．内的制約と内的特性テーゼの間の関係は，後者が前者を正当化するという関係にある．

次の箇所では，この両者がどちらも登場する．

> 思考作用がたまたま超越的対象に向けられていようと，あるいは存在しない対象や不可能な対象に向けられていようと，それはなんら妨げにならない．というのも，当然のことであるが，このような対象への方向性，つまり現象学的に実現されていない対象を表象し思念するということは，当該の体験の記述的特性だからである．したがって，このような思念の意味は，純粋に体験そのものをもとにして解明され確定されるべきである．それ以外のやり方では，おそらくそのようなことは不可能だろう．／私たち固有の自我とは区別される「心的」・「物的」な実在［Realität］を想定する権利についての問い，また，この実在の本質とは何か，この実在がしたがうのはどのような法則か，物理学者が関わる原子や分子はそれに属するのか，

13） たとえばザハヴィは『論理学研究』におけるフッサールにとって「作用の内在的本性は，対象が存在するかどうかに関わらず同じであり続ける．したがって志向的対象の存在そのものは現象学的には重要ではない」（Zahavi 2003: 30）と指摘している．

14） フッサールの用語を直接用いて「記述的特性テーゼ」や「実的特性テーゼ」などと呼んでも良いが，一般的な分かりやすさを考慮してこのようにした．

等々の問いは，認識論から徹底的に区別されている．「外界」の存在と本性についての問いは，形而上学的な問いである．(XIX/1: 25-26)

前半部分では，作用の対象は作用にとって超越的であり，それゆえ現象学の考察範囲を超えるものであるが，そもそも志向性は現象学的に記述できる作用内的な特徴であるから問題がないし，むしろだからこそ内的制約を順守する仕方でのみ可能である，と述べられている．そして後半部分において，作用に対して超越的な実在やその本性に関する問いが，「形而上学的な問い」として考察範囲から退けられている．まとめれば，作用に超越的である作用の対象の実在やその本性に関する形而上学的な問いは，現象学の考察範囲から排除されている（内的制約）が[15]，志向性はそもそも記述的特性である（内的特性テーゼ）以上，それは問題ないし，むしろそうあるべきであると述べられている．

次の箇所でも，内的制約が宣言された後，それを正当化する理由として，内的特性テーゼが述べられる．

現象学的考察にとっては，対象性それ自身は無である．一般的に言って，それは作用にとって超越的なのだから．どのような意味において，またどのような権利をもって対象性の「存在」が語られていようと，またその対象性がレアールであろうとイデアールであろうと，また真実であれ，可能であれ，不可能であれ，そういうこととは無関係に，作用は「それに向かって」いるのである．さて，存在しないものないしは超越的なものが，決してそれをそれ自身のうちに含まない作用において，志向的対象として妥当しうるということはどのように理解されるべきかと問われるとすれば，それに対する唯一の答えは［…］その対象は志向的対象である，というもの

15) 厳密にいえば，これは本書で「内的制約」と呼んでいるものよりも強い主張である．というのも，本書が「内的制約」と呼ぶもの自体は，その制約のもとで考察した結果，作用にとって超越的な存在者に関する（形而上学に属する）特定の帰結が引き出される可能性を排除していないからである．

だ．［この答えが意味することは］つまり，ある特定の性格の志向を伴う作用が存在し，そしてこの特定の志向が，その規定性において，この対象への志向と私たちが名付けるものをまさに形成しているということである．対象へと関わることはある体験可能な特性であり，そしてその特性を示す体験は（定義により）志向的体験または作用と言われる．対象への関係の仕方の相違は，すべて関連する志向的諸体験の記述的相違である．（XIX/1: 427）

「作用の対象は現象学的考察の範囲外だ」という内的制約にあたる主張が述べられた上で，まさにその理由として，「作用がその対象に関わる仕方の違いは対象の有無に関係なく記述できるような作用に内的な特徴の違いに過ぎない」という内的特性テーゼが挙げられている．内的特性テーゼは，たとえば以下の引用からも容易に見て取れよう．

意識にとっては，表象された対象が実在していようと，もしくはそれが虚構されていようと，それどころかたとえ反意味的［＝存在不可能］であるとしても，与えられたものは本質的に同等である．「ジュピター［神］」も「ビスマルク」も，「バビロンの塔」も「ケルンのドーム」も，「正千角形」も「正千面体」も，私は全く同じように表象する．（XIX/1: 387）

表象の対象は，実在する場合も，しない場合も，さらにはしえない場合もある．しかしその違いは，作用の志向性に違いをもたらさない．

さて，内的特性テーゼが正確に言って何を意味しているのか，またそれに関連して，それが『論理学研究』以降のフッサールにどのような形で，どの程度まで引き継がれたのか，これらの問題は，慎重な解釈を要する問題である．たとえば『イデーンⅠ』におけるフッサールは，なんらかの意味で作用の志向的対象を「ノエマ」の名のもとで現象学の考察対象に収めることとなった，と言われる．また，彼のいわゆる「超越論的現象学」は，経験の内容とは何かを語る際に，所与の顕在的経験の内的特性には決して収まらないような，連続的な可能的経験の体系に訴えると言われる（この意味で，超越論的現象学は内容に関するある種の「外在主義」だと論じるものもいる[16]）．これらにおいて，実質的に内的特性テーゼや内的制約がどのような形で，どの程度まで引き継がれたのかということは，フッサールの術語の変遷や枠組みの複雑化を踏まえて議論されるべき事柄である．しかし，確実に言えることがいくつかある．まず第一に，内的特性テーゼは次の主張と決して相容れない．それはすなわち，作用の志向性の分析は，まずもって作用の対象や作用自体が属する領域の形而上学が前提となって初めて適切に遂行可能だという主張である．この見解に従えば，自然的事物の知覚の志向性は，自然的事物とはどのようなものであり，それらが作用とどのような自然的（たとえば因果的・情報的・法則論的）関係に立つのかといったことに関する一定の適切な理解が前提されて初めて適切に分析できる．これを「形而上学前提テーゼ」と呼ぼう．内的特性テーゼは，形而上学前提テーゼと決して相容れない．そして第二に，『論理学研究』に限らずそれ以降のどの時期のフッサール現象学においても，形而上学前提テーゼの拒否は堅持され続けたであろうということである．フッサール現象学がなんらかの意味での「外在主義」として解釈できる（時期がある）のだとしても，「事物知覚の志向性の適切な分析は，自然的事物や自然的関係に関する適切な形而上学を前提とする」といった見解と両立するものとして解釈できるということはありそうにない．以下では，形而上学前提テーゼの否定を含意するような志向性に関する見解をひっくるめて「形而上学無前提テーゼ」，ないし単純に「無前提テーゼ」と呼ぼう．『論理学研究』における内的特性テーゼは，無前提テーゼの一種である．そして『論理学研究』以降のフッサールは，仮に内的特性テーゼを放棄したとしても，なんらかの無前提テーゼは堅持したはずである．このような無前提テーゼへのコ

16） フッサールがある種の外在主義者として解釈しうるという論点については，Smith 2008 を参照．連続的な可能的経験の体系というアイデアについては，佐藤 2015（とりわけ第5章）が詳しい．

ミットメントこそ，エヴァンズのようなメタ意味論的見解と現象学を本質的に相容れないものとしている要素だといえよう．

さて，ここまでの議論から明らかなように，内的特性テーゼ（ないし無前提テーゼ一般）はメタ意味論的探究としての現象学からは独立である．メタ意味論的探究としての現象学や，その背景にある「数学者の仕事」と「哲学者の仕事」の区別を受け入れつつ，内的特性テーゼを拒否するということは合理的な選択肢の一つである．これは，『論理学研究』における「現象学」の哲学的意義を評価するにあたり，次の二つの帰結をもつ．

第一に，本章第１節（１）および第１節（２）で確認した，『論理学研究』第１巻や第２巻序論における一連の議論は，内的特性テーゼとは独立にその価値を保持しうる．数学者の仕事と哲学者の仕事とを峻別したうえで，メタ意味論的探究としての現象学という見通しを提示したということは，少なくとも哲学史上は無視されてはならないフッサールの功績である．また，そのような見通しのうえで具体的な基礎意味論的考察を体系的に展開したということも，同様に無視されてはならない哲学史上の事実である．それは，フレーゲと同じようなことをより不明瞭な仕方で繰り返しただけの哲学者という印象を，鮮やかに覆すような事実であるはずだ．そしてこの功績は，仮に内的特性テーゼが誤りだったとしても損なわれるものではない．そしてまさにこれこそが，本書がここまでを通じて確立しようとしてきた事柄に他ならない．

しかしこれは同時に，フッサールの「現象学」と通常呼ばれるもの，いわば「狭義の現象学」は，本書がここまでで確立した論点だけでは決して擁護されない，ということでもある．『論理学研究』における内的特性テーゼを含む，なんらかの無前提テーゼへのコミットメントこそ，フッサール現象学をそれ以外のメタ意味論的見解から際立ったものにする，本質的な特徴だと言えよう．そして，内的特性テーゼ（を含むなんらかの無前提テーゼ）を否定するのではなく採用するという理論的決定を取り立てて支持するような要素は，本書のここまでの論述には含まれていない[17]．

もしあなたがメタ意味論的探究としての現象学（だけ）ではなく狭義の現象学にも魅力を感じ，それを正当化したいと考えるのであれば，なんらかの形の無前提テーゼを正当化する必要がある．ではそのためには，どのようなことを論じる必要があるのだろうか．そこで対抗理論となるのは，どのような見解なのだろうか．以下，最後にこの点を確認することで，本書の議論から見えてくる（狭義の現象学の擁護を目指す）フッサール研究が取り組むべき課題を浮かび上がらせたい．

第２節 狭義の「現象学」とその課題

本節では，『論理学研究』における内的特性テーゼ（および無前提テーゼ一般）に関して議論されるべきことを明確化することを目指す．

（１）内的特性テーゼを擁護する二つの議論

まず，内的特性テーゼにそもそも何か具体的な懸念点などあるのだろうか，と思われるかもしれない．『論理学研究』におけるフッサールの論述を適切に理解したならば，内的特性テーゼが正しいことはほぼ自明なことではないだろうか，と．次節では，内的特性テーゼを正当化すると考えられる理路を批判的に検討しながら，どのような懸念があるかを具体的に見てみることにしよう．

17） ただし，本書のこれまでの論述には，内的特性テーゼを「馬鹿げている」と直ちに却下するような議論のいくつかに対する防波堤となるような要素は含まれている．たとえば，固有名の指示を成立させる基礎意味論的事実が言語共同体内のコミュニケーションの連鎖に依拠しているということをもって内的特性テーゼを却下するような議論に対しては，本書の第３章で展開された弱識別能力テーゼに基づいて応答できるかもしれない．しかし，エヴァンズのように，ある語の理解を構成するような個々人の識別能力が外在主義的に分析される必要があるという主張から（つまり，ある種の形而上学前提テーゼを背景に）無前提テーゼを否定するようなルートの議論については，本書は一切対抗手段を提供していない．

『論理学研究』を読んだ上で内的特性テーゼが自明に思われるとしたら，その理由の一つは，フッサールがそれに対して提示している理路が，実際に直観的かつ説得的に響くものだからかもしれない．まず，フッサールが解明しようとしているのは，私たちの心的作用の本質的特徴，すなわち志向性である．そして，志向性とは私たちの心的作用の本質的な特性なのだから，当然，どの心的作用を観察しても共通に見出される現象であるはずだ．これを踏まえて，上で見た引用の一つをもう一度振り返ってみよう．

> 意識にとっては，表象された対象が実在していようと，もしくはそれが虚構されていようと，それどころかたとえそれが反意味的［＝存在不可能］であるとしても，与えられたものは本質的に同等である．「ジュピター［神］」も「ビスマルク」も，「バビロンの塔」も「ケルンのドーム」も，「正千角形」も「正千面体」も，私は全く同じように表象する．（XIX/1: 387）

真である判断も偽である判断もどちらも同様に何かを表象する（志向性をもつ）し，正しい知覚も誤った知覚もどちらも同様に何かを表象する（志向性をもつ）．たとえば，目の前にダガーがあるという判断は，それが真であろうと偽であろうと，目の前にダガーがあるという事態についてのものである．同様に，目の前にダガーがあるという正しい知覚も対応する誤った知覚も，目の前にダガーがあるという事態についてのものである．さらに，たとえばジュピター神について考えることもビスマルクについて考えることも，全く同様に何かについて考えることである．私が何かを表象するということは，対象があるかどうかと独立に，かつ同様の仕方で成立する．したがって，志向性（何かについてのものであるという性質）とは何かを考察する上で，対象の存在と関係なく記述できる共通の特性にのみ基づいて議論しても問題がない．これほど明らかなことが，ほかにあるだろうか，と．

確かにこの理路は一見したところ，非常に説得的に見える．しかし実際には，これはあまり説得的とは言い難い．上の理路は，（1）正しい判断・知覚と誤った判断・知覚がどちらも志向性をもつということに基づくものと，（2）虚構的思考と判断がどちらも志向性をもつものであるということに基づくものの二つ分解できる．便宜上，前者を誤表象からの議論，後者を虚構的表象からの議論と呼ぶことにしよう．以下ではこれを順に検討したい．

誤表象からの議論の問題

まず，誤表象からの議論の問題点を確認したい．ここで問題となっていることのポイントをつかむために，まずは誤表象からの議論と同様の問題を抱えていると思われる，次の議論を確認してみよう[18]．

> 「金属探知機とは何か」を解明するとは，金属探知機の本質的な特徴を明らかにするということだ．それは当然，どの金属探知機を観察しても共通に見出される現象であるはずだ．ところで，金属探知機の中には，さまざまな要因から，金属の有無を知らせてくれないものもある．したがって，「金属探知機とは何か」を解明するにあたり，金属の有無を知らせるという特徴を考慮する必要はない．

さて，この議論はどこかがおかしい．というのも，「金属探知機とは何か」ということにとって，それが金属の有無を知らせるということは，明らかに決定的に重要だからである．では，どこがおかしいのだろうか．

手掛かりとなるのは，金属探知機にとって本質的なのは，金属の有無を知らせることが実際にできるということではなく，金属の有無を知らせるというその役割だということである．たとえば故障した金属探知機は，金属の有無を知らせることができない．しかし，その場合でも，それが金属探知機である限りにおいてもつその本質的な役割は，まさに金属の有無を知らせることである．この意味で，「金属探知機とは何か」という問いに対して答える際に，金属の

18） 以下の論述はMillikan 1984の第1章，とりわけ17-18頁を参考にしている．

有無を知らせるという特性は決して無視できない．

一般に，「○○の中には～しないものもある」という形式の主張の正しさは，「○○の本質的特徴を考える上で～するという性質は考慮する必要がない」という形式の主張の正しさを保証しない．とりわけ，ある種類のものの本質的特徴がその役割にある場合，この形式の移行を一般に受け入れることは，正しい答えに辿り着くことを阻むものとなる．というのも，一定の役割をその本質的特徴としてもつものの中にはその役割を遂行できないものが含まれているのが常だからである（金属を探知できない金属探知機，血液を循環させることができない心臓，紙を細断できないシュレッダー等々）[19]．むしろ，ある種類のものの本質的特徴がその役割にある場合，私たちはその異常な個体がし損ねていること，そして正常な個体が達成していることに注目しなければならない．金属探知機の場合であれば，それは金属の有無を知らせるということである．

では，今の論点を踏まえて，次の議論を見てみよう．

> 知覚の中には，誤った知覚がある[20]．つまり，世界の側に対象が存在しない知覚や，存在する対象のあり方を適切に知らせてくれない知覚がある．もちろんそれらは，世界のあり方に関する情報を運ぶこともできてない．したがって，「知覚とは何か」を解明するにあたり，世界の側に対象が存在するということ，そのあり方を適切に知らせてくれているということ，世界のあり方に関する情報を運んでいるということ，こういったことを考慮する必要はない．

今や，この議論は自明であるどころか，むしろ探究を誤った方向へと連れてい

19） 第1章第3節参照．

20） 以下，フッサールに合わせて「正しい知覚」「誤った知覚」という言い回しを用いる．もし「正しい知覚」が冗長に思われ，「誤った知覚」という表現が語義矛盾に響くのであれば，「知覚（perception）」を適宜「知覚経験（perceptual experience）」と読み替えてほしい．

くものに見えてくる.知覚の本質的特徴がその役割に存するのだと仮定しよう.すると,私たちが焦点を合わせるべきなのは,異常な知覚がし損ねていること,そして正常な知覚が達成していることである.それはつまり,世界の側にどのような対象がどのように存在するかを知らせること,つまり世界のあり方に関する情報を運ぶことであろう(それ以外に何があろうか).そして,一方が他方の情報を運ぶという関係は,世界の中の実在的関係の一種だろう.だとすれば,本来まず目を向けるべきなのは,情報を運ぶというような,世界の中の実在的関係の方である(つまり,無前提テーゼではなく,形而上学前提テーゼが正しい).しかし,上の議論は,それを考慮の外に追いやってしまう.同じことは,判断に関しても言えるだろう.それゆえ,もし知覚の本質的特徴がその役割に存するならば,上の議論は知覚や判断とは何かに関する探究を,誤った方向へと導いてしまう.このように論じられるように見えてきてしまうのである.

念の為注意しておくと,ここでの指摘は,富山 2023が第1章第4節にて却下している,志向性に関する素朴な因果説とは区別する必要がある.富山は「対象への志向性を対象からのなんらかの因果的な働きかけによって説明するタイプの試み」として,作用の対象をその作用を引き起こした原因と同一視するような素朴な因果説を念頭に置きつつ,それが抱える問題として二つを指摘している.そのうちの一つは次のようなものである(もう一つは後ほど取り扱う).

> [このタイプの説明がうまくいかない]ひとつの理由はこの説明が不適切な対象を作用と関係させてしまうからである.すなわち,一般には私の思考を引き起こす原因は様々にあり,その複雑な因果関係の中からどれを対象として特定するのかは説明を要する.また,幽霊かと思ったら木の枝だったというように,主要な原因が思考の内容と食い違っていることもしばしばある.(富山 2023: 50)

この批判は素朴な因果説に対しては正当だが,現在の文脈とは関係がない.富山が指摘する素朴な因果説の問題は,知覚が生じるきっかけとなった原因を直ちにその知覚の対象だと解する点にある．先ほどまでの議論では，このような事柄へのコミットメントは一切問題になっていないし，むしろその背景にある考えは素朴な因果説と衝突する．というのも，背景にあるのは，知覚が生じるきっかけとなった原因がたとえばＰという事態であったとしても，その知覚が運ぶことをその役割とする情報がＱであるなら，知覚が表象する事柄は（原因であるＰではなく）Ｑだ，という考えだからだ．富山の議論はこのような見解に対しては何も主張していない．

以上をまとめよう．「誤った知覚や信念も志向性をもつ」ということは，一見すると内的特性テーゼ（ないしなんらかの無前提テーゼ）に十分な根拠であるように思われたかもしれない．しかし，「○○の中には〜しないものもある」という形式の主張の正しさは，「○○の本質的特徴を考える上で〜するという性質は考慮する必要がない」という形式の主張の正しさを保証しない．それどころか，もしある種類のものの本質的特徴がその役割にある場合，この形式の推論は探究を誤った方向へと導く．それゆえ，もし知覚と判断の本質的特徴がその役割にあるのだとすれば，「誤った知覚や信念も志向性をもつ」ということに基づいて内的特性テーゼ（ないしなんらかの無前提テーゼ）に移行することは探究を誤った方向に導くことになる．『論理学研究』の内的特性テーゼ（および無前提テーゼ一般）は自明であるどころか，フッサール現象学をその目的からして的外れな方向へと導くものに見える．そして，このような嫌疑を晴らすためには，何か追加のサポートが必要になる．

さて，このような疑いを晴らすためには何が必要だろうか．一つの方向性は，知覚と判断の本質的特徴はその（少なくとも，上で念頭に置かれていた意味での）役割にはなく，むしろ誤った知覚や判断にも共通に見られるような性質であるということを説得的に論じるというものであろう．これは後ほど確認したい．直下では，虚構的表象からの議論がそのようなサポートを提供しうるかを確認したい．

虚構的表象からの議論の問題

虚構的表象からの議論は，上のような嫌疑に対して，それを次のように晴らそうとするかもしれない．上のような嫌疑は，志向性の解明のために，判断と知覚に議論を限定していた点に問題がある．これは恣意的な限定であり，それ以外の心的出来事，とりわけ虚構的表象に視野を広げたならば，内的特性テーゼが適切であることがはっきりする．たとえば，火事が起こったと判断する（実際に考える）ことや火事が起こったと知覚することだけでなく，火事が起こったと想像する（虚構的に考える）こともまた，火事が起こったという事態についてのものであるという志向性をもつ．明らかに，火事が起こったと想像することは，その成功・失敗が実際に火事が起こったかどうかに依存しない．つまり，火事が起こったという想像の役割が適切に遂行されるためには，火事が起こったという情報を運んでいる必要は全くないし，そもそも火事が実際に起こっていることも必要としない．ところで志向性は，知覚経験や信念だけでなく，想像など虚構的表象にも共通する特徴である．したがって，火事が起こったという事態についてのものであるという志向性はどのようなものかの説明において，火事が起こったという情報を運ぶという役割を考慮する必要は全くないし，そもそも火事が実際に起こっているかどうかは関係ない．一般に，なんらかの事態についてのものであるという志向性の説明に，その事態についての情報を運ぶという役割を考慮する必要は全くないし，その事態が成り立っているかどうかも関係がない．それゆえ，たとえ役割の観点から志向性を分析するのであっても，作用一般に共通する本質的性質としての志向性を分析することを現象学がその課題としている限り，内的特性テーゼは維持できる．

上の議論は，フッサール自身の論述と不整合をきたすため，フッサールに帰することが難しいという問題もあるが，議論それ自体としても先ほどと類似した問題を抱えている[21]．まずは，後者の論点，つまり議論それ自体がどのような

21） 以下の議論は，あえて言えばKripke 2011, 2013に依拠するものである．フリに関する詳細な分析としては，Walton 1990を参照．

問題を抱えているのかを確認しよう．

ここで問題となっていることのポイントをつかむために，まずはお芝居・演技について簡単に考察しよう．ある劇中で，ある役者が人をナイフで刺し殺す演技をしたとする．ここで，この役者の行為がどのようなものかを，人を刺し殺すとはどのようなことかを持ち出すことなしに説明できるだろうか．当然，できないだろう．人を刺し殺す演技をするとはどのようなことかは，人を刺し殺すとはどのようなことかに訴えてのみ説明ができる．つまり，前者の説明は後者が先立って説明されていることを前提する．一般に，任意の行為 A に関して，A をするフリ（演技）をするとはどういうことかの説明は，実際に A をするとはどういうことかの説明を前提する．このことを，A をするフリは，A をすることに寄生的だ（parasitic）と表現することにしよう[22]．

ここで，次のような議論を考えてほしい．

> 人をナイフで刺し殺すという行為の本質的特徴に，「人が死ぬ」ということは含まれない．なぜなら，虚構的に人をナイフで刺し殺すこと（＝人をナイフで刺し殺すフリをすること）もまた人をナイフで刺し殺すことであり，しかしその際（必ずしも）人が死ぬことはないからである．

この議論は明らかに誤っている．人が死ぬということは，人をナイフで刺し殺すという行為にとって本質的である．人をナイフで刺し殺しているのであれば，誰かが必ず死んでいる．確かに，人をナイフで刺し殺すフリをしている場合，人は死ぬとは限らないが，その理由は**それがあくまでフリであり**，**実際には人をナイフで刺し殺すことではない**からである．そして，人をナイフで刺し殺すフリをするとはどういうことかの説明は，人をナイフで刺し殺すとはどういうことかの説明に基づいてなされる（前者は後者に寄生的である）．

もちろん，上の議論をまじめに披露する人はいないだろう．しかし，もし虚

22）Salmon 2011: 58 を参照．

構的思考（想像や空想）が信念や知覚に寄生的であるとすれば，虚構的思考の志向性に基づく議論は（一見したところは全く馬鹿げていないにもかかわらず）まさに上の議論と同様の誤りを犯していることになる．そして，虚構的思考（想像や空想）は信念や知覚に寄生的であるという考えは私には説得的に思われるし，控えめに言っても十分考慮に値する考えだと思われる[23)]．最も直接的には，想像することは信じるフリをすることかもしれない．たとえば，防災訓練においては，実際には目の前の燃える家屋がないにもかかわらず，目の前に燃える家屋があるという想定のもとで行動する．それはいわば，目の前に燃える家屋があると実際に信じてはいないが，しかし目の前に燃える家屋があると信じているフリのもとで行動するということである．そしてとりわけ防災訓練の場合においては，このような信じるフリをすることの有用性は明らかだ．信じるフリをすることで，実際には起こってないことに関するシミュレーションが可能である．これほど直接に類比が成り立つかどうかは別にして，想像や空想が対応する判断や信念，知覚に訴えることで初めて理解可能になるという考えは，十分に考慮に値する考えだろう．

実は，世界に対するコミットメントを伴わない作用はそれを伴う作用に寄生的だという考えは，単に自然なだけではなく，『論理学研究』におけるフッサールがまさに主張していることでもある（葛谷 2014: 129）．彼は，世界に対するコミットメントを伴わないような作用（「単純表象」と言われる）を，判断作用の「変様（Modifikation）」と位置づける（XIX/1: 499）．本書第4章第3.2節でも指摘したように，ある作用がなんらか他の作用の変様だということでフッサールが意味しているのは，後者の作用が生じる際に前者がまず生じ，それが後者へと変化するという過程が実際に生じるということではない．むしろ，単純表象が「非措定的な，つまり措定という点で変様された作用」（XIX/1: 501）と特徴づけら

23） 錯覚や幻覚を知覚に対して寄生的だと見なす立場としては，知覚の選言説（の一形態）がある．Fish 2009 および Fish 2010 の第9章参照．

れることからも分かるように，ここでフッサールが言っているのは，表象作用は，あくまで判断作用のコミットメントを保留したものとして理解されるべきだということである．これはすなわち，単純表象は判断に寄生的だということに他ならない．実際，措定的な判断および知覚を基礎に置くようなこの種の考えが背景になければ，作用のもつ対象的関係を意味志向と意味充実化の認識機能に立ち返ることで明らかにするという現象学的分析のプロジェクト自体がなぜ遂行可能なのかが不明になってしまう．虚構的表象からの議論は，もしかしたらフッサール自身も暗黙のうちに訴えていたことがあるかもしれないが，少なくとも『論理学研究』における彼のその他の論述と強い緊張関係にある．

虚構的表象からの議論をフッサールに帰することができるかどうかは横に措いておこう．確実に言えることは，虚構的表象（を含む単純表象）が知覚経験や判断（を含む措定的作用）に寄生的であるというアイデアが（控えめに言って）考慮に値するものである限りにおいて，虚構的表象からの議論は大きな飛躍を抱えているということである．この種のアイデアを却下する説得的な議論を提示するか，知覚や判断における内的特性テーゼを擁護する説得的な議論を提示するかの，少なくともどちらかが必要である．

また，以上を踏まえると，富山が素朴な因果説を却下するもう一つの理由もまた，素朴な因果説の批判としては正当であっても，内的特性テーゼの根拠に転用するには薄弱だと分かる．

> もう一つの理由は，志向性の向かう対象は必ずしも因果的な効力を発揮できるようなものとは限らないからである．[…] まず，我々は素数のような抽象的対象についても考えることができるのだった．素数は時空間上のどこかに存在するようなものではないから，私の脳に因果的に働きかけることはない．それゆえ，こうした対象についての志向性は因果的影響では説明できない．また，欲求や願望はしばしば，未だ実現したことのないものや，未だ目にしたことのないものを欲する．[…] さらに，我々は全く

> 実在しない対象や，架空の対象についても考えることができる.（富山2023: 50-51）

ここでは数のような抽象的対象についての思考が可能であることと，欲求や願望，架空の対象についての思考が可能であることを根拠として，素朴な因果説が却下されている．これ自体は正当な議論である．しかし，ここから内的特性テーゼに移行することは誤りである．欲求や願望，架空の対象についての思考が根拠として薄弱であることは，前段落までの議論から明らかだろう．抽象的対象についての思考については議論を要する問題だが，少なくとも根拠として強力ではないということは次の点を指摘することで分かる．第一に，ハートリー・フィールドを代表とする数に関する虚構主義が正しければ，数に関する思考は（有用な）虚構的思考の一種となる．第二に，数を含む抽象的対象に関して，その実在性を認めつつ，それについての思考を経験的世界についての思考から派生的なものとして説明するクリストファー・ピーコックのような見解がある[24]．再び，これらは十分考慮に値する見解であって，そして限りにおいて，単に数をはじめとした抽象的対象についての思考が可能であるということから，内的特性テーゼに安易に移行することはできない．

さて，以上の議論を読んだ上で，この周辺の論点に詳しいフッサール研究者であれば次のように応答するかもしれない．確かに，『論理学研究』における内的特性テーゼが疑わしいということはその通りだろう．しかし，そのようなことはすでにフッサール研究の中で『論理学研究』の問題として繰り返し指摘されてきただけでなく，そのような問題をフッサールがいかに乗り越えたのかも論じられてきた．ここには何も新しい問題はなく，また乗り越えられた問題である，と．最後にこの点を確認しつつ，本書の意図を明確にしたい．

24） Peacocke 2019: ch. 5 参照.

（2）正しい知覚と誤った知覚の区別の問題との違い

『論理学研究』においてフッサールが，現象学は正しい知覚と誤った知覚（錯覚・幻覚）の間の違いには関わらないと明言していることは，フッサール研究者にとってはよく知られている．たとえば，次の箇所を見てみよう．

> 通常の知覚と異常な知覚，つまり正しい知覚と誤った知覚の間の区別は，知覚の内的な，純粋に記述的な，ないしは現象学的な性格に関わりがない．（XIX/1: 358）

ここにおいてフッサールは，現象学が考察の対象とするところの，作用の記述的・現象学的性格の中に，正しい知覚と誤った知覚を区別する要素は含まれないということを明言している．これがもし正しければ，ザハヴィが言うように，たとえば「青い本の知覚と錯覚との間に現象学的に重要な差異は全くない」（Zahavi 2003, 40）ということになろう．現象学に関するこの主張を「正誤無関係テーゼ」と呼ぼう．

少しややこしいかもしれないが，正誤無関係テーゼは内的特性テーゼとは異なる．内的特性テーゼは，作用の志向性は作用の内的な特性だという主張である．この主張は，そのような内的特性の違いだけから，正しい知覚と誤った知覚を区別できるという主張と整合的である．正誤無関係テーゼを否定しても，内的特性テーゼは維持できる．つまり，「フッサールは内的特性テーゼ（ないしなんらかの無前提テーゼ）を掲げた点では正しいが，正誤無関係テーゼを軽率に主張した点に誤りがある」と論じる余地がある．

ザハヴィや佐藤は，正誤無関係テーゼを『論理学研究』の抱える問題点だと論じているが，これは全く正当な指摘である[25]．実際，上のフッサールの主張は『論理学研究』の現象学の目的と齟齬を抱えている．というのも，まさに佐藤が指摘するように，もし本当に現象学が知覚と錯覚の区別に関わらないのだとすれば，現象学は「認識」や「真理」とは何かを（本性のレベルではもちろん，意味のレベルでも）十全に解明できないと思われるからだ[26]．

この点を，認識とは意味志向の直観による充実化だというフッサールの分析を前提して敷衍すると次のようになる．仮にもし知覚・錯覚・幻覚が同様に意味志向を充実化する直観の役割を果たせるとしよう．すると，「認識」の成立は対応する真理を保証しないことになろう．たとえば目の前にダガーがないのに目の前にダガーがあるということを「認識」したり，雨が降っていないのに雨が降っているということを「認識」したりといったことを許容することになる．しかしもちろん，フッサールが実際に分析しようとしていた「認識」は（そして哲学的に興味深い意味での，「知識」と深く結びついた意味での「認識」は）これではありえない．

同じ論点は次のようにも表現できる．直観から内的に区別できないものを「チョッカン」，充実化と区別できないものを「ジュウジツカ」，それにより生じるものを「ニンシキ」，それによって保証されるものを「シンリ」と呼ぶことにしよう．現象学が知覚と錯覚の区別に関わらないとすると，それが考察対象にするのはせいぜい意味志向のチョッカンによるジュウジツカとして定義されるような，シンリのニンシキに過ぎない．仮にこれがなんらかの意味で十分明らかになったとしても，それは認識の本性を完全には教えてくれないし，真理の本性がいかなるものかも教えてくれない．現象学が正しい知覚と誤った知

25) Zahavi 2003: 39-42 および佐藤 2015: 37-41 参照．なお，葛谷 2013b は正誤無関係テーゼのもとでも正しい知覚に固有の事柄に関する分析は可能であり，それゆえ正誤無関係テーゼは認識の分析を不可能とはしないと論じた．この議論のうち，正しい知覚だけに言える事柄のうち正誤無関係テーゼのもとでも取り扱いうる事柄が存在するという点は今も正しいと考えているが，その事柄が認識の分析にとって十分であるという結論は，現在疑わしいと考えている．というのも，問題の事柄は，正しい知覚のみがその適切さを説明できるような事柄（だという意味で正しい知覚だけに言える事柄）であるが，これは正しい知覚によって説明される事柄であり，正しい知覚を説明する事柄ではないからである．葛谷 2013b で用いた比喩を使うなら，本物の爆弾と区別がつかない偽物の爆弾が人々に与える一定の行動上の影響は，本物の爆弾がどのようなものかに基づいてのみ説明ができるというのは正しいが，このことはそのような影響に基づいて（本物の）爆弾の本性の説明を与えることができるということを意味しない（実際，できないだろう）．

26) 佐藤 2015: 39 参照．

覚の区別に関わらないとすると，それは現象学に期待されていた元々の目的を果たさない．

以上のように，現象学がその目的を果たすには，最終的には正しい知覚と誤った知覚の違いは無視できない．にもかかわらず，『論理学研究』はこの違いを無視してしまっている．この点に，『論理学研究』の克服されるべき問題点が存在する[27]．

さて，このような問題点の指摘は全く正当であるが，しかし注意したいのは，次の二つの事柄は異なるということである．

1．なんらかの無前提テーゼのもとで，正しい知覚と誤った知覚の区別をつけられる．
2．なんらかの無前提テーゼのもとで，認識とは何かを十全に分析できる．

狭義の現象学の積極的意義を示すために確立すべきことは2なのであって，1（だけ）ではない．確かに，1が誤りであれば，2も誤りだということになるだろう．しかし，たとえ1が正しかったとしても，2は誤っているかも知れない．つまり，なんらかの無前提テーゼのもとで正しい知覚と誤った知覚の区別がつけられたとしても，その区別は認識とは何かを十全に分析するためには全く役に立たないものかも知れない．そして，先ほどの第2.1節で指摘されていたのは，まさにこの懸念なのである．

ポイントの明確化のために，簡単な比喩を提示しよう．たとえば「ナイフとは何か」という問いに答える場面を考えよう．これが「ナイフ」と言われる道具の本質規定を問うものだと考えた場合，それはナイフの目的・役割・機能に関する記述を含む必要があるように思われる．すなわち「ナイフとはものを切るためのものだ」といったものがそれである．このような目的に関する記述は，

27）加えて，佐藤はさらに踏み込んで，パトナムの双子地球の議論を踏まえつつ，『論理学研究』の道具立てでは，双子地球にいる二人の意味内容が同一になってしまうという問題を提示している（佐藤 2015: 39-40）．これもまた正当な指摘であろう．

良いナイフかどうかを判断するための区別も与えてくれる．実際，良いナイフであるための最も重要な基準は，よく切れるナイフだということだ．つまり，何か切断したいものにそれを用いたときに，それを容易に切断できればできるほど，良いナイフである．もし「ナイフ」が何を意味するか知らない人にこのことを伝えたら，その人はナイフとは何かを（少なくともその核となる部分を）理解したと言えるだろう．さて，議論のために，（良いナイフであれ悪いナイフであれ）一般にナイフを構成する要素（刃やグリップ等）があるとしよう．そして，その要素がその性質をもつことが良いナイフに近づくことになるような，そういった一群の性質があるとしよう（たとえば，刃の鋭さとか，一定以上の強度とか，力を伝達しやすいグリップの形状，等々）．すると，このような性質を探究していくことで，（より）良いナイフがどうかを判断する基準を，目的を記述することなしに特定できるかもしれない．このような探究が「ナイフは切るためのものだ」という理解を前提しないで遂行できるかどうかは疑わしいが，それは横に置いておこう．とにかく，ナイフは，それが良いものであればあるであればあるほど，これこれのあり方をしているものだ，というタイプの，特性に関する真なる記述が得られたとしよう．さて，「ナイフ」が何を意味するか知らない人にこの記述を伝えたならば，その人は二つのナイフが与えられたとき，どちらがより良いナイフなのかに関する比較を（関連する情報を得られるなら）正しく判断できるようになるかもしれない．しかしその人は依然として，次のように問いうるだろう．「それで，このナイフというものは，なんのための道具なのですか」，と．このとき，その人はまだ依然としてナイフとは何かを理解していないように思われる．

同じことが，たとえば知覚についても言えるのではないか，というのがここでの懸念点になる．「知覚とは何か」という問いに答える場面を考えよう．この問への答えが，知覚の目的・役割・機能に関する記述を含む必要があるとしよう（そしてこれは直観的には非常にもっともらしい）．そのような記述としては，たとえば「外的環境に何がどのようにあるかに関する情報を獲得するためにある」

といったものが挙げられる．実際，知覚の適切さを考える上で，それが外的環境に何がどのようにあるかに関する情報を，問題の生物に必要とされる範囲で十分な精度で運んでいるかどうかは重要な観点だろう（これを否定できる人がいるだろうか）．さて，適切な知覚だけがもち，そうではない知覚がもたないような，一群の性質があるかもしれない．それを突き止めるための探究が「知覚は環境の情報を運ぶためのものだ」という理解を前提しないで遂行できるかどうかはさておき，そのような性質の記述が得られたとしよう．それはもしかしたら，「無際限に調和的に進行する可能的経験の体系の一部である」といったものかもしれない[28]．これを先ほど導入した用語で大まかに説明すれば，これはいわば，対象の実在に対して，単なるジュウジツカではなく，無際限に調和的に進行する可能なジュウジツカの体系の全体を対応させるというアイデアだと言える．単なるジュウジツカであればその対象は存在しないかもしれないが，しかし，無際限に調和的に進行する可能なジュウジツカの体系に対しては，その対象は必ず存在する（ないし，存在しないということがもはや有意味ではない）．したがって，そのような体系の一部であるような知覚は，正しい知覚だと言える．このような主張が対象の実在を前もって考慮せずに本当に理解可能かはひとまず置いておこう．ここでの問題は，そのような体系の一部であれば必ず正しい知覚なのだとして，それは「知覚とは何か」という問いへの適切な説明になっているのか，ということである．むしろそれは，目的を告げずにナイフの説明をしようとする場合と同じ問題を抱えてはいないのか．これがここでの懸念である．

このような懸念に対する具体的な考察は今後の課題とする他ないが，以上の懸念に対して狭義の現象学を擁護する一つの方針として，次のものを指摘したい．その方針とは，認識実践がちょうどボードゲームがそうであるのと同様に合理的で意識的な活動だという点を強調するというものだ．これは，フッサールと同様に無前提テーゼを掲げるダメット（やロバート・ブランダム）が言語実践

28）　この種のアイデアについてはSmith 2008や佐藤 2015（特に第3章第5節）が詳しい．

について強調した論点である[29]．ダメットは同様の点を繰り返し指摘しているが，まずはそのポイントが読み取りやすいと思われる，『形而上学のための論理学的基礎』の「合理的活動としての話すこと」と題された節から引用する．少々長いが，内容は極めて明快だと思われる．

> 意味の理論［a theory of meaning］は，理解の理論だと言われうるかどうかは別として，話し手が自分の言語についてもつ理解についての説明を与えなければならないのは確かである．というのも，ゲームをプレイすることがそうであるのとちょうど同様に，話すことや書くこと［speech and writing］は合理的主体における意識的な活動だからである．次のように想定せよ．ある火星人が人間を観察しているが，しかし人間が合理的主体であり，動機や意図を帰属させることができる主体であることには気づいていない．火星人はチェスをプレイするという現象に強い興味をもち，次のような理論を考案する．すなわち，それに基づけば，意図をもった両プレイヤーをその驚異的な道具によって検査した後には，それぞれの特定のゲームがどのような経過をたどるかを正確に予測することができるような，そういった理論である．さて，この火星人はチェスを指せるのだろうか．その火星人はチェスが何であるか知っているのだろうか．もしその火星人が人間のプレイヤー相手に対戦したなら，その火星人はなんらか他のプレイヤーが指したであろうような手を指すことができ，それゆえチェスを指せるよう見せかけることができる．しかし，チェスを上手く指すという概念がその火星人には欠けている以上，その火星人が上手に指せたのは偶然にすぎない．その火星人は自分が相手をチェックメイトすることを目

29) ピーコックによれば，ダメットとブランダムはどちらも本書が「無前提テーゼ」と呼んだものに相当する見解にコミットしている．Peacocke 2019 の第1章第1節および第2節参照．ダメットは，無前提テーゼの擁護においてはむしろフッサールの頼もしい味方である．

指す［try］べきであるということを知らない．なぜなら，目指すという観念は自発的な行為者にのみ適用されるものであり，その火星人は人間を行為者としてではなく，自然物としてしか考えていないからである．さらに，その火星人はゲームのルールさえ知らない．その火星人は非常に多くの規則性を観察しており，それに従って手を指す．しかし，その火星人は決して指されることのない手の中で，ルールに反するような手，合法ではあるが明らかに愚かな手，それを指すことを誰も思いつかなかったほどに鮮やかで予想外の手を区別することができない．規則性とは対照的に，ルールは意図的な行動を前提とする．そして，火星人はここに目的をもつ行動の余地を認めていない．／同じことが，言語に対しても成り立つだろう．（Dummett 1991: 88-89）

チェスをプレイすることを自然現象として考察し，そこに自然的な規則性を発見しても，チェスとは何かの理解には到達しない．むしろ，チェスとは何かを明らかにするには，意図をもって行為する自発的な行為者としてのチェスプレイヤーが，チェスにおいてどのようなルールのもとで何を目指しているのかということを明らかにする必要がある．そして，言語活動についても同様のことが成り立つ．これがダメットの述べていることである．

では，そのような理論はどのような形で探究され，評価されるべきなのか．執筆時期としては遡るが，1978年の「私が言語を知るとき私は何を知るのか」を見てみよう．ここでは，上と同様の論点の指摘の後，意味理論の評価にとって，その言語の話者の反省が決定的な重要性をもつと論じられる．

言語についての十全な哲学的説明はどれも，意図と目的を帰属させることができる生物における合理的活動として，言語を記述しなければならない．言語の使用は，実際，人間の合理性の最上位の表出である．それは合理的な活動の最たるものである．ある特定の活動にゲームという性格を与えるものが何かについての説明を求める場合，私たちは，よく知らないゲーム

> を理解しようと努めており，しかもなんらかの理由でプレーヤーと意思疎通ができないような，そういった人の状況に自らを置き入れている．そのような人は，各プレーヤーの指す手を予測できるような理論を（たとえそのような理論が手の届くところにあったとしても）求めてはいない．彼が必要とするのは，そのゲームの指し手を合理的な活動として把握するのに必要なことだけである．[…] このことはまた，ある言語の意味の理論を構築する際の成功の基準についても，さらなる帰結をもたらす．というのも，そのような理論は，通常の経験的理論と同じようには評価されないということが帰結するからである．単に，観察された言語的行動と一致しているという理由だけで，それが正しいと判断されることはない．むしろ，その理論が正しいかどうかの唯一の決定的な基準は，その言語の話者が，反省に基づいて，その理論が正しいと認める用意があること，つまり，彼らが実際に導かれている原理の具体化になっていると認める用意があることである．このような理論は，観察だけでは到達できず，反省を必要とする．そして，まさに反省によって，その理論が成功するか失敗するかを決定しなければならない．（Dummett 1978b: 104-105）

意味理論に求められることが，言語行為を自然現象として予測することではなく，合理的活動としての言語行為においてどのような規範のもとで何を目指しているのかを明らかにすることだとしよう．すると，その理論の正しさは，その言語の話者の行動を適切に予測できるかどうかという基準では評価できない．むしろそれは，その規範を適切に記述できているかどうかによって評価されるべきである．しかしチェスの場合とは異なり，言語にはルールブックが存在するわけではなく，またその規範は重要な部分において暗黙的にのみ（つまり，どのようなルールに従っているかを明示的に述べられるわけではなく，ルールを提示されたら反省に基づいてそのルールに従っているかどうかが判定できるような形でのみ）知られている．それゆえ，意味理論の適切さの評価は，その言語の適格な話者が，反省に基づいて,「ああ,確かに私はそのようなルールに従って行為しているな」と同意するということのみが基準となる.ダメットはこのように述べている.

もちろん,ある言語の意味の理論の適切さはその言語の話者の反省によって決着がつくというのは,少々楽観的と言わざるを得ない.実際,『起源』においての同様の論点に触れている第13章(とりわけ第8節)を見れば分かるように,ダメットはこのような楽観論を後に放棄している.しかし,ここで指摘されている論点に基づいて,上の懸念に応答する方向性を示唆することはできる.それは,認識実践と類比すべきなのは,ナイフや金属探知機のような道具ではなく,ボードゲームだと論じるという方向性である.

たとえば,「将棋とは何か」という問いに答える場面を考えよう.先ほどのナイフの場合と異なり,この問いの場合には「将棋という実践は何のために行われるのか」という意味での「将棋の目的」を答えることは,本質的ではないように思われる[30].そもそも,将棋は様々な目的のために行われるのであって,それらに共通の「将棋はこれこれのためにある」と言ったようなものは存在しない.加えて,そのような目的(たとえば暇つぶしになる,知的な楽しみを生み出してくれる等々)は,おそらく将棋以外の様々なボードゲームにも共通しているだろう.むしろ記述されるべきなのは,「目的」は「目的」でも,将棋というゲームの中で何が目指されているのかであり,それを記述するとはすなわち(将棋というゲームを理解している人ならば把握しているはずの)将棋を構成するルール(具体的には将棋の勝利条件と進行規則)を記述することに他ならない.そして,将棋というゲームにおいて勝利を目指して指される様々な手というのは,まさにその勝利への寄与の観点からその第一義的な良さ・正しさを評価される.だからこそ,あるエキシビジョンマッチで将棋のプロが指したある一手が観客をどれほど沸かせ楽しませたとしても,その選択がそのプロを敗北へと導いたのであ

30) すくなくとも,ある広い意味で「将棋」と呼ばれるものにとっては,そうであろう.Dummett 1959: 20(1972年の追記)参照.

れば，それはある厳密な意味において，「悪手」以外のなにものでもない．もし将棋の指し手にとって本質的な「役割」というのがあるのだとしても，それは将棋の勝利へどれほど寄与するのかということだけによって決まる．将棋の指し手の役割を考察する必要があるとしても，それが将棋の外部にもたらすと想定される帰結は，考慮する必要がないし，するべきでもない．考慮すべきなのは，将棋のルールにより決まる，将棋の内部で目指されるもの（勝利）への寄与である．

さて，同じことが判断し，確証し，認識するという合理的な実践についても言えるのだ，と論じることができるかもしれない．実際，認識実践は言語実践と同様，合理的で意識的な活動であるように思われる．そしてフッサール現象学の枠組みは，まさにそのような合理的で意識的な活動としての認識実践の記述に適したものである，と論じることができるかもしれない．ちょうど「将棋とは何か」という問いに答えるために，将棋が何の役に立つのかということが本質的ではないのと同様，「認識実践とは何か」という問いに答えるためには，認識実践が何に役に立つのかは本質的ではない[31]．むしろ記述されるべきなのは，認識という実践の中で何が目指されているのかであり，それはすなわち認識はどのような達成条件と進行規則をもっているのかということである．そして，判断や直観は，まさにそのような認識実践における指し手に相当する．それゆえ，認識という実践において認識の達成を目指して遂行される様々な判断は，

31） ダメットは真理概念の眼目（point）の重要性を強調するが，このことはこの種の議論に対する明確な反対意見の表明として解釈すべきだろうか（cf. Dummett 1959: 3-4, 20）．私はそうではないと考えるが，仮にそうだとしても（つまりダメットはこの種の議論に同意しないとしても），そのことはこの種の議論が先行テーゼの擁護のために有望であったり，必要であったりすることと両立する．志向性の解明において（私たちがどのような関心のもとで正しい判断・主張と正しくない判断・主張とを区別するのかではなく）主張や認識といった活動が一般に何のためになされているのかを考慮することが必要不可欠だと認めた場合に，それが先行テーゼとどう折り合いがつくのかは，控えめにいっても明らかとは言い難い．

まさにその達成への寄与の観点から評価される．そして，『論理学研究』の意味志向やそれを充実化する直観といった概念装置は，まさに認識のそのような規範的構造を記述するために存在する．このような規範の記述とその評価は，ちょうど将棋のルールの場合にそうであるように，その外部に何がもたらされるのかといったことから切り離して考えられるべきなのだ．したがって，その外部の存在者に関する形而上学も，もちろん前提されないし，すべきではない，と．

この方向性の議論にどれほどの見込みがあるのかも含め，無前提テーゼの擁護可能性の検討は今後の課題である[32]．また，同じ方向性の他の立場，たとえばブランダムの「理由を与え求めるゲーム」としての推論実践とフッサールの知覚を重視する認識実践とはどのような関係にあるのかなども，非常に興味深い論点であるが，問題の大きさからしても，稿を改める他ない．とはいえ最後に，本書の目的に照らして，次の点を強調しておきたい．それは，このような課題に取り組むことは，ダメットが望んでいた現象学と分析哲学の間の建設的対話を実現することに直接につながる，ということである．そのことの一つの証左として，ピーコックが近年，その全体を通して無前提テーゼの否定を目指す著作『形而上学の優越』(2019) を出版したことを挙げておこう．そこにおいてピーコックは，一般論としても，また物理量・時間・自我・数などの個々の領域についての各論としても，無前提テーゼに当たるものを否定し，なんらかの仕方

32) とりわけ，以上の議論は合理的で意識的な実践の中でも，とりわけボードゲームにのみ成り立つ論点に本質的に依存しているように思われる．確かにボードゲームについて「それは何のためのものか」と問うことは的外れな印象を抱かせる．しかしたとえば料理とは何かを明らかにする際には，「料理は何のためのものか」という問いはむしろ的を射た問いだと思われる．そして，一定の手順で料理をすることもまた，合理的で意識的な活動の一種であるはずだ．同じことは，ゲーム以外の多くの合理的で意識的な活動にも成り立つ．これが示唆しているのは，上の議論のためには，言語実践や認識実践が合理的で意識的な活動だということを確立するだけでは足らず，とりわけボードゲームが最も適した類比となる仕方で，合理的で意識的な活動だということを確立する必要がある，ということである．

で対象領域の形而上学が前提されざるを得ないと論じている．もちろん，ピーコックがその著作の中で挙げる論敵は基本的にダメットやブランダム，ジョン・マクダウェルといった分析哲学に属する論者であり，フッサールは時間に関して一瞬言及されるにとどまる．しかし私は，フッサール（研究者）はこの論争に直接参加することができるし，またするべきであると考える．ピーコックをはじめとする論者に応答できるような現象学的な志向性理論を構築できたならば，それは現象学の現代哲学として意義を（つまり「現代現象学」の意義を）示すことに直結するし，また現代分析哲学における議論状況に対して重要なインパクトを与えることにもなるだろう．本書のフッサール解釈によって，このような議論にフッサール現象学が円滑に参加できるような土台が提供できていたとしたら，ダメットの望んだような「建設的な対話の共通基盤を提供する」という本書の目的も，さしあたり達成されたといってよいだろう．

結　語

導入でも述べたように，本書の狙いはいわば二重であった．本書の論述の大部分が明示的な目標として掲げていたのは，『論理学研究』におけるフッサールに対する分析哲学派からのある誤解——フレーゲと同じようなことをより不明瞭な仕方で繰り返しただけの哲学者という誤解——を取り除くことであった．そして，本書の第6章第1節までの議論が成功していれば，この誤解を取り除くことができたはずである．『論理学研究』におけるフッサールの考察は，基礎意味論的な考察を体系的に展開したものとして解釈することができる．しかも彼は，自らの探求が意味論的な考察に対してどのような位置づけにあるものなのかということも，「数学者の仕事」と「哲学者の仕事」を峻別する中で明瞭に理解していた．確かに，意味論それ自体に関して，フッサールは（ダメットが解釈する）フレーゲほど明るかったわけではない．しかし，意味論と区別される探求としてのメタ意味論という観点においてみれば，フッサールは（ダメットが解釈する）フレーゲよりもその見通しに関しても，また具体的な分析に関しても明確であったと言える．

しかし，本書の第6章第2節で明らかになったように，『論理学研究』で展開されたものをはじめとする，無前提テーゼを掲げる狭義の「現象学」を擁護するというより進んだ目標を達成することは，これまでの議論だけでは全く不十分である．フッサール現象学は，一方では無前提テーゼを擁護する他の分析哲学者（たとえばダメットやブランダム）らの議論と，他方では形而上学前提テーゼを擁護するピーコックを含む現在いわば「標準的」とも言える分析哲学者たちの議論と，それぞれ比較検討しつつ，その意義を検討していく必要がある．少なくとも，フッサール現象学が単に歴史的な意義だけでなく，現代哲学の中でなおその理論的重要性を主張しようとするのであれば，そうであろう．とは言え，本書がもし以上のことを十分に明瞭なものとすることができていれば，ダメットの望んだ建設的な対話の共通基盤を提供するという本書のもう一つの目的も，同時に達成されたことになるだろう．

付録A　意味論・形而上学・理解の理論

ここでは第6章第1節（2）の中で指摘された点，つまり論理学の基本語彙の意味の探究とそれが問題にするところのものの本性の探究の違いに関して簡単に整理しておく．

まず指摘したいのは，少なくとも経験的言明に現れる語彙を考えた場合，任意の表現 e に関して，次の作業はすべて異なるものに思われるということだ．[1)]

1．e の意味論的値に関わる探究としての，全く別種の次の二つの作業．
   (a) e の意味論的値を他のものからなんらかの仕方で区別し特定する作業．［意味論］
   (b) e の意味論的値に関して，その本性を，言い換えれば（その同一性を構成するという意味で）それに固有の事実を明らかにする作業．［存在論］
2．e がその意味論的値をもつ仕方に関わる事実の全体のうち，e を導入・維持する主体の識別能力を明らかにする作業．［理解の理論］

1(a) は意味論に属する作業であるのに対し，1(b) は形而上学的な探究に当たる．前者が関心を払うのはあくまで e という表現に関する事実だが，後者が関心を払うのは e という表現に関する事実ではない．2は e に関する基礎意味論的考察のうち，理解の理論に属する部分である．本論でのフッサールの議論の位置づけを理解するには，e として論理学における基本語彙を考えた場合

1）　以下は本書における区別を用いて成し得るものをすべて区別しているわけではなく，以下の論点に関係しそうな区別だけを行っている．たとえばフッサールが関わっているのが基礎意味論の中でもせいぜい理解の理論に限られることは明らかに思われるので，理解の理論以外の基礎意味論の部分は考慮していない．

を考察する必要があるが，その事例は非常にややこしいので，以下ではまずeとして二つほど例をあげよう．

一つ目は第3章第2.1節であげた例である．次のような状況設定を思い出して欲しい．ある女性（私たちは「クリス」と呼ぶ）が通勤中，ある男性（仮に「エド」と呼ぼう）を決まってバス乗り場で見かけることに気がつく．クリスは彼の人相を記憶することで，次に会ったときに直ちに「いつもの彼だ」と正しく再認できるようになったとする．彼女は毎日日記をつけており，その男性に関することを書き留めるために，彼を「Daniel」と（勝手に）名付けたとする．このとき，「Daniel」という語の意味論的値がエドであるということは明らかに思われる．たとえば，もしクリスがある日の日記に「I saw Daniel in this morning」という文を書き付けた場合，この文の真理条件はクリスがその日の朝エドを見たということだろう．そしてその説明としては，たとえばクリスがエドを（人相による再認という）識別能力に基づいてその名前を導入したからだ，といった説明になるだろう．

このとき，クリスの個人言語における「Daniel」に関して次はすべて異なるものである．

D 1．(a)「Daniel」の意味論的値を他のものからなんらかの仕方で区別し特定する．

(b)「Daniel」の意味論的値に関して，その本性を明らかにする．

D 2．「Daniel」がその意味論的値をもつ仕方に関わる事実の全体のうち，「Daniel」を導入・維持する主体の識別能力を明らかにする．

以下，順に確認しよう．

D 1 (a) は「Daniel」という表現に関する意味論に属する問いである．たとえば関連する答えは，「Daniel」の意味論的値はエドであるというものだ．当然だが，この作業は（意味論的値の担い手としての）言語表現ごとに立ち上がるものだ．もし「Daniel」という表現が存在しなかったら，D 1 (a) に相当する作業を要求する問い自体がそもそも意味をなさない．

これに対して，D 1 (b) が要求しているのはエドとは一体いかなる本性をもつものなのか，ということである．これは問題の意味論的値が属する存在論的カテゴリーにおける同一性の問題を伴うような形而上学的な問題である．もしエドが単に事物として見なされているなら事物の同一性の問題が，また心的状態の担い手としての人（person）と見なされているなら，これは人としての同一性の問題がこれにはある程度関わってこよう．またこのとき，この作業は言語表現ごとに立ちあがっているわけではない．これは要はエドの本性に関っているのであって，それが「Daniel」の意味論的値であるということは本質的ではない．「Daniel」という表現がなくても，エドの本性は問題となるし，「Daniel」の意味論的値がエドであるということが分かっても，エドの本性は何ら明らかにならない[2]．

D 2 は弱識別能力テーゼが正しければ，「Daniel」を導入した際にクリスが依拠していた識別能力がどのようなものかを明らかにするという作業に当たる．上の事例であれば，エドの人相による再認能力がそれである．この作業は「（人相による）再認能力」で問題となる能力の本性が意味論的事実を説明するのに十分なまで明らかになって初めて十全なものになるので，そのような解明もこの作業に含まれることになる．さらに，一般に表現がその意味論的値をもつ仕方を説明するような識別能力（のタイプ）の同一性に関する分析もここに含まれる．

さて，D 1 と D 2 はどのような関係にあるだろうか．D 2 は D 1 (a) が明らかにする意味論的事実がいかに成立しているのかを説明するという文脈にある作業であることはすでに第3章で見た．ここで適切に区別しておきたいのは，D 2 の説明が D 1 (a) が明らかにする意味論的事実がいかに成立しているかを

2）その意味論的値の存在が言語使用に完全に依存するような表現の場合には，このような分離は成り立たないかもしれない．

説明できたときに，それがＤ１(b) の答えを含意する保証は全くないということである．クリスが用いる「Daniel」がいかにしてエドに結びついているのかを説明することは，事物や人の同一性に関する形而上学的な問いや，エドという人の本性の解明を要求するとは限らない．確かに，クリスが「Daniel」という表現をエドの本性を構成する性質によって記述的に固定していた場合には，ある意味でＤ２の作業がエドの本性を構成する性質に言及することになる．しかし，それができるのはＤ１(a) に対する答えを使ってすでにエドを同定できている場合に限るし，いずれにせよそれがエドに固有の性質であるということまで分かっているとは限らない．

同じことを簡単に「water」を用いて確認しておこう．ここで「water」として考えられているのは，自然種としての水を指示するが，(水という自然種の同一性を構成するという意味で) 水に固有の事実を知らなくても導入できるような英語の表現である．[3)]

Ｗ１．(a)「water」の意味論的値を他のものからなんらかの仕方で区別し特定する．

(b)「water」の意味論的値に関して，その本性を明らかにする．

Ｗ２．「water」がその意味論的値をもつ仕方に関わる事実の全体のうち，「water」を導入・維持する主体の識別能力を明らかにする．

Ｗ１(a) は，その意味論的値が水であるという意味論的事実を突き止める作業である (これは私たちはすでに知っている)．Ｗ１(b) は，要は水とは何かということであり，水素と酸素がこれこれの仕方で結合した化合物であるといった類の事実が答えになるだろう (これは私たちの多くはすでに知っているが，上の「water」の使い手は必ずしも知っているとは限らないものである)．Ｗ２は「water」という語

3） つまり，水素と酸素がこれこれの仕方で結合した化合物であるということを知らなくても導入できるような表現である．

がその意味論的値をどのような仕方でもつのかを説明する基礎意味論的事実を特定する作業に当たる．たとえば（弱識別能力テーゼが正しければ）そのような事実には「water」という語がどのような識別能力に基づいて導入されたか（またその後どのような識別能力に基づいて維持されているか）に関する事実が含まれることになるだろう．先ほどと同様に，W1(a) が明らかにする意味論的事実がいかに成立しているのかの説明を得るためにW2を遂行することは，W1(b) を遂行することとは異なる[4]．

同じことは「判断」や「真理」に関しても指摘できよう．たとえば「judgment」という語彙に関して次の探究が区別できる．

J1．(a)「judgment」の意味論的値を他のものからなんらかの仕方で区別し特定する．
　　(b)「judgment」の意味論的値に関して，その本性を明らかにする．
J2．「judgment」がその意味論的値をもつ仕方に関わる探究の全体のうち，「judgment」を導入・維持する主体の識別能力を明らかにする．

確かに先ほどまでと違い，「judgment」の意味論的値は私たちの認識能力を構成する一部になるので，これまでと全く同様の議論がなりたない可能性はある．しかし，やはりここまでの議論が示唆するのは，J1(a) が明らかにする意味論的事実がいかに成立しているのかの説明を得るためにJ2を遂行することは，J1(b) を遂行することとは異なるということである．実際，たとえばピーコックは「belief」に関して私たちが直観的にもつ概念的能力を詳細に分析しているが，そこにおいて彼はそれが信念状態に関する本性に関する探究ではないことを強調している[5]．つまり彼は「belief」に関してJ1(b) とJ2を明確に区別して，J2にのみ従事しているわけである．よって，このような探求が有意味

4）この区別は，概念に関してアプリオリに言えることと，その対象に関して本質的に成り立つことの区別に対応する．フッサールに関して関連する論点としては松井 2017も参照．
5）Peacocke 1992: ch. 6（特に6.2–6.3節）参照．

に行えている以上，やはり同様の区別がここにおいても見出されると考えることがもっともらしいだろう．

あとがき

私が学部生のころ，卒業論文で扱うテクストにフッサールの『論理学研究』を選んだのはなぜだったか，どういう気持ちで選んだのか，そのあたりの事情は全くと言っていいほど覚えていない．しかし卒業論文の後，まさか修士論文だけでなく博士論文まで，ほぼ同じテクストにかかりきりになるということは，全く予想していなかったはずだ．実のところ，博士課程に進学し，博士論文の構想を練り始めた段階でさえ，そうであった．そのころ私が主に読んでいたフッサールのテクストは「事物と空間」講義や『イデーンⅡ』であり，きっとこれらが博士論文の中心になるのだろう，と考えていた．しかし結局，これまで私が書いてきた論文は，博士論文も含めそのほとんどが『論理学研究』という書物をどう解釈するべきなのかという問題に一貫して捧げられることになった．「一貫して」と言えば聞こえがいいが，その道筋は全く一本道ではなく，むしろ紆余曲折だった．結局のところ，一貫して『論理学研究』に取り組み続けざるを得なくなったのは，『論理学研究』に対する私の理解と評価が右往左往したからに他ならない．とりわけ，本書のもととなった博士論文の執筆時期に私の『論理学研究』観は最も大きな蛇行を経験し，それゆえ博士論文の大部分が書き下ろしとなった（とはいえもちろん，それまでの私の研究は何らかの形で博士論文および本書の形成に寄与している）．蛇行の末ではあれ，ひとまず『論理学研究』に対して自分なりの結論と言えるものが出せたことに安堵している．

本書は東京大学大学院人文社会系研究科に提出した博士学位論文に修正・加筆したものである．本書およびそのもととなった博士論文ができるまでに，非常に多くの方のお世話になった．

まず，恩師である榊原哲也先生にお礼を申し上げたい．先生には，学部三年次に哲学科に進学してから，大学院修士課程・博士課程と計９年間，指導教官としてご指導いただき，博士論文の主査も務めていただいた．いかなる抽象的な理論的概念であっても，それが具体的な実例を射程に収める限り，絶えず具体例に即して展開し直観的な理解へともたらすべきだとする先生の講読ゼミは，「単に記号的な言葉の理解のみを伴う「単なる言葉」では私たちは全く満足できない」というフッサールの精神をまさに体現したような場であった．哲学に関して何も知らない状態で（言ってしまえば「雰囲気で」）哲学科に進学した私が，とにもかくにも本書を出版するまで漕ぎつけることができたのは，榊原先生の，時に厳しくも常に親身でかつ懐の深いご指導の賜物であることに，疑いの余地はない．

次に，専修大学教授の金子洋之先生にお礼を申し上げたい．先生には，日本学術振興会特別研究員（PD）の受入先教員として３年間ご指導いただき，博士論文の副査も務めていただいた．それ以前よりご論文・ご著書・ご訳業などを通じて非常に多くのことを勉強させていただいていた先生に直接ご指導いただけたことは大変貴重かつ実り豊かな機会であり，ありがたい限りである．また，先生の指導学生である専修大学哲学科の院生・学部生の皆さんとの講読や読書会からも，大変多くの刺激を受けた．あわせて謝意を表したい．

また，千葉大学准教授の秋葉剛史さんにもお礼を申し上げたい．秋葉さんは現代の分析系形而上学を専門とされながらも，フッサール哲学をはじめ現象学の伝統にも通暁しておられ，私の博士論文に対しても副査として分析哲学・現象学の両面から審査していただいた．私が初めて口頭発表の機会を得たのは修士課程在籍中の哲学若手研究者フォーラムにおいてであったが，そこで秋葉さんに好意的なコメントを頂けたことは，その後の研究における大きな励みになった．そして，本書の出版に向けた改稿において心折れそうになるたびに思い出されたのも，本書の出版へ向け背中を押してくれた秋葉さんの言葉であった．感謝に堪えない．

フッサール研究に携わる（ないし，携わっていた）方々にも，大変お世話になった．挙げ始めればきりがないため，本書の形成に特に関係のある，世代の近い方々にとどめることをご容赦いただきたい．まず富山豊さん，植村玄輝さん，佐藤駿さんは，本書で言及した先行研究に限らず，様々な形で面倒を見ていただき，多くのことを学ばせていただいた先輩方である．とりわけ研究室の先輩である富山さんはもう一人の「恩師」と言うべき方であり，フッサール研究だけでなく論理学や分析哲学の様々な論点に関しても，単に知識の伝達という意味においてだけでなく，学問的思考法の伝授という意味においても，基礎から一つずつ丁寧に教えていただいた．もし富山さんと出会っていなかったら，私は全く異なる思考者になっていただろう．少し下の年代では，本書のもとになった博士論文に大変有益なコメントを下さった松井隆明さんと綿引周さんの名前を挙げさせていただきたい．とくに松井さんには博士論文の構想段階からたびたび相談に乗っていただき，進捗を報告する場のセッティングしていただくなど，様々な形でお世話になった．情けない先輩で申し訳ない限りだが，大変ありがたく思っている．

本書はフッサール研究書でありながら，その大部分が分析哲学の伝統にも立脚している．この点に関しては，もちろん金子先生や富山さんなどこれまで名前を挙げた方々からも多くのことを学んだが，加えて院生時代に東京大学哲学研究室にて教鞭をとっていらっしゃった Richard Dietz 先生，そして（私が学部生であった頃からお世話になっていたが）とりわけ Dietz ゼミをきっかけに多くのことを学ばせていただいた先輩である次田瞬さん，そして（彼が学部生のころからお世話になっていた）後輩の野上志学さんの三人にお礼を申し上げたい．博士課程に進学したばかりの私はいわば「偏狭なダメット信者」とでも言うべきもので，私の目には現代分析哲学は「ダメットが際立たせようとした重要な哲学的眼目を日に日に見失っていく業界」としてのみ見えていた（そしてそれを，「フッサール現象学の洞察の忘却」と重ね合わせていた）．そんな私にとって，Dietz 先生の授業やゼミは，幅広く様々な分析哲学の文献に触れるまたとない機会であった．そしてその中で次田さんや野上さんと毎週のように議論を交わしたことは，結果として私の分析哲学観を（今でも「広い」とはとても言い難いものだが，それでも以前とは比較にならないほど）大きく広げることに繋がった．これらの機会がなければ，私の当初の博士論文執筆計画はこれほどまで軌道修正されることもなく，本書は全く違った形になっていたに違いない．

東京大学哲学研究室には，長年続く「カント読書会」と呼ばれる読書会がある．このカント読書会（元）メンバーの皆さん，とりわけ滝沢正之さんと和田慈さん，そして岩井拓朗さんには，大変な恩義がある．滝沢さんには，私が学部生のころから現在に至るまで，実に様々な形でお世話になり続けており，全く頭の上がらない存在である．和田さんはカント研究者でありながら大変広い関心をお持ちであり，私が企画する様々な読書会に進んで参加してくださった（し，今も参加していただいている）．岩井さんにも，（私より）頼れる後輩研究者として，様々な形で読書会に付き合っていただいた．私は一時期以降ほとんどカント読書会の本会には参加できていないものの，カント読書会のメンバーには（一時的な休止期間はあれ）今年に至るまでずっと，カント読書会の後の枠やそれ以外の時間帯でエヴァンズ，ピーコック，クリプキ，ドレツキ，セラーズ，マクダウェル，ブランダム，ルイス等々の読書会にお付き合いいただいてきた．このことは言うまでもなく，本書の形成に決定的に寄与している．カント読書会（の皆さんとの上記の読書会）なくして，本書はなかったと言っても全く過言ではない．

また，富山豊さん，佐藤暁さん，丸山文隆さん，萬屋博喜さん，鴻浩介さん，野上志学さん，濵本鴻志さんには，本書の草稿の検討会に参加していただいた．検討会にて頂いたコメントはどれも有益で，その結果として本書の記述は様々な点で改善されることになった．ただ本書には，ご指摘いただき，もちろん改善を目指したけれども，私の力不足ゆえに十分に解消しきれなかった問題もおそらく少なからず含まれている．それ以外のものも含め，本書に含まれるだろう過誤はすべて私の責である．

同年代でお世話になった友人として，特に川瀬和也さん，松本大輝さん，神戸和佳子さんにお礼を申し上げたい．川瀬さんには哲学研究室の同輩として，学部生のころから現在に至るまで様々な形でお世話になった．「同輩」と言っても，キャリアとしては私より一歩も二歩も先を進んでいる川瀬さんは，私にとっては先輩研究者の一人であって，本書の出版も含め，折に触れ様々な相談に乗ってもらっている．松本さんとは，学部一年のとき同クラス・同サークルになり，20年近くたった現在でも同じ法文二号館のすぐ隣の研究室でお互い勤務しているという，（いい意味で）腐れ縁の間柄である．神戸さんもまた，松本さんと同様，学部一年のとき同クラス・同サークルになってから，研究者として活躍されている今となっても度々お世話になっている友人である．友人の多くには周知のことだが，私は大学院生時代，研究者としては致命的なまでに，一人で研究ができなかった（「今はできる」と言っているわけではない）．当時の私はこの問題を解決するため，講義の前後に週10個以上の読書会の予定を入れた上で，それ以外の時間は「一緒に自習しませんか」と誰かを喫茶店に誘うという，なんとも人頼みの手段に訴えた．そんな時，私がまず読書会や自習会の「お誘い」（というか「お願い」）の連絡を入れる相手が，今挙げた皆さんであった．皆さんの協力がなければ，本書はもちろん，博士論文も，それどころか修士論文でさえも，存在しなかっただろう．

さて，本書を実際に出版するにあたっては，晃洋書房の丸井清泰氏と坂野美鈴氏に編集・校正をご担当いただいた．ここにお礼を申し上げたい．また，本書の出版は東京大学而立賞に伴う「東京大学学術成果刊行助成制度」の助成を受けている．当制度の関係者にも謝意を表したい．

最後に，一人息子が哲学研究者の道を進むと言い出したにもかかわらず，小言の一つも言わずただ応援してくれた両親に，この初の単著を捧げるとともに，お礼を言いたい．本当にありがとう．

2024年11月6日

9回目の契約更新を迎える蔵前の自宅にて　葛谷　潤

参考文献

〈欧文献〉

Aitchison, J.（1996）*The Seeds of Speech: Language Origin and Evolution*, Cambridge approaches to linguistics, Cambridge, UK, Cambridge University Press.（今井邦彦訳,『ことば：始まりと進化の謎を解く』, 新曜社, 1999年）

Benoist, J.（2006）“Theory of Reference in Both Early Phenomenology and Early Analytic Philosophy,” in Okada, M.（ed.）, *Towards New Logic and Semantics*, pp. 7–27, Keio University.

———（2008a）“Phenomenological Approach to Meaning（I）,” in Okada, M.（ed.）, *Interdisciplinary Logic*, Vol. 1, pp. 5–24, Keio University.

———（2008b）“Phenomenological Approach to Meaning（II）,” in Okada, M.（ed.）, *Interdisciplinary Logic*, Vol. 1, pp. 25–50, Keio University.

———（2008c）“Phenomenological Approach to Meaning（III）,” in Okada, M.（ed.）, *Interdisciplinary Logic*, Vol. 1, pp. 51–80, Keio University.

van Benthem, J. and M. Martinez（2008）“The Stories of Logic and Information,” in Adriaans, P. and J. van Benthem（eds.）, *Philosophy of Information*, pp. 217–280, Elsevier.

Burgess, A. and B. Sherman（2014）“A Plea for the Metaphysics of Meaning,” in Burgess, A. and B. Sherman（eds.）, *Metasemantics: New Essays on the Foundations of Meaning*, pp. 1–16, Oxford University Press.

Centrone, S.（2010）*Logic and Philosophy of Mathematics in the Early Husserl*, Springer.

Chrudzimski, A.（2002）“Von Brentano zu Ingarden: Die Phänomenologische Bedeutungslehre,” *Husserl Studies*, Vol. 18, pp. 185–208（植村玄輝訳,「現象学的な意味の理論：ブレンターノからインガルデンまで」,『現代思想』第37巻第16号, 2009年, 66–88頁）.

Dretske, F.（1971）“Conclusive Reasons,” *Australasian Journal of Philosophy*, Vol. 49, No. 1, pp. 1–22.

———（1981a）*Knowledge and the Flow of Information*, MIT Press.

———（1981b）“The Pragmatic Dimension of Knowledge,” *Philosophical Studies*, Vol. 40, No. 3, pp. 363–378.

———（1995）*Naturalizing the Mind*, MIT Press（鈴木貴之訳,『心を自然化する』, 勁草書房, 2007年）.

Drummond, J.（1969）“Noema,” in Embree, L.（ed.）, *Encyclopedia of Phenomenology*, pp. 494–499, Journal of Philosophy Inc.

Dummett, M.（1954）“Can an Effect Precede its Cause?” reprinted in Dummett 1978a, pp. 319-332.
———（1959）“Truth,” reprinted in Dummett 1978a, pp. 1-124.
———（1964）“Bringing about the Past,” reprinted in Dummett 1978a, pp. 333-350.
———（1969）“The Reality of the Past,” reprinted in Dummett 1978a, pp. 358-374.
———（1973）“The Philosophical Basis of Intuitionistic Logic,” reprinted in Dummett 1978a, pp. 215-247.
———（1973［1981］）*Frege: Philosophy of Language*, London, Harvard University Press.
———（1975）“Frege's Distinction between Sense and Reference,” reprinted in Dummett 1978a, pp. 116-144.
———（1978a）*Truth and Other Enigmas*, Harvard University Press（藤田晋吾訳『真理という謎』勁草書房，1986年）.
———（1978b）“What do I Know when I Know a Language?” reprinted in *The Seas of Language*, Oxford University Press, 1993, pp. 94-105.
———（1986）“Frege's Myth of the Third Realm,” reprinted in *Frege and Other Philosophers*, Oxford University Press, 1991, pp. 249-262.
———（1991）*The Logical Basis of Metaphysics*, Harvard University Press.
———（1993）*Origins of Analytical Philosophy*, Harvard University Press（野本和幸ほか訳，『分析哲学の起源』，勁草書房，1998 年）.
———（1995）“The Context Principle: Centre of Frege's Philosophy,” in Max, I. and W. Stelzner（eds.）, *Logik und Mathematik: Frege-Kolloquium Jena 1993*, pp. 3-19, Berlin, Boston, De Gruyter（岩本敦訳，「文脈原理：フレーゲ哲学の中心」，『フレーゲ哲学の最新像』，勁草書房，2007 年）.
———（2004）*Truth and the Past*, Columbia University Press（藤田晋吾・中村正利訳，『真理と過去』，勁草書房，2004 年）.
Enderton, H. B.（2001）*A Mathematical Introduction to Logic*, 2nd edition, Academic Press.
Evans, G.（1973）“The Causal Theory of Names,” reprinted in Evans 1985, pp. 1-24.
———（1979）“Reference and Contingency,” reprinted in Evans 1985, pp. 178-213.
———（1981）“Semantic Theory and Tacit Knowledge,” reprinted in Evans 1985, pp. 322- 342.
———（1982）*The Varieties of Reference*, Oxford, Oxford University Press.
———（1985）*Collected Papers*, Oxford University Press.
Fish, W.（2009）*Perception, Hallucination, and Illusion*, Oxford University Press.
———（2010）*Philosophy of Perception*, Routledge（山田圭一監訳，源河亨・國領佳樹・新川拓哉訳，『知覚の哲学入門』，勁草書房，2014 年）.
Føllesdal, D.（1958）*Husserl Und Frege: Ein Beitrag Zur Beleuchtung der Entstehung der Phänomenologischen Philosophie*, I Kommisjon Hos Aschehoug.

———— (1969) "Husserl's Notion of Noema," *Journal of Philosophy*, Vol. 66, No. 20, pp. 680–687.

Frege, G. (1892) "Uber Sinn Und Bedeutung," *Zeitschrift für Philosophie Und Philosophische Kritik*, Vol. 100, No. 1, pp. 25–50.

———— (1918) "Der Gedanke: eine logische Untersuchung," *Beiträge zur Philosophie des deutschen Idealismus*, Vol. 2, pp. 58–77（野本和幸訳,「思想：論理探究［I］」,『フレーゲ著作集 4：哲学論集』, 勁草書房, 1999 年, 203–236 頁）.

Heim, I. and A. Kratzer (1998) *Semantics in Generative Grammar*, Blackwell.

Iida, T. (2013) "On the Concept of a Token Generator," *Annals of the Japan Association for Philosophy of Science*, Vol. 21, pp. 37–55.

Israel, D. J. and J. Perry (1990) "What is Information?" in Hanson, P. P. (ed.), *Information, Language and Cognition*, University of British Columbia Press.

Kaplan, D. (1989) "Afterthoughts," in Almog, J., J. Perry, and H. Wettstein (eds.), *Themes From Kaplan*, pp. 565–614, Oxford University Press.

Kripke, S. (1972) *Naming and Necessity*, Harvard University Press（八木沢敬・野家啓一訳,『名指しと必然性：様相の形而上学と心身問題』, 産業図書, 1985 年）.

———— (2011) "Vacuous Names and Fictional Entities," in *Philosophical Troubles*, pp. 52–74, Oxford University Press.

———— (2013) *Reference and Existence: The John Locke Lectures*, Oxford University Press.

Lewis, D. (1986) *On the Plurality of Worlds*. Wiley-Blackwell（出口康夫監訳, 佐金武・小山虎・海田大輔・山口尚訳,『世界の複数性について』, 名古屋大学出版会, 2016 年）.

Magidor, O. (2013) *Category Mistakes*, Oxford University Press.

Martin-Löf, P. (1984) *Intuitionistic Type Theory*, Bibliopolis.

Millikan, R. G. (1984) *Language, Thought, and Other Biological Categories: New Foundations for Realism*, MIT Press.

———— (2006) *Varieties of Meaningng; The 2002 Jean Nicod Lectures*, MIT Press（信原幸弘訳,『意味と目的の世界：生物学の哲学から』, 勁草書房, 2007 年）.

Mohanty, J. (1982) *Husserl and Frege*, Indiana University Press.

Mulligan, K. (1995) "Perception," in Smith, B. and D. W. Smith (eds.), *The Cambridge Companion to Husserl*, pp. 168–238.

Peacocke, C. (1992) *A Study of Concepts*, The MIT Press.

———— (1997) "Concepts without Words," in Heck, R. (ed.), *Language, Thought, and Logic: Essays in Honour of Michael Dummett*, pp. 1–33, Oxford University Press.

———— (2005) "Justification, Realism and the Past," *Mind*, Vol. 114, No. 455, pp. 639–670.

———— (2019) *The Primacy of Metaphysics*, Oxford University Press.

Portner, P. (2005) *What is Meaning?: Fundamentals of Formal Semantics*, Blackwell

Publishing（片岡宏仁訳,『意味ってなに？：形式意味論入門』, 勁草書房, 2015年).
Putnam, H. (1975) "Meaning of 'Meaning'," in *Minnesota Studies in the Philosophy of Science*, Vol. 7, pp. 131-193.
Recanati, F. (2012) *Mental Files*, Oxford University Press.
Ryle, G. (2002/1949) *The Concept of Mind*, The University of Chicago Press (Original work published 1949).
Salmon, N. (2011) "Fiction, Myth, and Reality," in Berger, A. (ed.), *Saul Kripke*, pp. 49-77, Cambridge University Press.
Searle, J. R. (1983) *Intentionality: An Essay in the Philosophy of Mind*. Cambridge University Press.
Smith, A. D. (2008) "Husserl and Externalism," *Synthese*, Vol. 160, No. 3, pp. 313-333.
Stalnaker, R. (1978) "Assertion," Reprinted in Stalnaker 1999.
——— (1997) "Reference and Necessity," in Hale, B. and C. Wright (eds.), *A Companion to the Philosophy of Language*, Blackwell.
——— (1999) *Context and Content*, Oxford University Press.
——— (2004) "Assertion Revisited: On the Interpretation of Two-Dimensional Modal Semantics," in Garcia-Carpintero, M. and J. Macia (eds.), *Two-Dimensional Semantics*, pp. 293-309, Oxford University Press.
——— (2014) *Context*, Oxford University Press.
Thomasson, A. L. (2007) "In What Sense Is Phenomenology Transcendental?" *The Southern Journal of Philosophy*, Vol. 45, pp. 85-92.
Walton, K. (1990) *Mimesis as Make-Believe*, Harvard University Press（田村均訳『フィクションとは何か：ごっこ遊びと芸術』名古屋大学出版会, 2016年).
Zahavi, D. (2003) *Husserl's Phenomenology*, Stanford, Stanford University Press（工藤和男・中村拓也訳,『フッサールの現象学』, 晃洋書房, 2003年).
——— (2007) "Subjectivity and the First-Person Perspective," *The Southern Journal of Philosophy*, Vol. 45, pp. 66-84.

〈邦文献〉

飯田隆（1987）『言語哲学大全Ⅰ』, 勁草書房.
———（2002）『言語哲学大全Ⅳ』, 勁草書房.
———（2008）「『概念記法』の式言語とはどんな言語なのか」,『分析哲学の誕生：フレーゲ・ラッセル』, 勁草書房, 89-110頁.
植村玄輝（2017）『真理・存在・意識：フッサール『論理学研究』を読む』, 知泉書館.
榎本啄杜（2022）「自然的情報は間違い可能性をもたないのか？：2つのアプローチから見る多元性」,『関西大学哲学』第40号, 22-47頁.
梶尾悠史（2014）『フッサールの志向性理論：認識論の新地平を拓く』, 晃洋書房.

――――（2015）「知覚のなかの解釈」，『モラリア』第 22 号，61-79 頁．
金子洋之（2006）『ダメットにたどりつくまで：反実在論とは何か』，勁草書房．
葛谷潤（2013a）「『論理学研究』の志向性理論における「意味」と「充実化」」，『フッサール研究』第 10 巻，61-75 頁．
――――（2013b）「『論理学研究』における知覚論の二つの解釈」，『論集』（東京大学大学院人文社会系研究科哲学研究室）第 31 巻，183-196 頁．
――――（2013c）「『論理学研究』における意味の独立性・非独立性について」，『現象学年報』第29巻，85-93 頁．
――――（2014）「『論理学研究』と意味の神話」，『論集』（東京大学大学院人文社会系研究科哲学研究室）第 32 巻，118-131 頁．
――――（2015）「「ノエマ論争」の泥沼から抜け出すために」，『モラリア』第 22 号，19-38 頁．
――――（2018a）「フッサールの知覚概念とダメット的検証主義」，『現象学年報』第 34 号，101-109 頁．
――――（2018b）「エコロジカル・アプローチにおける「表象」」，『フッサール研究』第 15 号，62-77 頁．
――――（2019a）「「フレーゲ的意義」の二つの解釈」，『駒澤大学文化』第 37 巻，55-83 頁．
――――（2019b）「二つの意味？」『フッサール研究』第 16 巻，202-216 頁．
榊原哲也（2009）『フッサール現象学の生成：方法の成立と展開』，東京大学出版会．
坂間毅（2006）「フッサール「計算の哲学」の構想について」，『論集』（東京大学大学院人文社会系研究科哲学研究室）第 25 巻，299-308 頁．
佐藤駿（2015）『フッサールにおける超越論的現象学と世界経験の哲学：『論理学研究』から『イデーン』まで』，東北大学出版会．
下嶋篤（1998）「チャンネル理論でなにができるか」，『日本ファジィ学会誌』第 10 巻第 5 号，775-784 頁．
戸田山和久（2014）『哲学入門』，筑摩書房．
富山豊（2008）「初期フッサールにおける事態論」，『論集』（東京大学大学院人文社会系研究科哲学研究室）第 27 巻，252-265 頁．
――――（2009a）「フッサール初期志向性理論における「志向的対象」の位置」，『フッサール研究』第 7 巻，61-72 頁，https://sites.google.com/site/husserlstudiesjpn/journal.
――――（2009b）「フッサール『論理学研究』における「意味」のイデア性について」，『論集』（東京大学大学院人文社会系研究科哲学研究室）第 28 巻，104-117 頁．
――――（2010）「初期・中期フッサールにおける意味概念の動揺」，『現象学年報』第26巻，127-134頁．
――――（2015）「志向性と真理：作用が対象についてのものであるとはいかなることか」，『モラリア』第 22 号，39-60 頁．
――――（2023）『フッサール：志向性の哲学』，青土社．

藤川直也（2007a）「エヴァンズのパラドクスと思考における固有名のはたらき」,『科学哲学』第 40 巻第 2 号，57-70 頁.
――――（2007b）「二次元可能世界意味論の展開（３）：認識的二次元主義に対する批判的応答」,『哲学論叢』第 34 巻，91-101 頁.
――――（2014）『名前に何の意味があるのか：固有名の哲学』，勁草書房.
松井隆明（2016）「存在と証示可能性:『フッセリアーナ』第36巻『超越論的観念論』を読む」『フッサール研究』第 13 号，222-239 頁.
――――（2017）「フッサールにおける本質認識とそのアプリオリ性」『哲學』第 68 号，185-199 頁.
三上真司（1997）「フッサールと実在論の問題（Ⅱ）」『横浜市立大学論叢人文科学系列』第 48 巻，第 1 号，47-81 頁.
――――（1998）「フッサールと実在論の問題（Ⅲ）」『横浜市立大学論叢人文科学系列』第 49 巻，第 1 号，71-116 頁.

索　　引

頻出項目は重要箇所のみ。→は「この項目を／も見よ」の意

あ

か

な

は

ま

や・ら

《著者紹介》

葛谷　潤（くずや　じゅん）

1985年生まれ
東京大学大学院人文社会研究科博士課程修了，博士（文学）．
現在，東京大学文学部助教．

主要業績

「『論理学研究』における意味の独立性・非独立性について」，『現象学年報』第29巻，85-93頁，2013年．
「フッサールの知覚概念とダメット的検証主義」，『現象学年報』第34号，101-109頁，2018年．
『バッド・ランゲージ』（共訳），ハーマン・カペレン，ジョシュ・ディーバー著，勁草書房，2022年．

志向性の基礎
――『論理学研究』におけるフッサールのメタ意味論――

2025年2月20日　初版第1刷発行　　＊定価はカバーに表示してあります

著　者　葛谷　潤©
発行者　萩原淳平
印刷者　河野俊一郎

発行所　株式会社　晃洋書房
〒615-0026　京都市右京区西院北矢掛町7番地
電話　075(312)0788番(代)
振替口座　01040-6-32280

装丁　尾崎閑也　　印刷・製本　西濃印刷㈱
ISBN 978-4-7710-3906-3